法華經講義

——第十八輯

——平實導師　述

ISBN 978-986-95830-4-6

執著離念靈知心爲實相心而不肯捨棄者，即是畏懼解脫境界者，即是畏懼無我境界者，即是凡夫之人。謂離念靈知心正是意識心故，若離**俱有依**（意根、法塵、五色根），即不能現起故；若離**因緣**（如來藏所執持之覺知心種子），即不能現起故；復於眠熟位、滅盡定位、無想定位（含無想天中）、正死位、悶絕位等五位中，必定斷滅故。夜夜眠熟斷滅已，必須依於**因緣**、**俱有依**緣等法，方能再於次晨重新現起故；夜夜斷滅後，已無離念靈知心存在，成爲無法，無法則不能再自己現起故；由是故言**離念靈知心是緣起法**、**是生滅法**。不能現觀離念靈知心是緣起法者，即是未斷我見之凡夫；不願斷除**離念靈知心常住不壞之見解**者，即是恐懼解脫無我境界者，當知即是凡夫。

—**平實導師**—

一切誤計**意識心為常**者，皆是佛門中之常見外道，皆是凡夫之屬。意識心境界，依層次高低，可略分爲十：一、處於欲界中，常與五欲相觸之離念靈知；二、未到初禪地之未到地定中，暗無覺知而不與欲界五塵相觸之離念靈知，常處於不明白一切境界之暗昧狀態中之離念靈知；三、住於初禪等至定境中，不與香塵、味塵相觸之離念靈知；四、住於二禪等至定境中，不與五塵相觸之離念靈知；五、住於三禪等至定境中，不與五塵相觸之離念靈知；六、住於四禪等至定境中，不與五塵相觸之離念靈知；七、住於空無邊處等至定境中，不與五塵相觸之離念靈知；八、住於識無邊處等至定境中，不與五塵相觸之離念靈知；九、住於無所有處等至定境中，不與五塵相觸之離念靈知；十、住於非想非非想處等至定境中，不與五塵相觸之離念靈知。如是十種境界相中之覺知心，皆是意識心，計此爲常者，皆屬常見外道所知所見，名爲佛門中之常見外道，不因出家、在家而有不同。

——**平實導師**——

如《解深密經》、《楞伽經》等聖教所言，成佛之道以親證阿賴耶識心體（如來藏）爲因，《華嚴經》亦說**證得阿賴耶識者獲得本覺智**，則可證實：證得阿賴耶識者方是大乘宗門之開悟者，方是大乘佛菩提之眞見道者。經中、論中又說：證得阿賴耶識而轉依**識上所顯眞實性**、**如如性**，能安忍而不退失者即是**證眞如**、即是大乘賢聖，在二乘法解脫道中至少爲初果聖人。由此聖教，當知親證阿賴耶識而確認不疑時即是開悟眞見道也；除此以外，別無大乘宗門之眞見道。若別以他法作爲大乘見道者，或堅執**離念靈知**亦是實相心者（堅持意識覺知心離念時亦可作爲明心見道者），則成爲實相般若之見道內涵有多種，則成爲實相有多種，則違實相絕待之聖教也！故知宗門之悟唯有一種：親證第八識如來藏而轉依如來藏所顯眞如性，除此別無悟處。此理正眞，放諸往世、後世亦皆準，無人能否定之，則堅持離念靈知意識心是眞心者，其言誠屬妄語也。

—**平實導師**—

目次

第九輯：

第十輯：

第十一輯：

第十二輯：

第十三輯：

第十四輯：

第十五輯：

第十六輯：

第十七輯：

自序

大乘佛法勝妙極勝妙，深奧極深奧，廣大極廣大，富麗極富麗，謂此唯一佛乘妙法，意識思惟研究之所不解，非意識境界故，佛說爲不可思議之大乘解脫境界，名爲大乘菩提一切種智，函蓋大圓鏡智、成所作智、妙觀察智、平等性智；然而此等極勝妙乃至極富麗之佛果境界，要從因地之大乘眞見道始證，次第進修方得。然大乘見道依序有三個層次：眞見道、相見道、通達位。眞見道者位在第七住；相見道位始從第七住位之住心開始，終於第十迴向位滿心；通達位則是圓滿相見道位智慧與福德後，進修大乘慧解脫果，再依十無盡願的增上意樂而圓滿，名爲初地入地心菩薩。眾生對佛、法、僧等三寶修習信心，十信位滿心後進入初住位中，始修菩薩六度萬行，皆屬外門六度之行；逮至開悟明心證眞如時，方入眞見道位中；次第進修相見道位諸法以後，直到通達而得入地時，歷時一大阿僧祇劫，故說大乘見道之難，難可思議。

大乘眞見道之實證，即是證得第八識如來藏，能現觀其眞實而如如之自性，名爲證眞如；此際始生根本無分別智，同時證得本來自性清淨涅槃。乃至證悟般若不退而繼續進修之第七住位始住菩薩，轉入相見道位中，歷經第一大阿僧祇劫中三十分之二十有四的長劫修行，同時觀行三界萬法悉由此如來藏之妙眞如性所生所顯，證實《華嚴經》所說「**三界唯心、萬法唯識**」正理；如是進修眞如後得無分別智，終能具足現觀非安立諦三品心而至十迴向位滿心，方始具足眞如後得無分別智，相見道位功德至此圓滿，然猶未入地。

此時思求入地而欲進階於大乘見道之通達位中，仍必須進修大乘四聖諦，現觀四諦十六品心及九品心後，要有本已修得之初禪或二禪定力作支持，方得相應於慧解脫果；或於此安立諦具足觀行之後發起初禪爲驗，證實已經成就慧解脫果；此時已能取證有餘、無餘涅槃，方得與初地心相應，而猶未名初地。而後再依十大願起惑潤生，發起繼續受生於人間自度度他之無盡願，不畏後世長劫生死眾苦，於此十大無盡願生起增上意樂而得入地，方得名爲大乘見道之通達位，眞入初地之入地心中，完成大乘見道位所應有之一切修證。此時已通達大乘見道位應證之眞如全部內涵，圓滿大乘見道通達位應有之無生法忍智慧，及慧解脫果與增上意樂，方證通達位之無生法忍果，方得名爲始入初地心之菩薩。

然而觀乎如是大乘見道之初證眞如，發起眞如根本無分別智，得入第七住位，成爲眞見道菩薩摩訶薩；隨後轉入相見道位中繼續現觀眞如，實證非安立諦三品心而歷經十住、十行、十迴向位之長劫修行，具足眞如後得無分別智，生起初地無生法忍之初分，配合解脫果、廣大福德、增上意樂，名爲通達見道位眞如而得入地。如是諸多位階所證眞如，莫非第八識如來藏之眞實與如如二種自性，同屬證眞如者。依如是正理，故說未證眞如者，皆非大乘見道之人；證眞如者謂現觀如來藏運行中所顯示之眞實與如如自性故，實相般若智慧依如來藏之眞如法性建立故，萬法悉依如來藏之妙眞如性而生而顯故，本來自性清淨涅槃亦依如來藏之眞如法性建立故。

如是證眞如事，於眞藏傳佛教覺囊巴被達賴五世藉政治勢力消滅以後，由於時局紛亂不宜弘法故，善知識不得出世弘法，三百年間已經不行於人世。及至時局昇平人民安樂之現代，方又重新出現人間，得以繼續利樂有緣學人。然而，縱使末法時世受學此法而有實證之人，欲求入地實亦匪易，蓋因眞見道之證眞如已經極難親證，後再論及相見道位非安立諦三品心之久劫修行，而能一一教授弟子四眾者，更無其類；何況入地前所作加行之教授，而得具足實證大乘四聖諦等安立諦十六品心、九品心者？眞可謂：「善知識者出興世難，至其所難，得值遇難，得見知難，得親近難，得共住難，得其意難，得隨順難。」如是八難，具載於《華嚴經》中；徵之於末法時世之現代佛教，可謂誠言，眞實不虛。

縱使親值如是善知識已，長時一心受學之後，是否即得圓滿非安立諦三品心及安立諦十六品心、九品心而得入地？觀乎平實二十餘年度人所見，誠屬難事；殆因大乘見道實相智慧極難實證，何況通達？復因大乘慧解脫果並非隱居深山自修而可得者，如是證明初始見道證眞如已屬極難，更何況入地進修之後，所應親證之初地滿心猶如鏡像現觀，解脫於三界六塵之繫縛；二地滿心猶如光影之現觀，能依己意自定時程及範圍而轉變自己之內相分，令習氣種子隨於自己施設之進程而分分斷除；三地滿心前之無生法忍智慧，能轉變他人之內相分；以及滿心位之猶如谷響現觀，能觀見自己之意生身分處他方世界廣度眾生，而使無生法忍及福德更快速增長。至於四地心後之諸種現觀境界，更難令三賢位菩薩了知，何況未證謂證、未悟言悟之假名善知識，連第七住菩薩眞見道所證眞如都只能想像者？

雖然如此，縱使已得入地，而欲了知佛地究竟解脫、究竟智慧境界，亦仍無法望其項背，實因初地菩薩於諸如來不可思議解脫及智慧仍無能力臆測故。縱使已至第三大阿僧祇劫之修行——已得八地初心者，亦無法全部了知諸佛的境界，則無法了知佛法之全貌，如是而欲了知十方三世諸佛世界之關聯者，即無無其分。以是緣故，世尊欲令佛子四眾如實了知三世佛教之亙古久遠、未來無盡，以及十方虛空諸佛世界等佛教之廣袤無垠；亦欲令弟子眾了知世間萬法、出世間法及實相般若、一切種智無生法忍等智慧，悉皆歸於第八識如來藏妙眞如性者，則必於最後演述《妙法蓮華經》而圓滿一代時教；是故 世尊最後演述《法華經》時，一仍舊貫而如《金剛經》稱此第八識心爲「**此經**」，冀諸佛子醒悟此理而捨世間心、聲聞心，願意求證眞如之理，久後終能確實進入絕妙難思之大乘法中。斯則 世尊顧念吾人之大慈大悲所行，非諸凡愚之所能知。

然而法末之世，竟有身披大乘法衣之凡夫亦兼愚人，隨諸日本歐美專作學問之學者謬言，提倡六識論之邪見，以雷同常見、斷見外道之邪見主張，公開否定大乘諸經，謂非佛說，公然反佛聖教而宣稱「**大乘非佛說**」。甚且公然否定最原始結集之四大部阿含諸經中之聖教，妄判為六識論之解脫道經典，公然貶抑四阿含諸經中之八識論正教，令同於常見外道之六識論邪見；全違 世尊依八識論而解說聲聞解脫道之本意，亦令聲聞解脫道同於斷見、常見外道所說之解脫，則無餘涅槃之境界即成為斷滅空而無人能知、無人能證。如是住如來家，著如來衣，食如來食，藉其弘揚如來法之表相，極力推廣相似像法而取代聲聞解脫道正法，最後終究不免推翻如來正法；如斯之輩至今依然寄身佛門破壞佛法，而佛教界諸方大師仍多心存鄉愿，不願面對如是破壞佛教正法之嚴重事實，仍多託詞高唱和諧，而欲繼續與諸多破壞佛教正法者**和平共存**，以互相標榜而**維護名聞利養**。吾人若繼續坐令如是現象存在，則中國佛教復興，以及中國佛教文化之推廣，勢必阻力重重，難以達成；眼見如是怪象，平實不得不詳解《法華經》之眞實義，冀能藉此而挽狂瀾於萬一。

如今承蒙會中多位同修共同努力整理，已得成書，總有二十五輯，詳述《法華經》中 世尊宣示之眞實義，因名《法華經講義》，梓行於世，冀求廣大佛門四眾捐棄邪見，回歸大乘絕妙而廣大無垠之正法妙理，努力求證，共為復興中國佛教文化、抵禦外國宗教文化之侵略而努力，則佛門四眾今世、後世幸甚，中國夢在文化層面即得實現。乃至繼續推廣弘傳數十年後，終能使中國成為全球最高階層文化人士的歸依聖地、精神祖國；流風所及，百年之後遍於歐美社會各層面中廣為弘傳，則中國不唯民富國強，更是全球唯一的文化大國。如是復興中國佛教文化之舉，盼能獲得廣大佛弟子四眾之普遍認同，乃至廣有眾人付諸實證終得廣為弘傳，廣利人天，其樂何如。今以分輯梓行流通在即，因述如斯感慨及眞實義如上，即以為序。

佛子　平實　謹序

公元二〇一五年初春　謹誌於竹桂山居

第十八輯：

《妙法蓮華經》

〈法師功德品〉第十九（上承第十七輯此品未完部分）

那麼菩薩也不會生到無色界去，沒有菩薩是願意受生到無色界的；因為生到無色界的只有聲聞人求解脫，也就是最鈍根的三果人，次第經歷色界天、無色界天之後，才能出離三界而入無餘涅槃。菩薩如果想要往生無色界，諸佛、諸大菩薩都會訶責他、會責備他，往往就直接罵他：「汝愚癡人！」說「你是個愚癡人」。那如果沒有人罵，他就要在無色界中耽擱他的道業很久，所以有人罵才是幸福的人。可是有的人受不了罵，我如果講他一句，他就賭氣走人了，那就沒救了。因為有人罵才是幸福，就不會走冤枉路。

例如有人罵他說：「你是個愚癡人！」那他當然要問說：「為什麼我這樣

是愚癡？」佛菩薩就會告訴他：「你生到無色界天去，就算讓你生到最高層次的非想非非想天去好了，又讓你盡壽而歷經八萬大劫；但是在八萬大劫後，你的同修們在人間已經修到什麼地步去了？結果你下來還不能當人，你要何時才能回到人間來當人、來重修佛法呢？」他一聽當然就懂了，就不會想要往生去無色界了。所以這個無色界的道理還是要講給諸位聽，這一小段經文中不講，是因爲在無色界沒有色陰，也沒有意識起念造作的心行，住於定中一念不生，所以鼻根清淨的菩薩也就無香可聞。

好，接下來第二行：「諸比丘眾等，於法常精進，若坐若經行，及讀誦經典；或在林樹下，專精而坐禪，持經者聞香，悉知其所在。」接著說：「有許多的比丘大眾們，在佛法上面是始終不改變地精進修行，或者靜坐、或者經行，以及讀經典、誦經典；有時在林樹下，是爲了修證禪定而不是一般累了坐下來休息，是專心一致精進坐禪，像這樣的比丘眾們，這位受持了義《法華經》的菩薩，由於鼻根清淨的緣故，經由聞香也能夠知道這些比丘眾的所在。」

「菩薩志堅固，坐禪若讀誦，或爲人說法，聞香悉能知；」菩薩的志向非常地堅固，不可移轉；就好像諸位來到正覺，剛開始心想：「這佛法的實證是可能的嗎？」對自己不太有自信。現在對正覺的法是有信受了，可是對自己的自信還不太夠，所以往往有一點疑，那就不會很精進了。可是到後來發覺同一班的師兄姊，有時候聽說：「喔！他悟了！」有時候又聽說：「喔！他也悟了！」心裡面想：「他又沒有比我聰明，為什麼他也可以悟？」這個想法是好的喔！不要覺得羞赧。

就像儒家有一句話說：「舜何人也？予何人也？有為者亦若是。」大舜那樣的人可以治理中原，經由禪讓獲得國家，可是他也不貪，繼續禪讓，所以全球最早有民主的國家是中國。好，那麼像這樣子說：「大舜是什麼樣的人，我是什麼樣的人，只要我眞正奮發有為的話，我也可以像大舜那樣！」可是在正覺中發起這樣心志的人，沒有人會笑他傲慢啊！對不對？沒有人責備過他說：「欸！你好狂傲。」反而讚歎說他志氣可嘉。

所以在同修會中如果有誰說：「嗯！我看他不見得比我聰明，他竟然也可以悟，那我得要努力拼啦！」那這樣的人是值得鼓勵的，沒有人會看輕他說：「嗯！你也未免太貪了吧！你未免也太高傲了吧！」沒有人會這樣想。

因爲菩薩如果無緣於正法，那就只好乖乖念佛求生極樂去了；但如果有緣於正法中住，當然應該奮發圖強，要去求證嘛！所以諸位進到同修會以後，或者半年、或者一年，或者甚至於有人要五年、七年才能夠志向堅固，都是隨著各人心性和因緣的不同而有差別。

菩薩由於志向堅固，所以有時候會坐禪，不怕辛苦。坐禪的目的是希望具足獲得四禪八定，再用四禪八定作爲工具，作爲廣大福德的憑據，來利樂眾生，來幫助自己的道業；所以菩薩在某一個時節因緣就放下一切，專心去坐禪。又如有時候對於自己所不能理解的法義，例如把自己的層次清楚界定之後，要如何進到上一個層次去，菩薩在不瞭解的時候，當然就要勤讀經典了。如果經典讀不懂，又沒有善知識可以教授，那就用誦的；每天誦下去，直到哪一天突然一念相應：「啊！原來這一段經文是這個意思。」所以有時候要課誦。

那麼若是有善知識教授時，那就特幸福了，不必讀、不必誦，直接請問啦！因爲請問總是比自己讀誦或者思惟，要快過好幾千倍、幾萬倍，這就是智慧的深度與廣度的問題！就好比說，十幾年前——大約十五、六年前了，有一次我思索說：「我證得如來藏了，如來藏是含藏一切種子的眞實心啊！那我爲什麼不能從如來藏裡面的種子，隨意去找出來了知？如果能隨意找出來，那我馬上就會知道我上一輩子姓啥名誰，再上上輩子住在哪裡，姓啥名誰、幹了什麼事業；一輩子又一輩子，都可以往上追溯，就不必說：『進入等持位裡面，撞見了什麼就只能看什麼。』那就可以自己指定要看什麼就看什麼了！」

可是爲什麼還不行呢？啊！思索了大概三個鐘頭，腦袋都快要破掉了，還是沒結果。但是後來不管它了，就是利樂眾生，不斷地去作了。後來有一天人家問我說：「老師！爲什麼我們找到如來藏了，不能從如來藏裡面去看到各類種子、隨意了知？」我直接答覆他，根本不假思索，我說：「因爲你這個意識是這一世才出生的嘛！你意識又不是從前世來的，你怎麼去探索前世的種子？」根本就不假思索直接答了。我是什麼時候通了？自己也不知道。

這意思在告訴我們什麼道理？是說有時候你就只是讀、就只是誦，也有利益；既然沒有善知識指導，無可奈何，就憑著讀與誦，後來有一天就會突然間知道，那麼這一竅也就通了。然後你就會理解：「啊！原來如此！」有時則是佛菩薩加持，使你突然就知道了。如果有善知識指導，登記了小參，不必七天就會又到上課時間了，那小參的時候一問：「**老師啊！這到底是怎麼回事？**」老師當下幫你解答了，不就把問題給解決了嗎？否則自己思索了老半天，把腦汁絞乾了也沒辦法呀！所以菩薩志向堅固，但是如果沒有善知識指導呢，他只好苦讀、苦誦了！

如果必須拼了命一直讀、一直誦，這表示他的福德因緣還不具足。所以你們看佛教界有許多底層的佛教徒，他們每天課誦《金剛經》，也有人是出家了閒著沒事，就拿課誦打發時間，兩天誦完一部《地藏經》，就這樣子苦修。有許多老菩薩也是這樣的，也有許多唸佛的老菩薩課誦《無量清淨平等覺經》;《觀經》比較少人課誦，大部分是課誦小《阿彌陀經》，他們就這樣修行，一世就是這樣課誦到死。那是因爲他們沒有善知識指導，或者福德因緣還不夠，聽人家說：「**正覺可以幫人家讀懂經典欸！**」「**我不去！那是個居士，我們師父說居士的書不能讀的。**」但他們的師父沒有想到說，《維摩詰經》是居士講的，《勝鬘經》也是居士講的。所以那些人就是福德不夠，那就只好自己讀誦啊！

「菩薩志堅固，坐禪若讀誦」中說的這個坐禪，可也不容易哦！不是每一個人都能坐禪成就的。好多人每天坐禪，吃完飯、經行完了，就是上佛堂坐禪；而且他們坐禪就像一句閩南語說的：「照三頓坐。」只要吃了一餐，他就要坐一次，一次或者兩個鐘頭，或者三個鐘頭不等；沒有一天不坐，沒有一餐不坐；假使有一天不坐，他就渾身不舒服。問題是連未到地定都證不了，初禪更是發不起，這種人比比皆是。所以如果福德不夠，連坐禪都沒有人指導，連人家指導的時候都會幫他指導錯誤，所以他始終得不了未到地定，也始終發不起初禪。

所以說，坐禪這個實證，具備福德也是很重要的事情！自從正覺出來弘法以後，佛教界沒有人再說「我得初禪」、「我得二禪、三禪」，沒有人敢講了。以前常常有人敢公開講啊！不是嗎？現在沒有人敢講了，是因爲自從我們講了禪定的實證過程與內容以後，他們發覺：「**哎呀！我們以前都誤會禪定的境界了！**」所以坐禪也是不容易的。可是有的菩薩在凡夫位時志向堅固，雖然證不得、發不起，也是每天坐禪；不管是樂在其中或是苦在其中，他反正就是志向堅固，每天不停地打坐，從來不退，眞的是精進啊！

可惜那不符合六度精進的義理，因爲六度波羅蜜所說的精進，是如法努力才叫作精進，錯誤的努力都不叫作精進，只能勉強稱爲邪精進，但是這畢竟也可以證明那些凡夫菩薩們的志向是很堅固的。有的菩薩堅持一生一世要爲人說法，我覺得這也不錯，因爲教學相長啊！雖然他始終悟不了，但是爲人說法時依文解義，只要別作甚解，也是好的；即使依文解義都是好的，只要自己不亂作解釋。那麼這樣可以把正法熏習在他心中，也可以把正法熏習在聞法者的心中，這都是值得讚歎的。所以我不要去否定人家依文解義，只要不作甚解而去誤導大眾，就都值得讚歎。那麼這一類的人，鼻根清淨而受持了義《法華經》的菩薩，當然可以聞香而知道他們的所在。因爲這三種人的心行是不同的，具足五陰而有不同的心行，所以微細的香味會有所差別，那這位菩薩也是「聞香悉能知」啊！

接著說「在在方世尊，一切所恭敬，愍眾而說法，聞香悉能知；」這是說，在在處處不同世界的諸方世尊，是一切大眾、一切菩薩、一切的聲聞緣覺所恭敬的，由於憐愍大眾而爲大家說法，這位受持《法華經》而鼻根清淨的菩薩，同樣「聞香悉能知」。

因爲不同心性的眾生，聽聞世尊說法的時候，會有不同的香味出現，他聞香就能知道。那現在也許有人想了：「奇怪了！『在在方世尊，一切所恭敬』，那是在十方諸佛世界中啊！那這位菩薩在這個世界雖然鼻根清淨，也受持了義《法華經》，他爲什麼能嗅得到？」還記得我跟諸位提示的嗎？當他究竟清淨的時候——鼻根清淨的時候，表示鼻根可以作六根用，六根清淨時就是六根全部互通了喔！當鼻根這一根究竟清淨了，表示他這一根已經可以作六根使用；當他以眼根看見十方世界時，不就能嗅聞一切賢聖的香味了嗎？

一般世間的香只能隨風而飄，可是有一種香逆風而到，叫作戒德香、功德香，所以持戒清淨不貪錢財的時候，這個戒德香是會往天界飄，也會往他方世界飄的，不必靠風來送。就好像以前二〇〇三年法難時，他們從法上要推翻正覺，推翻不了以後就開始人身攻擊了，就說：「哎呀！你們都不知道蕭老師在同修會搞了多少錢！你們知道嗎？」我們有一位同修就直接回應說：「那麼請你寫出來，我幫你在網站上到處張貼出去。」結果又不敢寫出來給人張貼，只推說：「這個不能講、不能講。」

問題來了啊：我不管帳、不管錢、不收錢，能怎麼搞錢？我到現在沒有收過人家一分一毫錢財，更不要說一百塊錢、一千塊錢、幾萬塊錢，從來都沒有。更何況我的初禪、二禪難道是天上掉下來的禮物？所以那個毀謗是無效的，只會被諸天所笑；而我這個戒德香，早就飄到諸天去了，所以我對他們的毀謗從來不在意，我只說：「嘴長在他們臉上，咱們控制不了啊！他們要怎麼講就讓他們講去。我只要無欺自安，這就夠了。」因為很有把握說，我這個戒德香早就十方世界流傳了啊！所以那個毀謗都無所謂，反正對正法無傷害。

所以經上告訴我們說：「唯有戒德香，流熏上昇天。」那麼如果哪一天我真的搞了錢，不必說多啦！搞個幾萬塊錢或幾百塊錢就好，馬上就臭名熏天，諸天馬上就吐口水，吐到人間來說：「以前我們都錯信他了。」何苦來哉！其實幾百億元我都不想要。幾百億元算什麼？過去世當轉輪聖王，當了好多次，何止擁有幾百億元？普天之下莫非是我的，一大部洲、兩大部洲都是我的，都不想要了，如今還要貪那區區幾百億元？幾百億元算什麼？幾百億元在臺灣，且不說在地球上，幾百億元在臺灣也只是一點點而已，那轉輪聖王可不是只有一個臺灣，不是只有一個地球；即使最差的鐵輪王也管一大部洲呢！那是多少個地球？連這個都不想要了，何苦去貪那幾百億元？

連幾百億元都不想要了，怎麼會去貪那幾百萬或者幾萬塊錢，對不對？所以有許多人眞是愚癡，造了口業，諸天也只好搖頭；因爲諸天也不想管他們，搖搖頭也就過去了。但是功德的香味是不必藉風而飄的，所以一個鼻根清淨的菩薩受持了義《法華經》的時候，由於鼻根清淨而可以通於六根，當然「在在方世尊，一切所恭敬，愍眾而說法」時，他是可以聞香而知的。這不需要去懷疑它，因爲 佛陀說法，依據我們的所證，一步一步去證實，還不曾被 佛陀騙過。除非咱們有哪一次被 佛給騙了，我們才可以懷疑說：「欸！佛陀這個說法會不會騙人？」到目前爲止我們沒有被 佛騙過啊！全都是可以實證的。所以我們寧可相信是自己程度還太差，還證不得上位的證量，心中不應該生疑。

接下來：「眾生在佛前，聞經皆歡喜，如法而修行，聞香悉能知；」說那麼多的眾生在諸佛座前，聽聞諸佛演說諸經，心中皆大歡喜，然後依照諸佛所教導的種種法去精進修行；那麼不同的眾生依法努力修行時，他們所獲得的各種功德是不一樣的，當然他們所散發出來的身香，以及所散發出來的功德香，也是個個不同的。那這位鼻根清淨的菩薩，「聞香悉能知」啊！

最後四句說：「雖未得菩薩，無漏法生鼻，而是持經者，先得此鼻相。」這是說雖然這位鼻根清淨的菩薩，還沒有得到無漏法所生之鼻根，也就是還沒有得到八地菩薩以上，於相於土自在的鼻根，但是因爲他鼻根清淨而受持了義的《法華經》，因此他可以先得到這種鼻的善根法相。那麼這樣子，顯然我們目前還達不到。但是達不到，是否就要把它推翻？不應該那樣想。以前好多人不相信佛經說的，而今科學越來越昌明，卻只有證明佛經所說如實。

古時的人們都說大地是宇宙的中心，但是現在沒有人敢再說大地是宇宙的中心了。中古時代伽利略，還有一位什麼天文學家？（有人回答：哥白尼。）喔！哥白尼，對！他們兩位都主張大地是圓的，說這個大地應該叫作地球，因爲這個大地形如球狀。那麼天主教會的教皇要把他處死，說他是異端邪說，說他妖言惑眾，所以要把他處死；但他保留到臨終前才發表日心說的理論，教會來不及將他處死，而他的繼承人布魯諾就被教會處死了。那你想，那時的人是認爲我們這世界就是宇宙的中心；他們不相信眞相，因爲他們沒有親眼見到，所以不相信。以前的人對很多東西都不相信，可是到了二十世紀末，有許多都一一被證實，所以他們只好信了。

可是現在還有許多醫生，他們的牙齒是鐵做的（大眾笑⋯），還不相信有三界六道輪迴。反正人家著了魔、著了鬼神，送去精神病院，他們都說：「哎！那都是自己妄想、精神分裂啦！」所以有時候看到他們在電視上大放厥詞，我都覺得說：「哎呀！好可憐喔！」醫生當到被人覺得可憐，你說他們可不可憐？眞是可憐啊！那就是迷信於他自己所知道的內容，迷信自己的知識。那些精神科醫師很多都這麼說：「什麼鬼神？唉！到我這裡來麻醉劑一打，根本都不存在，那都是妄想啦！沒有鬼神啦！我又看不到鬼神。」

他們不知道的是，鬼神來附身時，還是要依那個被附身者的五勝義根才能運作！那人的五勝義根麻醉了，鬼神不能使用那個五勝義根，也就不能使用五扶塵根了，那就只好離開了。還不離開，還在那裡耗什麼？再耗下去也沒用嘛！醫師們知其然、不知其所以然，不懂得這個道理，還在那裡大放厥詞說：「什麼鬼神，麻醉劑一打就消失了。所以那個顯然都是妄想。」所以那種人是受到唯物醫學和無神論的影響。西方的醫學跟唯物論很契合，我說的西醫跟唯物論很契合；可是叫他們去住到古巴，他們又不要。純粹的共產國家都主張唯物論，可是全世界的共產國家很多領導人，嘴裡是唯物論，心裡面卻是不信唯物論。可是嘴上得要堅信唯物論，否則官兒就當不成，因為會被推翻；這是很矛盾的地方，因此我們說，不知者不能推之為無。

而我們學佛的過程中，從斷我見，從二果、三果、四果，從明心、從見性一直到無生法忍，這樣一步一步走上來，我們發覺經中所說的，佛都沒有欺人欸！佛陀確實是說如實語，經中所說是確實可以實證的；既然前面所說的都是可實證的，那麼我們還沒有辦法證得的後面部分，就應該相信！而且世尊也沒有理由騙我們，祂騙我們以後會有什麼利益？都沒有任何利益啊！不是因為騙了我們以後，祂就可以得到整個世界，得到無量金銀財寶。世尊根本就連這個都不想要，祂什麼都不想要，只是想要利益眾生而已。

既然只是要利益眾生，就不會欺騙眾生。因此以後大家說話要記得，有一些世俗流行的話是不能跟著講的。例如有人說：「人爭一口氣，佛爭一爐香。」（大眾笑…）真是笑話！佛還要跟你爭那一爐香？佛的香遍滿十方三千大千世界，無處不有，何必跟你爭那一爐？你要那一爐，就連香爐都送給你吧！那一些世俗人謗了 佛陀都還不知道，眞叫作愚癡，眞是可憐愍者。

所以我們學法，在正覺修學是跟外面不一樣；我們學到這個地步，雖然還有很多法是我們無法實證的，只能憑臆想、猜測；但我們寧可信其有，不應該去推翻尚未能證的部分；否則你的佛菩提道就只好停頓了，因爲一定會妄想說：「**接下去的悟後起修那些法義，我全都不相信。**」既然都不相信，就只好原地踏步了，於是就不能繼續修學智慧，也不能繼續修集福德，就只好原地踏步。

信是有不同層次的，信之所以有不同層次，是因爲疑有不同的層次。疑全部斷盡時，那是要到佛地。即使是妙覺菩薩都還無法想像說，下生人間頓悟成佛的時候，成所作智現前是什麼境界，都還無法想像；那就表示心中還是會有極少分的疑！既然有那一點點的疑，就表示他心中仍然還有一點點的信不具足。所以信的層次是有種種差別的，十信位所說的信，只是對三寶的信而已，所以有疑是正常的。譬如你現在信有如來藏，可是證得如來藏以後到底是怎麼回事？那智慧是怎麼樣？還是有疑啊！到什麼時候滅了這個疑？到你證了以後才滅除這個疑。

同樣的道理，你在佛菩提道中的上位境界、上位的智慧仍未能證，所以心中有疑，這也是正常的，所以不要因為有這一點的疑，就覺得不好意思說：「我好像對不起佛陀，我心中還有疑。」因為你還沒有實證，這本來就會有疑，這都是正常的；但那只是對法的疑，對於那個層次的智慧的疑，對那個層次、對那個境界的疑，卻不是對 佛陀的疑，那就沒問題。對 佛仍然具足信受，對某一些法有疑，這是正常的，因為畢竟還沒有實證。那麼這樣子瞭解了以後，再來繼續聽受 佛的開示，就會比較輕鬆一點。

經文：【「復次，常精進！若善男子、善女人受持是經，若讀、若誦、若解說、若書寫，得千二百舌功德。若好、若醜，若美、不美，及諸苦澀物，在其舌根皆變成上味，如天甘露，無不美者。若以舌根於大眾中有所演說，出深妙聲，能入其心，皆令歡喜快樂。又諸天子、天女，釋梵諸天，聞是深妙音聲，有所演說言論次第，皆悉來聽。及諸龍、龍女，夜叉、夜叉女，乾闥婆、乾闥婆女，阿修羅、阿修羅女，迦樓羅、迦樓羅女，緊那羅、緊那羅女，摩睺羅伽、摩睺羅伽女，為聽法故，皆來親近恭敬供養。及比丘、比丘尼，優婆塞、優婆夷，國王、王子、群臣、眷屬，小轉輪王、大轉輪王、七寶千子內外眷屬，乘其宮殿，俱來聽法；以是菩薩善說法故，婆羅門、居士、國內人民，盡其形壽隨侍供養。又諸聲聞、辟支佛、菩薩、諸佛，常樂見之。是人所在方面，諸佛皆向其處說法，悉能受持一切佛法，又能出於深妙法音。」

爾時世尊欲重宣此義，而說偈言：

是人舌根淨，終不受惡味；其有所食噉，悉皆成甘露。
以深淨妙聲，於大眾說法；以諸因緣喻，引導眾生心；
聞者皆歡喜，設諸上供養。
諸天龍夜叉，及阿修羅等，皆以恭敬心，而共來聽法；
是說法之人，若欲以妙音，遍滿三千界，隨意即能至。
大小轉輪王，及千子眷屬，合掌恭敬心，常來聽受法；
諸天龍夜叉、羅剎毘舍闍，亦以歡喜心，常樂來供養。
梵天王魔王、自在大自在，如是諸天眾，常來至其所；
諸佛及弟子，聞其說法音，常念而守護，或時爲現身。」

語譯：【「除此以外，常精進啊！如果有善男子、善女人受持這一部經，或者閱讀，或者課誦，或者解說，或者書寫，可以得到一千兩百的舌根功德。或者是好的，或者是醜的，或者是美的，或者是不美的，乃至於苦澀的食物，到了這位受持了義《法華經》的舌根清淨菩薩口中，都會變成上味，猶如欲界天人所食用的甘露，沒有一樣是不好吃的。

如果他以舌根在大眾中有所演說的時候，發出深妙的聲音，能夠進入大眾的心中，讓大眾都能聽受，而使所有的人都歡喜快樂。而且諸天子、天女，釋提桓因乃至色界的清淨天，聽聞他這個深妙音聲，有所演說的言論和它的次第的時候，全部都會來聽聞。以及所有的龍、龍女，所有的夜叉、夜叉女，樂神和樂神女，阿修羅和阿修羅女，金翅鳥和金翅鳥女，歌神和歌神女，蟒神和蟒神女，爲了聽法都來親近和恭敬供養。以及比丘、比丘尼，優婆塞、優婆夷等四眾，甚至於國王、王子、群臣、眷屬，乃至有鐵輪王和金輪王，隨同他們的七寶、千子和內外眷屬，乘坐著他們的宮殿一起前來聽聞這位菩薩說法。

由於這位菩薩善說法的緣故，婆羅門、居士、國內人民，盡其形壽都隨時來奉侍和供養這位菩薩。而諸多的聲聞聖人、辟支佛、菩薩和諸佛，永遠都樂於看見這位菩薩。當這位菩薩所在的地方，諸佛都向著他的這個處所說法，而這位菩薩全部能受持一切的佛法，受持之後又能夠發出深妙的法音來利樂眾人。」

這時世尊為了要重新宣示這個眞實義，就以偈頌重說一遍：

這個人由於舌根清淨的緣故，終究不會領受令人嫌惡的味道。他有所飲食或者咀嚼，全部都會變成甘露一般的美味。

他以深遠而清淨的微妙音聲，於大眾中演說正法；以各種不同的因緣譬喻，來引導眾生學佛的心志；所以聽聞的有情全部都很歡喜，而敷設了各種上妙的供養。

諸天、天龍、夜叉，以及天界的阿修羅等，全部都以恭敬之心，共同來聽聞他說法；

這位舌根清淨的菩薩，如果想要以微妙的音聲，遍滿於三千大千世界之中，讓眾生都能聽聞到，他這微妙的法音隨著他的意願就能夠到達每一處。

從金輪聖王下至鐵輪聖王，各種不同大小的轉輪聖王，以及他們各自所生的千子和他們所有的眷屬，也都合掌以恭敬之心，常常來聽受他所說的微妙法；

諸天、天龍、夜叉，以及羅刹、噉精氣鬼等，也都以歡喜心，常常前來供養他。

梵天王、魔王，自在天、大自在天，像這樣的諸天天眾等，也常常來到這位菩薩的所在；

諸佛以及弟子等，聽聞這位菩薩說法的音聲，也常常會憶念這位菩薩而守護他，或者有時在某一個因緣下，也會為這位菩薩現身相見。】

講義：這時 世尊又開示說：「除了眼耳鼻根有這些功德以外，常精進啊！如果有善男子或者善女人受持這部經以後，或者讀、或者誦、或者解說、或者書寫，可獲得一千兩百的舌根功德。」在《楞嚴經》裡面說具足六根清淨以後是六根互通的，如果沒有具足六根清淨的功德，那你在某一根究竟清淨了，那一根就能通達其他五根，可是其他五根不能來相通，就只有這一根能通其他五根。那麼這表示說，六根具足清淨位絕對不是容易修得的。六根具足清淨位，是十地滿心之後成佛時的事，可是現在尚未進入十地，更未滿心，是容許有一根、兩根或者三根不等的清淨位功德出現，所以這邊說的，就是分爲六根來講。

也許將來幾劫之後，你可以得到眼根清淨功德；也許將來幾劫之後，某位同修可以得到鼻根清淨功德等等。那麼這裡說的得到一千兩百舌根的功德，表示說舌根的所有功德已經具足圓滿了，才能具足得到一千二百功德，否則是不具足的。不具足是怎麼回事？譬如同樣開悟明心了，有的人可以不洩漏密意而爲別人侃侃而談，可是有的人明心以後，就像是啞巴吃湯圓，心中有數：「**如來藏就是這樣啊！就是這樣啊！**」可是你叫他講解，他講不出來。

同樣的，有人找到如來藏了，可是講不出來。我們會裡有好多同修去打禪三時就是這樣，心裡有數，可是進了小參室，老是被打回票，講不清楚。這表示什麼？表示他的舌根功德還只有極少分！也許你要問：「**那蕭老師你有沒有具足舌根功德？**」我告訴你：「**還沒有。**」因爲具足舌根功德，這是舌根清淨位；而六根清淨的功德全部具足圓滿，那是要到等覺位後的佛地。但是在因位，例如五地、八地等，容許你有一根清淨，或者容許你有兩根、三根清淨，具足這幾根的功德，但不是六根具足，也不是這幾根的功德已經具足圓滿。

但是，雖然還沒有得一千兩百舌根功德，如果你有五百舌根功德、七百舌根功德，就很有受用了！如果找到了如來藏以後，結果是只有五十的舌根功德，那就只能說：「就是這樣啊！就是這樣啊！」可是講不出來！監香老師說：「『就是這樣』，是怎麼樣啊？」（大眾笑⋯⋯）他就沒辦法講。「我就知道是這樣，我就是不會講啊！」不會講，就是沒有舌根功德！哦？這個是很正常的。

所以舌根一千兩百的功德，現在不必立刻要求具足圓滿。如果你有一千兩百舌根功德，那就像 佛講的功德，但現在沒有這功德也沒關係；隨分隨力利樂眾生，才能使自己漸漸具足全部舌根功德。要往這個目標前進，你要把它設爲自己的目標，不要排斥它，但是先不要懷疑。

受持《法華經》，《法華經》是什麼經？正是如來藏！就是《金剛經》，所以《金剛經》與《法華經》中都同樣把祂叫作「此經」。受持如來藏而轉依如來藏以後，雖然你還沒有八百舌根功德、或是還沒有具足一千兩百舌根功德，有個五百、六百，你就很有受用了，因爲它可以使你的福德快速增長。

你有了這一些舌根的功德，就可以利樂大眾，就可以開始攝受眾生，攝受眾生就是攝受佛土！這樣使自己的福德快速增長，這個很重要。

這是因爲滿三千大千世界的珍寶布施，不如度一個人發菩薩性。即使你度了滿三千大千世界的阿羅漢，都還不如度一個人發起菩薩性；那你如果能爲人說法，鼓舞眾生發起菩薩性，這個福德有多大！因爲這就是開始攝受佛土了！即使沒有辦法引導大家走向實證佛法的路，也是有大功德的，因爲已經開始攝受佛土了！那麼如果能夠進而幫大家斷三縛結，在正法上面實證，幫你的學生具足開悟的條件，後來他們禪三時果然是開悟了，下山後趕快來禮拜：「**老師啊！我被印證了！感謝恩師啊！**」喔！那你就知道你的福德有多大，因爲他是你所教導的。

而你教導的這個人去禪三被印證了，並且這個印證品質是很高的，那你想，你度了這個人，早就勝過度滿三千大千世界的阿羅漢；度了這麼多阿羅漢，不如度這一個人明心開悟。那你想一想，你的福德有多大？可是你這個福德是從哪裡來的？是從舌根的功德來的啊！是因爲你有了舌根的功德，雖然不一定具足八百、九百、一千兩百，但是隨分隨力接引有緣人，就有這樣大的功德與福德了。所以這個要列作自己的目標，未來成佛的時候要具足六根的功德。

那麼現在這一段講的是舌根的功德，而舌根的功德主要是在說法上面；可是舌根並不只是用來說法，還有平常的功德受用。世尊說，受持「此經」就是受持如來藏，或者讀、或者誦、或者解說、或者書寫，最後可以獲得一千兩百舌根功德，那麼還沒有到達一千兩百功德，先有五百功德、八百功德的時候，你的受用就很大了。所以不管是好看的、醜的食物，香美的、不香美的食物，乃至於苦澀的食物，如果具足一千兩百舌根功德時，即使是苦澀的食物，到了你嘴裡，都會變成上味；猶如欲界天人所吃的甘露一樣好吃，沒有哪一個食物不香不美的。

佛陀為了度一個長者，說好某日要去受供三個月；佛陀到了那一天去受供，那個人被天魔迷惑，竟然沒有預備上妙食物，而且躲在深宅不肯見佛；佛陀說沒有關係，因為 佛陀早就知道往劫的因緣了，就說：「**現在也是飢荒的年代，托缽不易。**」有個看守馬廄的人，就安排祂住在馬廄，經過三個月，那個主人都忘了這件事情，佛陀三個月中都吃馬麥。馬麥會好吃嗎？當然不好吃啊！

後來阿難尊者，我記得是阿難，找到這裡來說：「佛陀您怎麼在吃馬麥？」佛陀說：「你不要小看這馬麥，我吃的馬麥不一樣。」就拿給阿難尊者嚐，阿難尊者一嚐就說：「哎呀！天下怎麼有這麼好吃的東西！」然後七日之中口中香美而且不餓。這就是諸佛所有的舌上味相，三十二大人相之一，因爲具足一千兩百舌根功德了！所以馬才能吃的馬麥，雖然那寶馬所吃的一定不是最差的，是馬王所吃的馬麥，而其他那些馬所吃的就稍微差一點，但那也不是人類該吃的啊！因爲連那個照顧馬廄的工人也不想吃，可是佛陀吃了，並且好好吃，這就是舌上味相，正是因爲具足一千兩百舌根功德。

那麼也許有人還存疑：「哎呀！你說的太玄了吧！」當然玄啊！怎麼可能不玄？因爲這是諸佛的境界，怎麼可能不玄？又不是咱們這個因地的境界，這種佛地的舌上味相，如果咱們能想像，那就不玄了。那我就談一談我自己的例子好了。

大約十八、九年前吧（編案：這是二〇一二年所說），有一次我跟一位哥哥（他已經過世了），我跟他去南部看我老爸，回程時天色已經晚了，車子開到員林鎭時，天色更晚了，我說：「還是早一點回到臺北比較重要，吃的事就簡單解決吧。」那時我也不知道員林鎭有什麼素食館，看到市鎭內的縱貫路上（因爲那時還沒有開上高速公路）有家麵包店，我說：「那家就可以了，沒問題了！」買一條土司，上了車子以後一面開車，就你一片我一片。但我二哥就一路唸著一樣的話，從員林鎭吃著就一直唸，唸到快到彰化市了還在唸：「啊！這土司好難吃喔！」我也不搭腔，我吃得津津有味。他忍不住了就說：「你怎麼吃得下，這麼難吃！」我說：「你覺得難吃，我覺得好好吃，又香又美。」因爲我吃起來它就是很好吃啊！難得有機會吃吃土司有什麼不好？而且它軟軟的，又不是很乾，也有一點奶油香味。我說：「這個很好吃，你爲什麼老是一直抱怨、一直抱怨，我眞的受不了你了！」（大眾笑…）「我只好跟你講：你的心有問題，你很煩躁！」他只好沉默不語。

「爲什麼我吃起來很好吃，你吃起來不好吃？因爲我依於我的心境來吃這個土司，我覺得它很好吃，所以我吃得津津有味，我沒有一點點嫌厭的意味。可是呢，你滿臉是皺紋。」他終於不講話了。我跟他當兄弟以來，第一次見他不講話；以前不管我說什麼，只要我說一句，他得要訓上十句話，沒有我開口的份兒。

有一次由於他身子不太好，那時候他住在景美，我們第一任理事長，也就是郭故理事長找我說：「聽說他生病了，咱們去看他好了。」我說：「好啊！」兩人就去了。去了以後，我才講一句，他訓示一百句，不讓我講話。後來我看他講到一個階段了，就插進去很快講了四、五句；他受不了，要回辯我，我就趕快走入廁所去（大衆笑…）。等我洗了手出來，他還在罵。你說像他這樣的心境，吃東西會有好味道嗎？根本不可能嘛！

人喔，有時不能不服氣，可是他對我是一向不服氣，所以他一直到捨報時心境都很難過。因爲他這個小弟——我，從小就老是被他罵「笨」；他常常這樣子（導師作個突出中指關節的拳頭手勢）說：「你爲什麼這麼笨！」往我頭上一敲，就長出一個包。他會讀書，我不會讀書；因爲我讀的都是課外讀物，不讀學校的課本，所以在學校裡，我都是要補考才能畢業。

後來到了社會上，我作了某一個投資，他就叨唸著：「啊！你那個喔！永遠不會賺錢啦！一定會賠錢！那個沒有前途，沒有將來性。」我說：「那是你的看法呀！我有我的看法。」所以他把故鄉的街道上最熱鬧地區的房地賣了，來臺北買到中和去，在中和賠錢；買到新店去，在新店賠錢；買到景美去，景美還好守住了，沒賠錢。後來有一天打電話來說：「欸！我搬到金山鄉，在法鼓山旁邊住了，住在這裡眞好！」我說：「你不要高興太早了，你那個身子在那裡住不了多久。」我就跟他潑冷水，我說：「你還是考慮回到景美住比較好。」「哎！我這裡住得好好的，怎麼可能搬回去？」我說：「好啦！你住得很好就行了，預祝你長命百歲，健健康康，永遠住下去。」

結果是一年多就悄悄搬回景美去了，沒讓我知道。可是他說我很不好的投資，卻是我最好的投資，一年翻六倍，一塊錢變成六塊錢，天下哪有這麼好的投資？然後他又說我臺中某一個投資不好，可是我把它算下來，每年漲一些，十年下來算算也有很大的漲幅啊！因爲一塊錢，十年後變成十塊錢，有什麼不好？我如果不是想要賺錢的，那就眞的買了不會賺錢；例如我爲了從會裡退休下來，爲了想要回故鄉去住，所以在我故鄉買了一塊住宅區的土地，那眞的不太會賺錢，因爲目的是將來老了回鄉要住的，不是要賺錢的。我就希望它不會發展，那環境才能住啊！（大眾笑…）會發展的就會吵鬧，怎麼能當住家？沒想到後來也發展起來了；雖然不是很發展，可是左鄰右舍都蓋起公寓又養雞了，我也沒辦法住了，不得不去我同修故鄉買塊田地，總不會發展了吧！好，果然不會發展，那是可以蓋起農舍來住的，那都不會賺錢。可是我如果買來是想要賺錢的，它就是會賺錢。

那結果呢，他對我很不信邪，所以我說：「轉依如來藏以後，只要有一點點味道給你嚐，就是上妙味了，你還要求什麼味？」他可聽不進去呢！有一次就問我說：「你們都說你們開悟了，你們那個開悟，誰知道是眞的、假的。」我說：「這還不簡單，現前有經典，三乘菩提的經典中，我們有聖教量可以依據；對就對，不對就不對。」他卻說：「那些經典啊？翻譯到現在已經二千五百多年了，誰知道那經典對不對？」

我一聽，只能說：「那你如果這麼講，我就沒話跟你講了。但是我可以舉個例子跟你說；因爲你既然這麼講了，我就舉個例吧！因爲你不信禪宗，你只唸佛求生極樂世界，只信念佛。那我問你：經中說一行三昧，『即是念中』，於持名唸佛的時候，就在唸佛時的念念之中都看見三世諸佛。我請問你：持名唸佛的時候，如何於念念中見三世諸佛？你不是持名唸佛嗎？我就問你持名唸佛的三昧。當你口誦佛號，持名唸佛的時候，在唸佛時的每一念之中，都能看見三世諸佛；我問你，未來諸佛還沒有成佛，你怎麼能看見未來佛？」這一下，他只能口掛壁上。

所以人喔，牙齒眞的不能用鐵做，但他的牙齒就是用鐵做的，總是不信別人，特別是不信笨笨的小弟，事業投資乃至最後學佛也不如笨小弟，所以最後鬱悶而終，我也幫不上忙。他捨報的時候，我用無相念佛幫他念佛，當時一群人——一群法鼓山的信眾在爲他唸佛，我也幫不上忙，臨行時，我湊上他的耳邊，要爲他開示般若密意，結果他那個在農禪寺出家的女兒馬上衝過來一起聽，那我就沒辦法講了啊！所以他連這個聽聞般若密意的福德也沒了，我只好改口說：「哎！你安心去啦！這裡都沒事了！」我就走了，只好這樣子。本來是要度他的，但他的因緣就是這樣子，沒福報。所以人眞的不能鐵齒！自己無法理解的、無法證實的，不代表就是不存在的；因此這裡經文中 世尊所說的，大家還是要信受；所以我作個結論說：人的心境會影響到食物的味道，當然也會影響到身體的氣味。那麼今晚時間又到了。

《妙法蓮華經》上週講到一百六十六頁倒數第五行，今天要從第二句開始：「若以舌根於大眾中有所演說，出深妙聲，能入其心，皆令歡喜快樂。」

這一句開示是說，這位舌根清淨的菩薩如果在菩薩大眾之中有所演說，他所說的諸法一定是很深、很勝妙，所以他說出來的法音就是「深妙聲」，因此他所說的「深妙聲」就能夠深入於菩薩大眾的心中，可以使菩薩大眾都歡喜快樂。如果他以這個清淨舌根，將「此經」在定性聲聞的凡夫大眾中而為演說，結果同樣是「出深妙聲」，而那一些聲聞凡夫大眾們卻總是無法「能入其心」，他們聽了以後都不歡喜也不快樂。

所以這一個前提是，一定是在菩薩大眾之中有所演說，才會有「能入其心，皆令歡喜快樂」的事，可是有多少人能知道 世尊這句開示的前提呢？那麼也許有人心中打了一個大問號說：「蕭老師！也許你言過其實吧？因為菩薩於聲聞凡夫大眾之中有所演說，講的是深妙法，所以是『出深妙聲』，大眾應該也能皆入其心，也能夠『皆令歡喜快樂』啊！」也許有人這麼想，我說其實不然！因為菩薩就算是用深妙的聲聞法而不是用無上的佛菩提法，來為他們演說，他們照樣會生起煩惱，不可能「入其心」，所以更不可能「皆令歡喜快樂」。

如果你不信，我們就以現在當代佛教來說明好了。我們在很多的書裡面說明：離念靈知、意識、細意識，乃至說「清楚明了的覺知心」，全都是虛妄法。不但這樣，而且特地寫了一套解脫道的專書，叫作《阿含正義》，鉅細靡遺地說清楚、講明白，就是詳說五蘊虛妄，十八界虛妄。可是到現在爲止，我說的是到今天晚上爲止，都還沒有一個道場、一位法師或哪一位大居士出來說：「**離念靈知是識陰，是虛妄的。**」或者有誰出來講：「**粗意識、細意識、極細意識，一切意識都虛妄。**」到現在爲止都還沒有。

顯然我特地爲他們費盡苦心寫的《阿含正義》，他們對於我那樣的「**有所演說，出深妙**」語，結果依舊不能「**入其心**」，反而皆令生大煩惱，無有絲毫歡喜快樂。我在這套書中都還沒有說到第八識金剛心深妙法，都還沒有講到「**此經**」；我以《阿含正義》七輯，很詳細地闡釋阿含部所說的解脫道，想要他們親證初果，他們還不要。那如果要爲他們談眞如與佛性，那是更深妙之聲啊，更不可能皆「**入其心**」，所以想要他們「**皆令歡喜快樂**」，無異於緣木求魚，這個前提是要先講清楚的。這是在菩薩大眾之中以舌根「**有所演說**」，因爲知見清淨，所以說是舌根清淨，才能夠「**出深妙聲**」啊！那咱們在正覺講堂演說「**此經**」，就是「**以舌根於大眾中有所演說，出深妙聲**」，這是在菩薩大眾中說的，所以你們聽了個個歡喜快樂啊！因爲你們是菩薩，不是聲聞。

如果把「此經」用清淨舌根，在聲聞聖者大眾之中演說，雖然不能令「入其心」，也不能「皆令歡喜快樂」，至少他們心中自慚形穢，然而心嚮往之；只是害怕輪迴生死，不敢迴小向大，卻不會像釋印順那些聲聞凡夫僧一樣努力地否定、抵制、毀謗「此經」。所以，這個前提一定要先講清楚。如果沒有弄清楚前提，講經說法或者隨便講一句話，都會惹來大麻煩。有的人就是不看前提，所以有時一句好話講了出來，也要被人家打。譬如人家家裡正好辦喪事，他去到那裡說：「恭喜、恭喜！」因爲他想，死者得解脫了嘛！人家家屬是心裡面好痛苦，正是愛別離啊！他竟然去跟人家恭喜，那不是找罵挨、找棍打嗎？這就是不看喪家是否已深入佛法的前提才惹的禍。

如果有把前提弄清楚，他來演說「此經」時，一定大眾歡喜讚歎。所以遇到了一群聲聞中的凡夫，他們動不動就說：「阿羅漢就是等於佛，解脫道就是成佛之道，人總共只有六個識。」在那一群人之中，你可千萬不要「有所演說」，因爲「此經」不適合在那個場合演說，否則你就是自己找罵挨；

那你不論如何「出深妙聲」，都不會是「能入其心」，得到的結果反而是皆令心生煩惱，最後就是口出惡言向你，所以這個前提大家要記住。

接著說：「**又諸天子、天女，釋梵諸天，聞是深妙音聲，有所演說言論次第，皆悉來聽。**」是說這位菩薩善於演說「**此經**」，而且因爲舌根清淨的緣故，將「**此經**」讀誦、演說、書寫，這時就不是只有人類來聽了；因爲善於演說「**此經**」的人不是很多，而諸天子、天女等釋梵諸天，有許多人也是佛弟子，是在往世受持五戒、修十善業，或者受持了聲聞戒，捨壽後生到欲界天中；但是當他們在天上聽到人間有菩薩舌根清淨、善能爲大眾演說「**此經**」時，只要是菩薩「**有所演說**」的時候，言論是有次第的，而不是東說一句西拉一句、東扯一段西湊一段，是很有條理的說法，而且深入淺出普攝大眾，那麼這個風聲傳到天界去，他們就希望同霑法益，因此「**皆悉來聽**」。

這就是說，講經說法時名氣越大，吸引了越多的人來聽，那他要負的因果就越大；講得好，所負的因果是善業上的大福報；講錯了，所負的因果卻是未來世障道的大業報。聽聞的人越多，這個善業福報或者障道的業報，也就隨著他的說法正確或錯誤而越加廣大。如果所說都是錯誤的，而且錯得一塌糊塗，並且還不死心，偏要把它製成光碟、印成書，到處流通；這時因爲他的徒眾有幾百萬或一、二千萬，那他所負的障道因果就越重，保證他未來世修道的實證，一定是遮障重重。

如果他演述的佛法是正確的，而且有言有論，具足次第，深淺合宜，普攝大眾，聽聞他說法的人越多，風聲就越會傳到天界去，所以「諸天子、天女，釋梵諸天」都會來聽聞，而不只是人類；所以他未來世所獲得的善淨福德，也就越發地廣大。那麼他所說的既然深淺合宜，普攝大眾，因此上根、中根、下根之人都願意來聽；不但這一些人來聽，「及諸龍、龍女，夜叉、夜叉女，乾闥婆、乾闥婆女，阿修羅、阿修羅女，迦樓羅、迦樓羅女，緊那羅、緊那羅女，摩睺羅伽、摩睺羅伽女，爲聽法故，皆來親近恭敬供養。」

龍有四種——卵胎濕化，卵生龍、胎生龍要來聽法很困難；濕生龍以及化生龍要來聽法比較容易，因爲他們可以變化，化成人類之身前來聽聞就比較容易。卵生龍、胎生龍大多沒有變身的能力，所以要聽聞佛法很不容易。那麼龍既然是在欲界之中忉利天之下，同樣也有男女，所以叫作龍與龍女。「夜叉、夜叉女」也是一樣，夜叉屬於人間或者須彌山下以及須彌山腰的眾生，這個我們下一段再來談。那麼夜叉既然是在四王天中或四王天以下，當然也會有夜叉女，因爲仍然住在欲界之中。

乾闥婆就是音樂神，釋提桓因如果想要來見 佛請法，通常會先派乾闥婆來演奏音樂供養於 佛，然後把釋提桓因的話帶到：「**請問世尊有沒有閒暇可以接見釋提桓因？**」釋提桓因有時派乾闥婆，就順便派了緊那羅來，也就是歌神，乾闥婆以音樂供養，緊那羅就趁著那個音樂唱了讚佛的歌偈供養於佛，然後再請示有沒有閒暇可以接見釋提桓因？當然有時候是他們自己主動前來供養 佛陀。這兩類眾生都是忉利天的眾生，也還是在欲界境界中；當然，有乾闥婆時就會有乾闥婆女；有緊那羅，就有緊那羅女。

那麼阿修羅也是一樣，因爲是四王天下的眾生，有的住在大海心，仍然是欲界。阿修羅王有個女兒，聽說很漂亮，釋提桓因看上了就硬要把她娶來當第一夫人；阿修羅王不肯，釋提桓因就發動戰爭，搶來當妻子。不曉得這位釋提桓因聰明、不聰明？這樣搶來的妻子共同生活愉快嗎？因爲她總是會想啊：「**我父親被你打敗了，好難過啊！**」不過釋提桓因在三千大千世界有一百億位，不是只有一位，所以另一位釋提桓因娶阿修羅王女「舍脂」爲妻，被稱爲「舍脂夫」，以便和其他的釋提桓因作區別，諸位可別把他定位作所有的釋提桓因。既然阿修羅王有女兒被忉利天主搶去當妻子，顯然他們雙方也都是有兩性區別，所以他們有阿修羅就會有「阿修羅女」。

那麼迦樓羅—金翅鳥—也是一樣，如果有學過密宗的人就很瞭解，牠就叫孔雀明王，其實只是金翅鳥。他們密宗不論是什麼，都說比正統佛教厲害；甚至於弄個孔雀明王封號出來，不過就是金翅鳥而已，還吹噓說比 佛陀厲害，原來只是釋提桓因所管轄之下的金翅鳥而已。可是密宗那些信徒被喇嘛們唬得一愣一愣的，根本弄不清楚，也就拜起孔雀明王來，還虔誠得不得了；每次遇到喇嘛辦孔雀明王的法會時，往往人擠人，眞是夠愚癡。

孔雀明王畢竟只是忉利天所管轄的一種傍生眾生而已，但 佛陀也度這些有情，讓牠們護持正法。所以牠們只要學佛了就被三寶約束，佛陀就約束牠們：「你們是吃龍而生存，可是所遇到的龍，不管是卵生龍、胎生龍、濕生龍、化生龍，只要牠們之中是受了八關齋戒的，你們就不許吃。」所以牠們就接受約束。由於受八關齋戒的有情都是佛弟子，牠們既然歸依三寶當佛弟子了，怎麼可以用佛弟子的身分再來吃佛弟子？所以牠們都很遵守，就不吃已受八關戒齋的龍。所以說，密宗講的孔雀明王就是金翅鳥。

諸位努力破斥密宗邪教眞的有成績喔！因爲我去年有一天晚上出門運動，在一個公園裡的垃圾桶上面，看見一個東西覺得有一點奇怪，我想：「那不是孔雀明王的雕像嗎？」雖然有一點老眼昏花，可是那個模樣遠遠一看應該沒錯啊！有一點好奇。那一天有一點小雨，我穿著雨衣，就走過去一看，還眞的是孔雀明王，竟然被人家丟在公園垃圾桶上面的架子上。想當初，它的主人向喇嘛請回那一尊孔雀明王雕像，可能要花好幾萬塊錢吧！如今一點都不珍惜，就把它當垃圾丟了。

我心裡面想：「如果有誰把它撿了回去當藝品，算是那一尊金翅鳥像的福氣。」可是撿回去的人，後事如何難可預料啊！這表示說，人家終於弄清楚了：「原來這只是金翅鳥而已啊！密宗的教義不足以信受。」所以人家把它捨了。那麼迦樓羅金翅鳥，畢竟只是欲界中的一種有情，牠們有沒有佛法的實證？那得要看牠是不是護持正法，然後有沒有修學，修學之後有沒有實證？如果有實證了，牠無妨也是個菩薩，轉生之後就不再是迦樓羅。

所以說，迦樓羅就是金翅鳥，牠們可以吃龍，牠們唯一的食物也就是龍。

那麼龍有四種，迦樓羅也有四種，同樣具足卵胎濕化四種。卵生的金翅鳥只能吃卵生的龍，胎生的金翅鳥可以吃卵生、胎生的龍，濕生的金翅鳥可以吃卵生、胎生、濕生的龍；如果是化生的金翅鳥，牠們是四種龍通吃，因爲牠們的層次最高——化生的金翅鳥層次最高。如果是濕生的金翅鳥就不許吃化生龍，因爲牠的層次還不夠高，吃不了，這是有階級的。那麼這樣看來，迦樓羅也就只是欲界忉利天層次之下的有情；可是這裡面也有許多學佛的金翅鳥，或者母性的金翅鳥，牠們後來受了菩薩戒而學佛了，由於神通力的緣故，聽聞到人間有舌根清淨的菩薩在演述「**此經**」時，有言有論、次第深淺分明，所以牠們也會來聽聞。

還有一種比較特殊的，摩睺羅伽、摩睺羅伽女。摩睺羅伽翻譯成中文叫作胸行或腹行，因爲牠們以胸部或者腹部行走。那是什麼樣的有情以胸部、腹部行走？（有人回答：…）對啊！就是蛇類。但是一般的蛇類仍然不是摩睺羅伽，而是跟牠類似，所以摩睺羅伽叫作蟒。大蟒之中有不少是在修道的，所以有一些大蟒已經活了一、兩千年或四、五千年，已經修得神通了；修得神通卻因爲業報的緣故，無法捨離蟒身，所以平常在無人所到之處，就以胸、腹行走。那麼因爲神通修行勝妙的緣故，有時可以化爲人身前來聽法；不過牠若是化爲人身時，只有身體是人身，頭部依舊是蛇首。所以你們如果看見古時候某一些畫，那個模樣是人身蛇頭，那就是摩睺羅伽，也就是蟒神。

那假使你有天眼通，哪一天看見一個人的頭是蛇首，有時候甚至於還會吐信，那你就知道：「啊！這原來是摩睺羅伽！」牠就是蟒神。那麼蟒神雖然有神通變化，最多只能去到四王天、忉利天，再也無法往上了。而摩睺羅伽王在 世尊成道的時候，牠一定會來護持正法；所以 世尊打坐的時候，如果天要下雨了，會先通知牠，牠就趕快來盤繞在 世尊周遭，如同圓圈一樣盤繞起來，然後蛇頭就到 世尊的頭上撐開來，幫 世尊遮雨，這就是摩睺羅伽王。所以你們如果看見有人畫出 世尊靜坐的時候，有大蟒蛇以身體圍繞著保護，然後頭在後方伸上來，牠把頭變扁了，就好像一把大傘一樣遮雨，那就是摩睺羅伽王，所以這也是護法神，其實就是蟒神。

那麼蟒神既然是欲界的有情，當然也分兩性，所以有摩睺羅伽，就會有摩睺羅伽女。如果這位菩薩舌根清淨，善能演說「此經」，發出深妙的音聲，「有所演說言論次第」，天龍八部都會來聽受。當他們前來聽受時，當然也會有供養！有的禮拜，有的稽首，有的散花供養不等，目的就是為了聽聞「此經」深妙法的緣故，所以前來親近。這在告訴我們說，在人間利樂有情所能度化的眾生很有限；但是如果有深妙法，而且證得色陰盡、受陰盡、想陰盡等境界，又是已經舌根清淨了，所度的有情就不止人類，還會有其他的有情一起來聽聞正法，只是沒有天眼的人看不見而已。那麼這一些天界、鬼神界、天龍八部等有情，可以被這位舌根清淨的菩薩所度。

那他既然住在人間，當然還會有人類前來聽聞他說法，所以世尊說：「及比丘、比丘尼，優婆塞、優婆夷，國王、王子、群臣、眷屬，」乃至於「小轉輪王、大轉輪王、七寶千子內外眷屬，乘其宮殿，俱來聽法；」這些是有大威德、有大勢力，而且是屬於佛教裡的聖弟子，願意聽聞這位舌根清淨的菩薩演說正法。那麼「比丘、比丘尼，優婆塞、優婆夷」，就是佛門的四眾弟子，這四眾弟子之中往往有賢位的菩薩，往往有聖位的解脫者，同樣要聽聞這位菩薩演述「此經」，那麼由於這個緣故，所以「國王、王子、群臣、眷屬」，這一些有世間福報的人，當然就依提升自己解脫境界或生命本質的想法，也會同來聽聞。

如果學佛人每天在天未亮就必須出門，四處奔走為道糧謀；如果當官的要為五斗米折腰，一直忙到深更半夜不得休息，那他們根本就沒有閒暇可以追求所要的解脫與勝妙智慧。所以國王等人是有福德的，他們才會想要來聽聞。同樣的，比這些人更有福德的人，就是小轉輪王、大轉輪王。凡是轉輪聖王全部是佛弟子，如果不是初地菩薩依受生願而去受生，也會是凡夫位的佛弟子，但都是福德很廣大的佛弟子。然而轉輪聖王的福德從何而來？這是牽涉到諸位未來世的道業，所以這也得要為諸位說明一下。

世尊在《金剛經》、《佛藏經》中說有非常多世，世世都是當轉輪聖王，每一次值遇諸佛的時候，盡心盡力奉侍供養，都不曾得到諸佛授記；一直到祂證得「金剛經」的時候，才被 燃燈佛、錠光佛授記將來成佛。那麼祂為何能夠那麼多世中，在每一世都當轉輪聖王？是因為往昔無量劫前曾經至心供養辟支佛，於是發了大願，所以一世又一世當轉輪聖王。而那時所發的大願，不是成佛，而是希望世世得遇諸佛。那諸位，你們其實也有不少人在 釋迦牟尼佛那個年代供養了 世尊，發願「要實證佛法，常值諸佛，親近供養」，只是你們自己忘記了，所以今天才能坐在這裡聽《法華經》，聽聞這種了義究竟的《法華經》竟然不生煩惱，聽了三年還坐在這裡繼續聽聞，這都有前因的。

否則早就像 世尊即將開演《法華經》的時候，和那五千聲聞凡夫一樣退走了。因為我演說《法華經》不是像一般大師那樣講，而這種勝妙的說法，你聽得進心中去而不起煩惱，這很不容易；表示你們往世供養過諸佛了，不單單是供養過 釋迦世尊而已。可是 世尊特別老婆，教導了好多，所以大家懂得發願說：**「我未來世要護持世尊遺法，並且要實證，才有能力確實救護眾生，不致於把毀法當作護法。」**因此二千五百多年來，你們沒有當逃兵，都沒有逃去極樂世界享福，不怕辛苦、不怕生死，還繼續留在這裡，所以這都是有往昔因緣的。

那麼轉輪聖王是永遠護持三寶正法的，自始至終以法治化，不以刑罰，所以轉輪聖王是很有福德的；而他的福德也許是無量劫前供養了辟支佛、供養了阿羅漢，或者供養了大菩薩、供養了諸佛，所以有這樣大的福德。小轉輪王是指鐵輪王、銅輪王，大轉輪王是銀輪王、金輪王。但是不管什麼樣的輪王，同樣都有七寶，所謂珠寶、馬寶、象寶、玉女寶、主兵臣寶、主藏臣寶、輪寶，而擁有七寶的轉輪聖王同樣都有千子──同樣都有一千個王子，當然他就須要很多的眷屬，要有外眷屬、內眷屬，才能治理國家，內眷屬則是幫他養育千子。

那麼轉輪王在世，一定有他的大福德；他的大福德除了七寶的顯示以外，還有一個特性，就是轉輪聖王都很長壽，轉輪聖王不會中夭；不可能事業正興盛的時候，才三十幾歲、四十歲不到就死了，那一定不是轉輪聖王，頂多只能叫作霸王，因爲不是以法治化，不是以德服人。所以轉輪聖王都很長壽，人類百歲，他就活滿百歲；人類千歲，他就活滿千歲；人類是八萬四千歲，他就活滿八萬四千歲，一定具足壽命。還有就是一定身體健壯，不會病歪歪的，也不會缺了一隻手、少了一條腿，或者眼睛瞎了、或者耳朵聾了，身體一定不會有殘障。而且轉輪聖王生來端正，也許不像潘安那樣美貌，但一定是很端正。轉輪聖王還會有一個現象，就是時常周濟貧窮，因爲他多寶；多寶是因爲他的七寶之一叫作主藏臣寶，想要什麼寶藏都找得到。這就是轉輪聖王一定會有的，一定會表現出來的四種德行：盡壽而存，以法治化，健康端莊，常行布施。

那麼當轉輪聖王在世的時候，一定大地平正，風調雨順，這就是轉輪聖王住世的時候顯現出來的福德，也表示眾生的福德夠了，才會有轉輪聖王出現在人間。那麼這小轉輪王、大轉輪王，以及他的七寶、內外眷屬，都會「乘其宮殿，俱來聽法」。因爲轉輪聖王不論是鐵輪、銅輪、銀輪、金輪，只要他右膝胡跪，左手扶輪寶，想要去哪裡，他就可以把整個宮殿包括眷屬一起凌虛而到，所以說「乘其宮殿，俱來聽法」。

這一些很有福報的人類，都來聽法了，那麼其他的有情呢？就是下面這兩句：「以是菩薩善說法故，婆羅門、居士、國內人民，盡其形壽隨侍供養。」這位菩薩善於演述「此經」如來藏，所以能把《妙法蓮華經》的了義內涵加以演述，因此他是個善說法者；凡有聞法者，不論是佛弟子或者外道，來聽聞法，俱得利益。因爲即使是外道前來聽聞這位菩薩演述《法華經》，他將來也可以漸漸圓滿信位功德，也許一劫、也許十劫，乃至遲者一萬大劫後，漸漸就會發起他們的菩薩性，於是可以成爲三寶弟子，進入住位開始修行。所以他們來聽聞這位菩薩演述了義的《妙法蓮華經》，同樣也會得到大利益，因此「婆羅門、居士、國內人民」，知道這位菩薩智慧如是，當然願意盡其形壽在這位菩薩住世期間，前來奉侍，來作供養。奉侍，就是當這位菩薩需要別人來作某些事的時候，他們願意而且常常來作；當這位菩薩生活上有所需要的時候，他們願意前來供養。

那麼這三類是不同的身分，婆羅門是外道的在家修行者。佛陀在世時，婆羅門自稱是梵天種族，說他們是從梵天口中所生，因此認爲他們是一切種姓之中至高無上者，連剎帝利他們都不看在眼裡，這就是四大種姓之首——婆羅門。可是他們也不是憑白無故敢這麼誇口，因爲他們善學四韋陀經典；雖然是外道經典，可是具足修學以後，懂得天文地理、山川水勢、各種藥草醫方之術，所以他們獲得廣大民眾的恭敬供養。除了四韋陀之外，他們其中有人還會修證五神通；如果精通了四韋陀，也修得了五神通，那他們往往會成爲國王的師父，所以經中記載說他們「**常為王師**」。

因此他們除了對政治—當剎帝利的這個職務—沒有興趣以外，他們是很有學問的，因此他們的影響力很大。可是有一次，有個婆羅門外道誇口說：「**釋迦如來只不過是釋迦種族所生，比不上我們婆羅門是梵天所生，從梵天口中化生。**」他等於是公開挑戰。這個話傳到 世尊耳朵裡了，世尊托缽前就提早離開精舍，先去婆羅門那裡繞一圈，問他說：「你有這麼講嗎？」古印度修行人有個好處就是誠實，會承認；因爲實際上也賴不掉，有人證啊！

於是 世尊爲他講了一堆道理，主要是說：「你們婆羅門，哪一個人不是父母所生？哪一個人不是住於胞胎十月？你們婆羅門有哪一個人不是像世俗人一樣要作各種營生？哪一個人不是像世俗人一樣也要媒妁說媒、婚姻嫁娶，同樣跟世俗人一樣要生產？有誰不是從產道所生？請你指出來。」於是這個婆羅門就閉嘴了。然後 世尊說：「唯有佛教裡面三寶中的賢聖弟子是佛口所生，你們婆羅門不能自稱是從梵天之口所生，因爲你們沒有證得梵法。」梵法就是得生色界天之法，而他們還沒有得，心還住在欲界境界中，不能說是從梵天之口所生；「但是我的賢聖弟子們，由於我釋迦牟尼的開示，證得菩提法，從此以後不在凡夫數中，得出三界生死，所以是從佛口所生。」這一講，婆羅門口服、心服，最後請求 世尊讓他歸依於 世尊座下，成爲三寶弟子，盡形壽爲優婆塞。

所以說，婆羅門是古印度四大種姓中的上首，但畢竟只是凡夫；他們因爲修學四韋陀的緣故，所以也有智慧判別這位演述《妙法蓮華經》的菩薩，依於清淨舌根所說之法是否勝妙，能判斷這位菩薩是否善說佛法。所以當他們瞭解了「菩薩善說法故」而前來聞法供養，影響所及，「居士、國內人民」，就願意「盡其形壽隨侍供養」。居士不是只有佛門中有，在古印度是指在家人成爲大家族，或者廣有勢力，或者廣有錢財，或者在某些世間法上很有成就，才會被稱爲居士。也就是以財自居、以德自居、以術自居……等。那麼居士受了婆羅門的影響之後，就會再對一般人民產生影響，所以這三類人就願意盡形壽向這位菩薩來作奉侍和供養，直到菩薩捨壽爲止。

接著說：「又諸聲聞、辟支佛、菩薩、諸佛，常樂見之。」如果有菩薩善於演述《妙法蓮華經》，而不是依文解義，那麼聲聞聖者，不論是初果或者四果人以及辟支佛，都願意看見這位菩薩；因爲能夠從究竟了義法中來演述《妙法蓮華經》的菩薩，絕對不會嘲笑聲聞人或者辟支佛，當面指斥他們是焦芽敗種；絕對不會當面跟他嘲笑，而且還會供養他們。諸位也許想：「這不是顚倒嗎？阿羅漢即使三明六通具足，辟支佛即使修到究竟位，依大乘佛菩提來說，終究不入三賢位的第七住位啊！菩薩早就入地了，爲什麼還要供養他們？」

然而這只是世俗人的想法，其實菩薩也很喜歡看見阿羅漢、辟支佛，因爲這是自己送上門來的福田，是種好福田的最好機會，怎麼能輕易放棄？想想看喔！你在人間要找到一位阿羅漢是多麼困難？你要找到一位辟支佛又是多麼困難？也許有人想：「哎！你這話我不信啦！你看人家南洋有多少阿羅漢？」原來他們讀了曾銀湖譯的那一些書，說什麼阿迦曼、阿姜查是阿羅漢、是阿那含。但我告訴你：「他們全都是凡夫。」包括阿迦曼等人所根據修學的那一部論──《清淨道論》──的作者覺音論師，仍然是個凡夫；依據凡夫論師所寫的論修學而成的阿羅漢，只能叫作假名阿羅漢。

所以你們明心以後去看他們所謂阿羅漢寫的書，結果你會發覺他們都沒有斷我見，也沒有證得初禪。佛門中沒有不斷我見的阿羅漢，也沒有不證初禪的三果人與阿羅漢。如果現在眞的有阿羅漢來了，眞的有辟支佛來了，我爲什麼要放過？當我檢驗確定他們眞是阿羅漢或辟支佛時，絕對不能放過；即使我身上剛好沒錢，也要借錢先種福田再講；借的錢等明天再還，對不對？還記得嗎？《優婆塞戒經》裡面 世尊有開示，假使你遇到一頭畜生，布施給牠以後，來世還得百倍之報；如果布施給外道離欲者，可得百萬報；或者布施給佛門中持五戒而破戒的人，都還能得千倍之報。那麼如果是布施給初果人，是無量報。如果今天眼前來的是眞正的阿羅漢、辟支佛，你要不要種福田？當然要種啊！

這時，整個講堂的人都應該對他們種福田，讓他們雙手帶不走，咱們就派了卡車幫他們送回寺裡去，大家的供養都要到。那未來世你行菩薩道，還怕沒有資糧嗎？所以菩薩也喜歡看見他們。那他們也喜歡看見菩薩，因爲像這樣演述《妙法蓮華經》的菩薩絕對不會嘲笑他們，一定會當面讚歎他們、供養他們、禮拜他們。禮拜也有福德，所以菩薩可以禮拜二乘聖人，雖然聲聞羅漢依菩薩三賢位來講，最多不會超過六住位，而菩薩已經入地了，照樣可以禮拜他；因爲菩薩沒有臉，對不對？對啊！菩薩轉依如來藏以後哪裡還有臉，就沒有丟不丟臉的問題；禮拜了就得福德，爲什麼不願得這個福德？當然要得這個福德。

其他的部分，也還要再作別的供養。這大好福田送上門來，如今你想找都找不到，當然要種啊！所以當你見了眞正的聲聞聖人、辟支佛，趕快禮拜、供養、讚歎的時候，他們會討厭你嗎？當然不會啊！所以他們也樂見菩薩。

好，這菩薩既然能依「此經」如來藏而演述《妙法蓮華經》，諸佛、諸菩薩見了都歡喜，眾生有幸，佛子仰賴，人天增長，佛教正法命脈將從此開始發揚光大，當然「菩薩、諸佛」也都常樂見之啊！所以這樣的菩薩，當他上香供養禮拜諸佛、諸大菩薩時，諸佛、諸大菩薩都會非常喜歡看見他。

從事相上來說，他已經發起五神通，還會看見一個現象：「**是人所在方面，諸佛皆向其處說法，悉能受持一切佛法，又能出於深妙法音。**」也就是說，在事相上，這位舌根清淨的菩薩如果已得五神通，那麼他所住的地方，常常會看見諸佛面向他的地方在說法；而他聽聞之後都能夠受持一切佛法，然後成爲自己的智慧，又能夠轉變而從他自己來爲眾生演說深奧勝妙的佛法音聲。

如果是從理上來說，假使你是這位菩薩，不管你在什麼地方，你都會看見諸佛在面對著你說法；假使你是這位善說《法華經》的菩薩，依「此經」如來藏而演說《法華經》時，不管你在哪裡，只要看見了一切有情，那些未來佛都同樣面向著你說法。也許你說：「我正在這裡坐著，覺得無聊；看來看去就是有時癩痢狗從這邊跑過來，被另外一條狗追著跑，有時候就跑來吵吵鬧鬧。有時覺得無聊了，我走到河邊看見魚在那邊游，都沒看見諸佛啊！哪來對著我說法的事情？」

可是要記住喔，我剛剛說的是未來佛哦！那癩痢狗、小孩子、河裡的魚，是不是未來佛？是喔！但這些未來佛都向你這個地方在說法啊！那你既然能了知「此經」的密意，也能爲人如實宣說，所以不管你走到哪裡去，低頭看見一群螞蟻爬來爬去，你說：「哎呀！好榮幸遇見了一大群未來佛！」然後你看著就知道，果然牠們在爲你說法，不同的各種未來佛說法的方式、所說的法，看來各不相同，但都同時說著一樣的法。所以你要懂得看，當你看清楚了，你也就聽到了。各種不同的未來佛所說的法，有不相同的層次，以及都同樣有一個法「此經」，這時候你全部都能受持！所以你有些法是從這一些未來佛身上學到的，然後就能「出於深妙法音」利樂人天。

我們最早期打禪三的時候，有的同修明心過後，因爲以前都不用整理，然後就開始拼第二關：見性要怎麼看？我叫他們去河邊看魚。附近人家有養雞，叫他們去看雞；樹上有鳥，叫他們看鳥；因爲牠們都在爲他說法；只要福德夠、慧力夠、定力夠，突然一念相應，瞧出來了說：「哎！原來這就是佛性！」只這麼一下，放眼所見，遍山河大地，遍滿虛空都看見自己的佛性，整個改觀了，卻都是從那一些未來佛聽來的法。

那麼有時候沒辦法開悟明心，我叫他們去禮拜未來佛；看見雞啊，趕快拜；看見鴨啊，趕快拜。欸！看見白鷺鷥，遠遠拜；只要突然會了，然後就從牠們那些未來佛身上得到了法；既然得了法，也能受持了，後來漸漸就能「出於深妙法音」。那麼由此可見《妙法蓮華經》之所說如實不虛，問題只是有沒有善知識開示，而聽聞者本身的慧力夠不夠。假使有福德支持著，然後慧力夠，因緣時節也成熟了，未來諸佛才一說法，他就會了。所以說《妙法蓮華經》難可思議啊！不是依文解義者之所能知。

那麼長行說完了，接著是重頌：「爾時世尊欲重宣此義，而說偈言：『是人舌根淨，終不受惡味；其有所食噉，悉皆成甘露。以深淨妙聲，於大眾說法；以諸因緣喻，引導眾生心；聞者皆歡喜，設諸上供養。』」世尊說，由於這個人舌根清淨──當然也因爲有了無生法忍──因此善能說法。那怎麼樣叫作舌根清淨？就是往世不妄說法，不欺騙眾生，不挑撥是非，因此世世修行獲得「舌根淨」；但是這樣的「舌根淨」畢竟只是世間層次的清淨，還要經歷很多劫在菩薩戒上面去受持四種善的口業，特別是不妄語；主要是不大妄語，也就是不作未證言證、未悟說悟的事情；還要加上一個很重要的不妄語，這種不妄語叫作不依佛法欺誑眾生。

如果在佛法上欺誑眾生，他的舌根就永遠不清淨。換句話說，當他為大眾演述佛法時，必須有兩個層次嚴格遵守分際，第一個層次是要效法世間聖人孔老夫子所說「**知之為知之，不知為不知，是知**（讀作「智」）**也**」的層次。換句話說，不知道的就說不知道，知道的不可以說不知道。要以這樣的志行來與眾生同事利行，為眾生說法。第二個層次就是在實證的法上面不依私心運作，純依眾生是否應得正法證悟的因緣來為眾生說法，不作籠罩之行，也不作過度的讚譽，要無量無數劫都這樣與眾生同事利行，才能獲得清淨舌根。世尊說，當菩薩有這樣的「**淨舌根**」時「**終不受惡味**」，所以即使很平淡的食物，來到菩薩的舌根之中，都仍然是美味，因此說：「**其有所食噉，悉皆成甘露。**」

既然「**舌根淨**」，他為眾生演述佛法的時候，能說勝妙法，心無所懼。假使不是「**舌根淨**」，不能得勝妙法，也不能有言辭辯給和種種智慧為大眾演述深妙的《法華經》，那麼他為大眾說法之時、之前，一定是心有恐懼。為什麼心有恐懼？因為怕講錯；也因為怕正在講經的時候，突然有人質疑，或者有人前來踢館，因此他心中有恐懼。一般的大師除此以外，還有一種恐懼，害怕自己想要講解的內容忘失了，講不出來；因為他沒有實證，所以心中編造許多的內涵，用他的記憶力強記，因此就怕會忘失。還有一種大師因為有這個恐懼，就把三個鐘頭要講的法義，一字一字寫下來；寫完了先唸一唸，一看才只有兩個半鐘頭，再作補充；補充了以後一看，超過時間了說：「**我得要講快一點。**」由於這個緣故，他要講經說法之前又有一種恐懼：「**徒弟啊！我這個講稿千萬保管好，別把它弄丟了哦！**」所以為他帶講稿的人是他最重要的親信，還要派一個人跟著他，免得他不小心遺失了，到了現場他就得開天窗。

心有恐懼的原因是很多種的，歸納而言就是無所實證，當然也是舌根不淨，往世謗諸賢聖導致此世無法實證。假使有所實證，舌根也清淨，他就可以把「**此經**」作出各種譬喻來演述，最後再加以結論，大家都聽得很歡喜，他又何必恐懼呢？所以三乘菩提諸法假使有所實證，只要一首〈正覺總持咒〉

記住了；你們都會背了嘛！「五陰十八界，涅槃如來藏……」，你們都會背了，對不對？今天上得臺去，在黑板上寫「五陰十八界」，就告訴大眾：「我今天早上跟下午要講這五個字。」然後你就開始演述。今天演述完了，明天上臺再寫「涅槃如來藏」，告訴大家說：「我今天只要講兩個字——涅槃。」那你後天上去就看昨天把涅槃講到哪裡，當天就針對涅槃中的內容再寫幾個字，然後就開始講了。

這〈正覺總持咒〉夠你講一個月，你根本不必用講稿，這就表示你的舌根有一分、兩分清淨。如果從來都不太會講話，也沒有方便善巧施設譬喻，或者譬喻說完了又沒有能力加以演繹，那你可能一首〈正覺總持咒〉，半天就講完了，這表示舌根還不夠清淨。所以說，於大眾說法得要有一些基本的條件，這位舌根清淨的菩薩，既然他的「所在方面，諸佛皆向其處說法」，而他自己「悉能受持一切佛法」，表示他是可以「出於深妙法音」的人；因此他可以用深奧的、勝妙的、清淨的說法音聲，在大眾中演述「此經」。

所以當眾生有時候眼光茫然、聞之不解，他就「以諸因緣喻，引導眾生心」。這時他就可以用種種因緣說明爲什麼是這樣，如果有不同的眾緣又會變成怎麼樣，他可以用種種不同的因與緣來演述。如果眾生依舊聽不懂，他就會施設譬喻，說明譬如什麼、所以如何；然後再帶回來說明：因此這個法是怎麼樣的道理。眾生就聽懂了，這就是「引導眾生心」。如果菩薩說法是可以這樣演說的：有因、有緣，有種種譬喻，然後還能加以演繹，使其中的深奧勝妙義理充分顯示出來，那麼眾生被引導之後，智慧增上，當然聽聞之後，皆大歡喜。

假使你說法不是言之無物，而是凡有所言必及第一義諦，而非言不及義，那麼眾生聞法之後智慧增上，一定是心大歡喜。假使你是出家菩薩，如此為人演說勝妙法，當大眾為你「設諸上供養」的時候，可以不必推辭，因為這是聞法眾生應盡的義務。所以實證三乘菩提的「法師」住持一所寺院，教導了許多出家、在家的弟子們，使他們或者分證或者滿證他師父的所證，而竟然這位師父依舊衣食欠缺，我說，那些四眾弟子們都該責罰。這本來就是法界中得法的弟子們所應盡的義務嘛！世間法尚且如是，何況幫助自己得法的世出世間法中的師父，而不能供養？所以這位舌根清淨的菩薩以深妙清淨的法聲為大眾說法時，大眾是應當「設諸上供養」的。

接著說：「諸天龍夜叉，及阿修羅等，皆以恭敬心，而共來聽法；是說法之人，若欲以妙音，遍滿三千界，隨意即能至。」諸天以及天龍，或者四王天的夜叉，乃至於天道的阿修羅等，由於這位菩薩舌根清淨，善於演述了義的《法華經》，所以他們全都以恭敬之心互相邀約，共同前來聽法。諸天、天龍，諸位都瞭解了；但是夜叉，還是應該要說明一下，爲什麼有的眾生會成爲夜叉？

其實很多人現今正在造作未來世生爲夜叉的種子，我們先來講第一種人。有一種人很喜歡布施，很喜歡救濟貧困，可是他喜歡喝酒，又愛吃肉。喜歡喝酒，就不能使他神清氣爽；他又愛吃肉，愛得不得了，每一餐都不能無肉；這種人將來捨報以後，會成爲地行夜叉。地行夜叉有時候跑到人間來，大部分是住在須彌山腳下。有的人每一餐，他一個人就吃掉一隻雞，再加上把酒喝了，你看見了這個人，心裡就想：「一個夜叉！」（大眾笑⋯）他就是一個夜叉啊！因爲他將來會成爲地行夜叉。爲什麼這種人會成爲地行夜叉？因爲他喜歡吃肉；吃肉就不能離開畜生，而大部分畜生都不會生到空居天去，都只在須彌山腳下，對不對呢？除了金翅鳥跟天龍，但也還是化生的才可能生到天界去，否則生不到忉利天、四王天去的。會被吃的眾生都只能在土地上依止，他既喜歡吃眾生肉，又愛喝酒，所以死後就會因為他生前喜歡布施又愛吃眾生肉的緣故，有福報，就生為夜叉而住在須彌山腳下，又長壽，是四王天所管轄的眾生，繼續有肉可以吃。那你們衡量一下臺灣佛教界，每一世都很喜歡布施，但是回到家以後，一定要吃肉，也一定要喝酒。這是什麼道場的人？你們去看看。那些人未來世一定會成為夜叉，他們甭想來世繼續生在臺灣與大陸。

第二種人死後會成為空行夜叉。空行夜叉是怎麼來的？他以前在人間很喜歡布施，但是很討厭去為眾生作事情、付出勞力，他喜歡作的就是錢財布施、食物布施；他很討厭走路，希望來來去去時都坐車子；腳踏車是一定不想騎的，最少要坐上好車子來往，而且一世之中常常飛機搭了到處飛。這個人修了很多福德，他來世會成為空行夜叉，喜歡快速地來來去去。而這種人喜歡布施的時候有一個特性，他只要決定了，任誰都別想請他改變；他絕對不會改變，心地很剛強，這種人死後往生四王天中，就成為空行夜叉。這兩種人都在須彌山腳下生活，地行夜叉不能飛行，空行夜叉會飛行，生活都比人間過得好。還有一種有情可以在四王天中生活，可是時間不夠了，下週再談！

《妙法蓮華經》上週講到一百六十七頁第九行，那麼講到第八行的諸天、龍、夜叉。這個夜叉，我們上週最後是說，有三種都是生前在人間樂善好施，結果死後成爲夜叉，今天還要再說第三種夜叉。上週是說樂善好施的人，但是因爲瞋心重，又喜歡飲酒吃肉的結果，所以色身粗重，那層次比較不高，所以他會成爲地行夜叉，地行夜叉都在須彌山腳下活動。另外一種同樣是樂善好施，但是他剛強，討厭緩慢地走路，來去都是要乘車、騎馬，他喜歡快車、快馬；尤其現在有飛機，他最喜歡乘坐飛機，所以往生四王天以後就成爲空行夜叉。空行夜叉一樣住在須彌山腳下，可是他能飛行，所以他來往的速度很快，比起地行夜叉速度就很快了。

接著是第三種人，他在人間時喜歡布施，但布施的時候不是作那些小布施，他總是布施房舍；不管是大、是小，就是喜歡布施房子給人家。他本來不必當夜叉，只是因爲他的心性喜歡嫉妒，愛跟人家比較誰的布施較大，而他自認爲自己的布施最大；別人的布施如果也作得很好，他就出來跟人家爭論說他的布施比別人好，否則就會隨後再捐出更多錢財作布施，一定勝過別人。這種人死後就生在須彌山的山腰，仍然屬於四王天所管轄，福德當然更勝妙。

不管是地行夜叉、空行夜叉，或者是生在四王天，也就是須彌山腰的這一種較高層次的夜叉，都歸四王天所管轄。而這種布施最大的愛比較者，往生所成的夜叉，他們都有宮殿，住在須彌山腰，也就是四王天的境界，他們來去時就是乘坐宮殿來來去去。他們在人間時就是喜歡布施房舍，所以生在四王天時都有宮殿可以乘坐著來來去去，這就是四王天中最高層次的夜叉。但不管是須彌山腳下的地行夜叉、空行夜叉，或者住在須彌山腰擁有宮殿的夜叉，都屬於四王天的四大天王所管轄。

那麼這樣對夜叉有瞭解以後，諸位再來觀察密宗所謂的空行勇父或者空行母，他們是哪一種？（大眾回答：第二種。）就是第二種人，他們都不是有宮殿的夜叉，最多只是空行夜叉。但若追究本質，其實大多數是地行夜叉，他們不懂，誤以為是空行，其實都只是依地面來來去去的地行夜叉。那麼因為他們還是住在欲界中，沈迷於很粗重的淫欲愛貪中，所以密宗那一些人，信男大眾求見空行母，前來的就是第一種地行夜叉或第二種空行夜叉；如果是修密的女眾，求來的就叫作空行勇父，也就是地行或空行夜叉中的男性。那麼我要請問大家：這一些夜叉在欲界中的層次是高、或者低？（有人回答：低。）欸！因爲才只是在四王天裡的貪淫眾生而已。

他們那些空行勇父或空行母，有的甚至於還到不了四王天，還只是住在須彌山腳下。空行夜叉都還只是住在須彌山腳下，何況是地行夜叉呢？有宮殿的夜叉才是眞的住在四王天，住在須彌山腰，不會來到人間與密宗喇嘛們相見的。然後他們說，跟這種空行夜叉交配了以後就成佛了，你們看可不可笑？但是他們自己並不覺得可笑，還一天到晚誇口講空行母、空行勇父，結果就只是夜叉等凡夫眾生而已。

那麼那些夜叉前世在人間樂善好施，可是都好酒肉而成爲地行夜叉，所以密宗喇嘛修那四種法—息增懷誅—的時候，特別是修懷法時，一定要作供養的；那麼作供養時，不論是求空行勇父或者求空行母前來，當他們修懷法時要用什麼東西供養？除了不清淨的排泄物供養，咱們先且不談，以外還要用酒，也得要用肉供養，所以他們請來的正好就是地行夜叉，連空行夜叉都不是；這是因爲地行夜叉前世在人間，就是喜歡布施！往往酒也布施、肉也布施，有時其他的食物他們也布施，所以他們只能成爲地行夜叉。

即使是空行夜叉，也只能住在須彌山腳下的地面啊！去不了須彌山腰，那他們密宗求來的通常只是這種低層次的夜叉，全都是凡夫，有什麼成佛之道可說啊？更可怕的是，有時求來的空行勇父、空行母，根本就不是夜叉，而是人間或須彌山腳下來的羅刹，若是在荒郊野外求得這種所謂的空行勇父或空行母，有可能連命都沒了，那就更恐怖了。由這裡，諸位也可以去看看這樣的密宗行門，他們的層次是在哪裡？這就看得出來了，連忉利天都到不了，連四王天的山腰宮殿都還到不了，怪不得他們書上所推崇的，所謂可以幫人成佛的一切空行有情，全都沒斷我見而又貪淫、嗜肉。以上講的就是三種夜叉。

所以我說，布施的時候要注意，不要以瞋心來布施，不要以嫉妒心來布施，布施的時候要注意的是心要調柔，並且飲食也一定要遠離酒肉。那麼如果周遭的親朋好友，有人專門在修布施行，你們可得要告訴他們：「如果布施的時候多瞋，平常又不肯慈心素食，將來生天是生到須彌山腳下去，成爲地行夜叉，那你要不要當這種所謂的天人？你如果布施的時候瞋心重，而且又有剛強心，不管人家講什麼你都不信，心地非常剛強，死後會成爲地行夜叉；縱使你瞋心少一點，你還是只能往生到須彌山腳下，去當空行夜叉，那你要不要當這種有情？」眞的要告訴他們。

如果你周遭有一些是大施主，每次去到醫院就說：「我要布施一個病房。」一個病房就可以算是房舍了，那你要告訴他：「不要跟人家比較喔！人家布施兩間、三間病房，你就不要生起嫉妒心，千萬別用心於這裡，否則將來會變成四王天的夜叉；雖然有宮殿可住，可以飛來飛去，但只是夜叉，跟佛法就沒什麼因緣了。」你們得要勸他，要把這道理跟他們講清楚，他們才知道說：「啊！原來你有言外之意。」就好比說醉翁之意不在酒，你告訴他們這個道理，其實目的不在於告訴他們不要去當夜叉，而是將來有一天聽到密宗說要求空行母、空行勇父來共修時，他們就懂得：「啊！原來所謂的佛父、佛母就是四王天中的夜叉！」他們就會懂了。當然，得要有個前提——他們得要夠聰明。

這樣經文中的「夜叉」二字講完了，接下來這八句偈頌是說諸天、天龍、夜叉以及阿修羅等，都會以恭敬心，共同前來聽聞這位舌根清淨的菩薩所講的《妙法蓮華經》。那麼阿修羅，我們《法華經》一開始就有講過了；可是這首頌裡講的阿修羅是指天界的阿修羅，他們住於須彌山下的大海心，當然不是我們地球這個大海，而是須彌山下的大海；雖然住在那個大海心，但他們也屬於天人所攝；但因爲脾氣暴躁，雖然他們在人間時也作了很多善事，可是脾氣暴躁，因此不能生到四王天、忉利天中享福，就往生去當阿修羅。那麼因爲脾氣暴躁，果報就是不能喝酒，喝了酒會更加地壞事，不免淪墮得更厲害，所以他們的果報就是無酒可飲；所以阿修羅還有一個名稱叫作無酒，這就是阿修羅。

那麼這一些人，其中有許多是修學佛法的佛弟子，所以如果有「舌根淨」的菩薩演述《法華經》時，這一些天、龍、夜叉、阿修羅，都會以恭敬心互相邀約，前來聽聞《法華經》。那麼這位演述《法華經》的舌根清淨者，如果想要以微妙法音遍滿三千大千世界，讓一切有緣的眾生都可以聽聞，那麼他的這個妙法音聲，隨意都可以到達三千大千世界每一個有緣眾生的所在。像這樣的一個事修境界，其實是我們大家都應該要尋求的；因爲如果你能夠到達這樣的事修的境界，那你就滿足三地心了。

接下來說：「大小轉輪王，及千子眷屬，合掌恭敬心，常來聽受法；諸天龍夜叉、羅刹毘舍闍，亦以歡喜心，常樂來供養。」大轉輪王講的是金輪王、銀輪王，小轉輪王講的是銅輪王、鐵輪王，以及輪王的千子和他們的眷屬，也就是七寶等，也都合掌以恭敬心常常前來聽受《妙法蓮華經》。由於轉輪聖王應世是爲了護持正法，所以如果有佛或者大菩薩在人間演述《法華經》，他們就會前來護持。以外還有諸天、龍、夜叉、羅刹、毘舍闍，也都以歡喜心常常樂於前來供養這位「舌根清淨」而演述了義《法華經》的菩薩。

這段經文談到兩種護法者：羅刹、毘舍闍。羅刹另外一個譯名叫作「食血肉鬼」。在《大藏經》裡面有一部不曉得是誰寫或翻譯的，叫作《無明羅刹集》，用十二因緣來跟羅刹作比對而說法，說那個羅刹就是無明，這樣來作譬喻，其實也很好的。羅刹就是專吃血肉的鬼，別的食物不吃。但羅刹還有另一種，是專吃精氣的鬼。既然有這兩種，所以羅刹也跟夜叉一樣，分爲地行羅刹、空行羅刹。如果是專吃血肉的，他就只能在須彌山腳下一步一步行走；有時候遇到特殊的因緣，他就混到人間來，這就是地行羅刹。那爲什麼他會成爲地行羅刹呢？因爲在四王天中若是想要飲血吃肉，當然沒有血肉給他吃，他只能生在須彌山腳下。那麼這一種羅刹因爲吃肉飲血，所以色身粗重，就好像我們人類一樣，沒辦法飛行就成爲地行羅刹。

還有一種羅刹叫作食精氣鬼，這種鬼神最喜歡密宗，因爲人家修了雙身法，他們就有精氣可以吸食了！但是這種羅刹因爲生在四王天中，身體沒那麼粗重，因此他們可以飛行；但他們也飛不到須彌山腰，還是只能在須彌山腳下飛來飛去，所以他們叫作空行羅刹。密宗修誅法的時候，想要派遣所謂的「護法神」去殺害別人時——特別是想要殺蕭平實的時候，派來的其實大多是空行羅刹，地行羅刹不會來到人煙稠密的地方。

喇嘛們修誅法的時候要先作誅殺供，就是要先供養鬼神差兵。所謂皇帝不遣餓兵，士兵肚子餓的時候是派遣不動的，一定要先讓他們吃飽喝足了。喇嘛們修誅殺供時當然要先供養，那他們通常用什麼物品作供養？不外乎酒肉、血食，甚至還有用糞尿、精液、經血來供養的，這一類被派遣的鬼神大多是地行羅刹。那麼地行羅刹的層次是很低的，所以他們的威德太差了，怎麼可能靠近我？我再不濟，若是不想當菩薩，至少也能當個鐵輪王吧！眞的想要當銀輪王、金輪王也沒問題啊！那他們怎麼能靠近我？不可能靠近的。所以十幾年來有那麼多喇嘛修誅殺供，修完了就好像道家說的「急急如律令」，派了來要誅殺我，我都沒有感覺；他們已經殺了十幾年，蕭平實依舊還在，而且全無感覺。十來年前在四川，還有喇嘛在那邊造謠說：「蕭平實被我們殺掉了，早就死了，你們不要相信他了！」可是我現在還在這裡講經。因爲他們派遣出來的所謂護法神，層次太低了，那些「護法神」都只能叫作空行羅剎。至於地行羅剎跟人類並不是同一個層次，他們也沒辦法來啊！所以派遣了也等於沒派遣。如果眞來了，他們將會自討沒趣，回去時就要怪喇嘛：「這種高層次的修行人，你也派我去？我去了能幹什麼？讓我去那邊被佛教的護法神們羞辱一番。」回去反而要找那個喇嘛的麻煩，他不作惡夢也難。

那麼空行羅剎之中，除了食精氣鬼以外，還有一種就成爲護法善神；怎麼說呢，因爲他們都素食，都已成爲佛弟子，所以他們遠離污穢、不淨之物。那麼喇嘛們修雙身法，所泄漏的精氣是他們所厭惡的；至於說酒肉等，他們更不喜歡，因爲他們都受持了菩薩戒，成爲護法神了。這個種類的羅剎也屬於空行者。這種空行者也是食精氣，食什麼精氣呢？食草木、穀物等等的精氣，所以人類飲食作好了上供，那他們就有食物的精氣可吃，他們就食那個精氣生存，所以他們可以飛行，也屬於空行羅刹一類。這是屬於羅刹類，是說有惡的羅刹，也有護法的羅刹，都歸四王天四大天王下面的大將軍們所管轄。那麼這種歸依三寶的空行羅刹數目其實是很多的，所以歸依三寶以後，有三十六位護法神來護持你；增受五戒以後，每一戒各有五位護法神護持你，就是這一類已成爲佛弟子而吃素護法的空行羅刹。當然，護法神之中也有許多是空行夜叉，同樣是佛弟子發願護持正法。

那麼另外一種佛弟子是毘舍闍，毘舍闍就是噉精氣鬼，這種有情與速疾鬼都是四王天最正統的天人。爲什麼說他們是噉精氣鬼？因爲他們有天的福報，可是到不了須彌山頂，就成爲鬼神。這種鬼神並不是餓鬼，餓鬼是另外一道，屬於三惡道有情之一；而這裡說的噉精氣鬼是天人所含攝，但又不是眞正的天人，因爲他們都是東方護國天王的部屬，以草木等香爲食，所以名爲噉精氣鬼。他們歸屬於天人所攝，因爲有福報，以前在人間行善的緣故，卻又沒有天人的實質，所以名爲噉精氣鬼。

那麼他們爲什麼叫作噉精氣鬼？因爲他們以香爲食，所以又名爲尋香。音樂神乾闥婆和他們一樣都歸護國天王所管理，同樣以香爲食。那麼這些毘舍闍，他們都能飛行，來往迅速，是屬於四大天王大將軍麾下所管轄的軍將們，就是這一種毘舍闍。惡劣的毘舍闍則是密宗的那些護法神，專愛吃人類淫行後的精氣。而這一些毘舍闍如果是在護國天王麾下，已經歸依三寶時就不再葷食，所以他們只接受草木精氣的供養。如果只供水果，那麼水果最好就是還沒有切開就有香氣的；如果你供的香氣不夠，最好把它切開，這樣供養他們是最喜歡的。他們吃草木的精氣，以此爲食。

毘舍闍最主要的部分，攝屬於四王天中的護國天王管轄。四王天有四大部眾，毘舍闍主要是指護國天王的這個部眾。而他們常常在人間來往，所以如果有小國家希望獲得庇護，可以供奉護國天王，那他們能飛行，來去很迅速，支援是很快速的，所以古時候皇帝也很喜歡供養護國天王。四大天王原則上也屬於這一類的有情，那麼多聞、廣目等天王我們就不談他們，因爲主要是指護國天王以及他的部屬，大多是毘舍闍。這些有情同樣都以歡喜心樂於供養這位「**舌根淨**」、演述了義《法華經》的菩薩。

接著說：「梵天王魔王、自在大自在，如是諸天眾，常來至其所；」這是說初禪天王，以及鬼神魔之首叫作魔王；還有化樂天的天主與天人，他化自在天的天王與天人，這些天眾們也常常來到這個地方，聽聞這位菩薩演述了義的《法華經》。

「諸佛及弟子，聞其說法音，常念而守護，或時為現身。」這是說，這位菩薩常常會得到諸佛和諸聖弟子們的憶念和守護，因為他常常為人演述了義的《法華經》。他的法音宣流出去時其實不會受限制，因為這種法音的宣流，是由他的自心證量中流露出來而演述的；所以當諸佛、諸聖弟子於諸淨土，或者於諸天宮，以他心智通來感應的時候，就可以聽得見他在說法，因此就會想起來：「喔！這位菩薩仍然在人間為大眾演述了義的《法華經》。」所以常常會憶念他。

常常有佛菩薩憶念，這太好了，因為有時候某一尊佛想起來了，遠遠地看一下到底你現在講到哪裡了？有時候某大菩薩想起來，因為一念感應而聽到你還在說法，又看一下你現在說得怎麼樣了，這就表示你常常有人在守護著。所以你如果被那一些不歸依三寶的阿修羅等干擾時，他們一定要為你排除的，那麼其他的鬼神們就知道你是專門講了義《法華經》的人，又是「舌根淨」的人，知道你背後有諸佛、諸大菩薩護念著，都知道少惹爲妙。所以他們也就不來招惹你，讓你平安地繼續弘法。

如果起心動念說：「人家都說，講了義法會受鬼神干擾，哪一天也來個鬼神讓我瞧瞧吧！」你可就瞧不到，因爲他們沒因緣可以靠近你，怎麼能夠讓你瞧得見呢？所以你就是很平順地一直把它講完。有時必要的情況下，諸佛、諸聖弟子，甚至就現身給大眾瞧一下，讓大眾知道：「你看！這位菩薩說法多勝妙，連佛也來示現，聖弟子們也來示現，來加持一下。」那麼你在人間弘法，無諸鬼神干擾，諸天擁護。因爲這是佛菩薩們所擁護的人，諸天怎能不擁護？法界中就是這個道理。所以不但要能夠勝解和有智慧爲人宣演了義的《法華經》，還要設法修行讓舌根可以清淨；這也是大家應該要施設的許多目標中的一個，那就努力往這個目標去修行。

好，到這裡，講了眼、耳、鼻、舌四根了，說這四根清淨，能受持或者爲人演述《法華經》時，會有這麼勝妙的功德。接著再來看看「身根清淨」的時候有什麼功德，請聽 世尊的開示：

經文：【「復次，常精進！若善男子、善女人受持是經，若讀、若誦，若解說、若書寫，得八百身功德。得清淨身如淨琉璃，眾生喜見，其身淨故；三千大千世界眾生，生時死時，上下好醜，生善處惡處，悉於中現；及鐵圍山、大鐵圍山、彌樓山、摩訶彌樓山等諸山，及其中眾生，悉於中現；下至阿鼻地獄，上至有頂，所有及眾生悉於中現；若聲聞、辟支佛、菩薩、諸佛說法，皆於身中現其色像。」爾時世尊欲重宣此義，而說偈言：

若持《法花》者，其身甚清淨；如彼淨琉璃，眾生皆喜見。
又如淨明鏡，悉見諸色像；菩薩於淨身，皆見世所有；
唯獨自明了，餘人所不見。
三千世界中，一切諸群萌，天人阿修羅、地獄鬼畜生，
如是諸色像，皆於身中現。諸天等宮殿，乃至於有頂，
鐵圍及彌樓、摩訶彌樓山，諸大海水等，皆於身中現。
諸佛及聲聞，佛子菩薩等，若獨若在眾，說法悉皆現。
雖未得無漏，法性之妙身，以清淨常體，一切於中現。】

語譯：【「除此以外，常精進啊！如果有善男子、善女人，受持這部《妙法蓮華經》，或者閱讀、或者朗誦、或者解說、或者書寫，可以得到八百身根功德。他具足了八百的身根功德，實證了清淨身，猶如清淨的琉璃一樣，眾生們都很喜歡看見他，是因為他這個身根清淨的緣故；三千大千世界裡面的眾生，出生的時候、死亡的時候，出生的地位是尊上的或者下賤的，出生為美好的或者是醜陋的，出生於善處或者三惡道中，全部都在這個清淨身中顯現。以及鐵圍山、大鐵圍山、須彌山、大須彌山等等諸山，包括其中的所有眾生，也都在這個清淨身根中顯現。往下一直到阿鼻地獄，往上一直到色界頂，所有的境界和其中的眾生，也都在這個清淨身根裡面顯現；如果有聲聞羅漢、辟支佛、菩薩或者諸佛在演說佛法，也都在這個清淨身根中顯現出他們的色相。」】這時世尊想要重新宣示這個眞實義，就以偈頌這麼說：

如果有受持《妙法蓮華經》的人，他的身根是非常清淨的，猶如清淨的琉璃一樣，是眾生都喜歡看見的。

又如同清淨的明鏡一樣，可以看見全部的一切色像；菩薩對於這個清淨身，可以從裡面看見一切世間的所有世界與眾生；但是卻只有他自己可以明了，別人是看不見的。

三千大千世界之中，一切已經出生的有情之類，上從諸天人、人、阿修羅，下至三惡道的地獄、鬼道、畜生道的眾生們，像這一些有情的種種色身影像，全都在這個清淨身根裡面顯現出來。

諸天的各種宮殿，乃至於到達色界頂的宮殿；鐵圍山以及大鐵圍山，須彌山以及大須彌山，包括諸大香水海等，都在這個清淨身根中顯現出來。

諸佛以及聲聞，或者佛子、菩薩等等，不論是單獨一人或是在大眾之中說法，在這位說法菩薩的清淨身根中，可以全部顯現他們的身相。

雖然他還沒有得到完全無漏的法性勝妙之身，但是他以這個清淨、常住的身根為體，一切世界和有情都在這個身根中顯現出來。】

講義：世尊以上的開示有沒有很玄？好像很玄喔？現在一定有人在想：「我看你蕭老師怎麼講解？」所以我說，《法華經》為什麼沒有人願意一句一句、一段一段來講，而都只是講解古人所作的科判？因為他們沒有辦法弄懂，你叫他們如何說起？就好像寒山大士有一首偈，其中有一句是：「教我如何說？」但是你如果通達了其中的理，有了無生法忍時也就不難說！那麼從字面上這樣講解完了，我所說的意思其實不是你所聽出來的意思，因爲我說的意思，你們多數人一定會誤會。我如果不解釋，你們大多數人就沒有辦法瞭解。所以《法華經》之難理解，原因就在這裡。

那我們就來把它解釋一下：世尊說完了「**舌根淨**」菩薩的功德，現在講的是身根「**清淨身**」的讀誦、受持、演述《妙法蓮華經》的菩薩功德。看起來這個很妙，然而卻只有八百功德，不到一千二百。爲什麼是八百？待會講了諸位就瞭解。但是這個瞭解，也只限明心的人聽了能瞭解，我沒有辦法在不洩漏密意的情況下，讓還沒有明心的人具足瞭解爲什麼只有八百功德；只有眞正明心的人才能聽懂，但這也無可奈何！

那麼這樣講了，大家更好奇，其實沒關係，好奇才好啊！由於好奇的緣故，將來整理在書上，讓它世諦流布出去，將來讀到時，這部分法義可能是第十五冊、十六冊了（編案：今爲第十八冊）。如果將來整理成文字，讀者讀了以後說：「**欸！爲何這麼妙？爲什麼明心的人聽懂，我現在讀卻怎麼都讀不懂？**」這樣作了世諦流布以後，對正法是好的。那我們就開始來說明了。

世尊說：「**如果有善男子或善女人受持了『此經』，**」這一句話是什麼意思呢？「如果有善男子、善女人受持『此經』」，而不是說「所有的善男子、善女人都受持『此經』」，當然諸位現在一定聯想到了：「『此經』就是如來藏，不是人人都能受持，所以說『如果有』善男子，『如果有』善女人受持『此經』。」知道密意了，但是沒有辦法弄通，就無法轉依，因爲是聽來的，是用耳朵聽來的，那便不叫受持。

實證而轉依成功了，才能叫作受持，退失了就不能叫作受持。沒有心得決定，退失了，智慧就起不來，那就不可能眞的受持；因爲知道歸知道，可是眞正的智慧生不出來，還是沒有用，他們依舊無法受持「此經」。會外有許多讀者讀了我的書，也去尋找退轉的人爲他們明說了，依舊無法使智慧眞的生起，只是知道一些證悟內容的名義，仍然不是眞實的證悟者。所以我說，能眞的受持「此經」，就是這裡說的善男子、善女人了。

糟糕了！我這麼一講，又罵盡天下人了。佛教徒都被我罵盡了，我又得罪所有大師們。經文字面的意思等於是說：他們不是這裡說的善男子、善女人。你看我這嘴巴壞不壞？可是我也無可奈何啊！因爲這句經文中講的就是這個意思，我又不能把它曲解。

那麼受持「此經」的「善男子、善女人」，就是明心不退、心得決定所以開始生起了智慧的菩薩們，這樣就是這句經文中說的「善男子、善女人」。那麼因爲能受持「此經」——也就是能受持《妙法蓮華經》，就是能受持如來藏的菩薩，像這樣的人，或者閱讀、或者朗誦、或者解說、或者書寫，這是四種層次不同的人。閱讀，是怎麼閱讀？是拿著經本來讀嗎？當然也可以是這樣的閱讀，但那已經太間接了。得要是直接的閱讀，才是眞正讀「此經」。那就是說你破參了，然後不斷地去觀察看祂有什麼自性、祂有什麼功德，不斷地體驗、不斷地觀察，雖然你心中都沒有語言文字，這就是讀，這才是眞正的讀啊！

書越讀就越有知識呵！同樣的道理，「此經」如來藏，你越讀祂，就越有智慧，所以要不斷地讀祂。這部經沒辦法很快就讀完的，要讀多久呢？喔！就是三大阿僧祇劫！就是要到成佛時才算是全部讀完了。所以你想，有人隨隨便便就誇大口說：「我讀完《法華經》了！」其實沒有那麼容易，都是騙人！妙覺菩薩都還不敢說他眞的讀完了，他竟然敢誇大口說他全部讀完了，其實是不懂經文中說的「讀」的意思，這時就要責備他四個字：何其狂妄！

可是一般人會說：「這有什麼難的？我兩、三天就讀完一部。」原來他讀不懂。

當你找到了「此經」，好好地去讀祂，越讀就越有智慧；深入地讀、詳細地讀，讀得越通透，智慧就越好，根本就不可能退轉！怕的就是都不讀。那不讀的人，又加上被我早期明說奉送的，他們沒有參究的過程，更沒有悟後整理的過程，「悟後」又不肯接受我在增上班的詳細解說，沒有成功轉依如來藏，智慧顯不出來，所以不讀、不進修久了，也就退轉了。能夠讀，一定要先能實證；當你先把「此經」找出來，然後心得決定而接受說：「這一定是眞經。」心中知道三藏十二部所說並不是眞經，只是代表眞經、闡釋眞經而已。

這樣子從深心中接受了，才能奉持而不退轉。眞能奉持就不會再去否定祂，並且一定是心得決定而能夠以祂爲依歸，這樣去修行，才能叫受持。那麼這樣的人，一定會不斷地去「讀」自己身中的「此經」；讀之再三，猶自不疑。讀了以後，有時心中歡喜，當然不免要誦一誦，所以有時候興致來了就想：「我也寫些文章，寫出來自己瞧一瞧、看一看說：嗯！不錯！這是眞正的『此經』。」這就是誦。因爲已經出乎於語言文字了，這才是眞正的誦「此經」啦！

然後有時乾脆寫一、兩首偈，寫完了明天再看一看：「嗯！我還可以再寫兩首。」又再寫上兩首，這就是「誦」啊！這樣誦經好不好誦？嗯？好不好誦？所以就要看你誦什麼經了，你如果誦的是有字天書，那就好誦喔！可是你看，唐三藏率領著一干徒弟，乘著龍馬，去到西天取經回來，那經本一翻開來竟然沒有字欸！沒有字，你卻要能夠讀誦；所以說，《西遊記》的作者施耐庵，是蒲松齡還是施耐庵？蒲松齡是寫鬼狐列傳《聊齋誌異》，（有人回答：吳承恩。）喔！是吳承恩，看來他有涉獵一點佛法吧！

他寫得剛剛好！唐三藏不就是如來藏嗎？對不對呢？對啊！就是如愚如魯的第八識如來藏。孫悟空呢？就是意識心，善惡分明。那豬八戒呢？是前五個識啊！正是不斷地攀緣五塵境界的五種欲心啊！然後沙悟淨呢？就是不斷地保護著所有人（包括唐三藏的行李），他都永遠不會丟掉，他一向是全部抓得緊緊的，那是誰啊？對啊！是意根啊！然後唐三藏乘著龍馬，龍馬是什麼？（有人回答：…）欸！正是色蘊。唐三藏乘著這匹龍馬到西天去取經，結果取回來的經典呢？竟然無字，裡面都沒有文字。

這個唐三藏笨得不得了，什麼都不懂；豬八戒常常拐騙他，他也就被拐了；孫悟空去把他救回來，他也就被救回來，全都行；這唐三藏是不是第八識如來藏？正是啊！可是吳承恩這樣寫，看來似乎是罵唐三藏，但玄奘菩薩絕對不會罵吳承恩，《西遊記》本來就應該這樣讀的。好了！話說回來，這樣去讀《西遊記》；然後要讀的眞經是沒有文字的經典，就是這部無字天書啊！也就是你的如來藏心阿賴耶識。

雖然祂都沒有文字可以給你讀，可是越詳細讀祂，你就越有智慧。那麼讀了以後心裡歡喜，有時總是要自言自語，或者在心裡面生起思惟，把祂想一想，心裡說：欸！這個心是如何，那個心又如何、如何。於是在心中行之於文字語言，雖然沒有在嘴巴裡面唸出來，這其實也叫作「誦」啊！誦完了，有時是不是也會為人家解說？這就不是只有自受用功德了，轉變而成為他受用功德，利樂大家了喔！

所以接著有時候就會開始「書寫」「此經」，就稱為《法華經》；那麼假使有僧人來寺院裡請《法華經》時，禪師問：「你要請幾部？」「我一部就夠了啊！我寺院裡面不用那麼多，只要一部就夠了。」禪師就說：「把文房四寶拿過來。」這個僧人還不懂，乖乖地去拿過來，禪師就吩咐：「研墨！」他就開始磨墨了。終於磨好了，「筆遞過來！」好，他就遞過去。此時這個僧人眞的該打了，對不對？喔？應該要打他對不對？禪師看他如此愚癡，也眞的無可奈何，只好將筆沾了墨水，在紙上從西邊畫到東邊，畫完了把筆往地上一丟，那張紙就遞給他：「好了！這一部《法華經》寫完了，拿回去！」這也叫作解說啊！何止書寫而已？這也叫作解說啊！因爲那僧人眞的不懂，所以禪師最後那麼一畫就說是書寫「此經」，說已經寫完了。因爲禪師爲他方便解說了那麼多，他依舊不懂，只好爲他如此「書寫」了。這麼一畫，好長的一畫，畫完了，就是一整部《法華經》，這樣就是「書寫」完了。

所以這兩天看新聞報導說，南部有一個道場推廣什麼抄經，鼓勵大眾抄寫《心經》；人家沒有時間抄的，說什麼他們寺院可以代抄，要價一千塊錢。（大眾笑…）他抄一部《心經》兩百多字要抄多久？換了我，我代你抄《心經》，一部十萬塊錢，速度很快。我可以代你抄經，但我代抄《心經》索價很貴，有原因，卻是絕對值得。如果有人來請了：「蕭老師！請你代抄《心經》。」

好，我提筆這麼一畫，已經抄完了：「十萬塊錢！拿來！」我蓋道場需要錢，我也可以拿來救濟貧窮、利樂有情！那麼到底值不值得？我代寫這一部《心經》值不值得？（有人答：值得。）是值得十萬塊錢嘛！其實不止！呵？我這是跳樓大拍賣呢！（大眾笑……。）

所以解說「此經」時應該怎麼解說呢？不會解說的人，就像我今天坐在這裡，一本正經、一板一眼，一個字一個字講了很多法義，這叫作不會解說。可是我這樣子不會解說之中，卻又如實解說完了。我真的又為諸位解說完了！那麼紙本版的「書寫」經典，何必那麼大費周章？他們說《心經》兩百多字抄完了，會幫你保存一千年，收費一千元。老天！他那家寺院能不能保存三百年都還有問題呢。就像一個三寸釘，向人誇口說：「天塌下來有我頂著！」天下那麼多長人頂不住，它還能頂得住？這可真是誇口。

像我這樣子解說，像我這樣子書寫，才是真正能受持「此經」的人。可是像經中說的善男子、善女人這樣子讀、誦、解說、書寫的菩薩，在這一方面的功德圓滿時，也才只有八百功德；因為沒有辦法像舌根清淨菩薩那樣，能夠利益非常非常多的人，所以不能具足一千兩百功德，所以這身根清淨的功德就只有八百。你們明心的人想想看，是不是如此？就是只有八百功德而已。

所以在禪師門下很難開悟、入般若，原因就在這裡。因爲他只用這個八百功德，只用這個清淨身根來幫助大眾。所以禪宗門下能夠大揚宗風的人很少，凡是能夠大揚宗風的禪宗門下，都是宗、教二門俱通的人。不信的話，諸位瞧瞧黃檗禪師傳下來的血脈，有沒有大揚宗風？沒有啊！只是平順地傳承下去而已。黃檗傳下來最有名的弟子是臨濟義玄，但臨濟剛出世弘法時連八百功德都不夠；縱使被當代大師拈提而回去再見黃檗後，重新出世弘法時也就只有這八百的身根功德而已。所以臨濟門下有沒有大揚宗風？沒有啊！一定得要通「宗」以後也能通「教」，才能有舌根一千兩百功德。那你看看 克勤圓悟門下就能夠大揚宗風，是因爲兼具了教下的功德，把舌根清淨的功德也拿來用，不單只有身根清淨的八百功德。

那麼這樣一講，諸位就瞭解了：爲什麼清淨的身根只有八百功德。因爲舌根的清淨是可以把「此經」的功德作各種不同層面的演繹，然而清淨的身根卻無法作全面的演繹，所以就只有八百功德。這樣講了，破參明心的人聽了就懂！你們尚未明心者，可別跟我抱怨說：「那你講這個，我又沒有辦法聽懂！」沒辦法聽懂，你就把它放在心中，等你禪三破參回來時，再去想一想，那時你一定會說出四個大字：「恍然大悟！」

你們看，像這樣演講出來的《法華經》，不迴心阿羅漢如何能聽懂？所謂的南洋阿羅漢，其實全都是凡夫，更不可能聽懂的；那些臺灣、南洋六識論邪見中的凡夫大師們，更無法想像。所以受持《妙法蓮華經》的「善男子、善女人」，不是到處有，確實很難得。這些難得的人，如今全都在正覺同修會裡：或已得、或當得、或現得。

接著說：「得清淨身如淨琉璃，眾生喜見，其身淨故；」這位得到「八百身功德」的菩薩，他得到了清淨身，請問諸位是什麼身？（有人回答：…）導師以臺語提高音量說：「卡大聲咧！」大聲講出來，別怕！是如來藏身。這樣，這一段經文通了沒？欸！就全部通了。你看，這叫作點石成金。「生公說法，頑石點頭」，你還當作是眞的頑石會點頭喔！每一個人腦袋硬綳綳的就叫作頑石，當他講到大家聽懂了、點頭，就叫作頑石點頭！（大眾笑…）這叫作罵人不帶髒話。

這位菩薩當然是得到如來藏的清淨身了。如來藏這個清淨身，有沒有辦法用塵沙、污泥、灰塵去把祂弄髒？沒辦法！人家來問禪師：「如何是佛？」禪師說：「火燒不著。」過幾天又有人來參訪：「如何是佛？」禪師也許說：「水淹不著。」又有人來問，禪師說：「水潑不進。」又有人來問禪師說：「如何是佛？」禪師回答說：「銀山鐵壁。」後來有一位比丘尼參禪，也來問：「如何是佛？」這位禪師也許跟她開了個玩笑：「一絲不掛。」對啊！如來藏能穿衣服嗎？祂不但不能穿衣服，連一根絲祂都掛不住，那不叫作一絲不掛嗎？但是這禪師已經解說清楚了哦！可是他們聽不懂。

這便叫作清淨，這是因爲祂是空性，無形無色，怎麼可能被染污呢？如果可以被染污的話，那麼生到無色界的有情應該都可以被看見了，因爲如來藏可以被染污，他們縱使沒有色陰，把如來藏染色以後也可以看得見了，對不對？就好像世間如果真的有隱形人，人家要怎麼樣找到他？用髒東西一噴，他就被粘住了：「喔！原來隱形人就在這裡。」就找到了，對不對？可是如來藏這個隱形人，你怎麼噴也噴不到祂，所以說祂「如淨琉璃」；就好像清淨的琉璃，完全純清、透明，你無法看得見祂有什麼形色。

「如淨琉璃，眾生喜見，」這個清淨琉璃，眾生都很歡喜看見祂。現在又有疑問了：「眾生又沒有找到祂，怎麼可能會喜歡看見祂？」可是咱們關起門來偷偷說，外面的人不要給他們聽見；這清淨身呢，雖然有人都找不到祂，也都看不見祂，其實每天都很喜歡看見祂，只要祂不見了，他們就一天到晚都不想活；甚至有人一天到晚在否定祂，可是又捨不得離開祂。也許你會質疑說：「你這叫什麼話？」我說：「這叫中國話（畫）啊！」難道不是嗎？我這裡添了些墨，那裡加了些彩，不就成爲一幅中國畫了嗎？對啊！可是那些一天到晚在否定祂的人，都非常喜歡看見祂，每天都想要看見祂。

當他們每天才一醒來就想要看見祂，可是當你問說：「欸！那你那個祂，究竟在哪裡？」他們又問說：「什麼祂？我又不知道！」「如來藏啊！」「哪有如來藏？天下沒有這個東西！」可是你要是眞的叫他們一天不看見如來藏，他們一定會難過得要死，根本就不想活了。所以我說「眾生喜見」，不管什麼樣的眾生全都喜歡看見祂——全都喜歡看見這個清淨身，你說怪不怪？怪啊！可是等你證悟了，你可又換一副臉孔說：「哎！這有什麼怪？本來就如此，沒有一個眾生不喜歡看見祂。」這時換你這麼說了。不是由你來質疑，而是換你來支持我了。爲什麼眾生喜歡看見如來藏這個清淨身？因爲**「其身淨故」**，祂從來沒有染污，也不會跟你唱反調。

世間人即使親如父母、子女、夫妻，往往也會吵架，爲什麼吵架？因爲有時意見不同。這先生說：**「我今天要上這家館子，我想要吃水餃。」**妻子說：**「我偏不！我今天要去另外一家館子吃麵，他們的麵可好吃了。」**那麼如果常常都這樣的話，最後夫妻倆就是分道揚鑣了。因爲合不來！常常唱反調。如果一直都是相同的看法、觀念，這先生上車，車子一開，太太早知道他要去哪一家，兩個人想的都一樣，會不會吵架呢？不吵架了！因爲心性相同，默契十足。那麼這樣的話，就表示他們互相之間沒有不同之處。

這個如來藏清淨之身，在眾生身中，從來沒有反對的意見；不論眾生想要怎麼樣，祂都沒意見，完全配合，因爲祂的心性是清淨的，沒有取捨的。眾生有所不淨，都是因爲有所取捨，所以才要取淨捨垢、取善捨惡、取美捨醜；只要有取捨，就不是眞正的清淨心。因爲會取善捨惡的心，祂有時候會反過來造惡，其實還是同一個心。沒有善惡、沒有取捨的心，祂是始終如一，永不改變，所以說這個如來藏身是清淨的。

假使你說：「我要往東去。」如來藏唱反調說：「我要往西去。」那你怎麼辦？你說：「我就把你丟了！」對不起！你丟不了祂，因爲只有祂將來在你捨壽時候丟了你，而你丟不了祂；你丟了祂，就只有一條路，就是死亡。那麼這樣一想說：「喔！我丟了祂就會死亡，那我不能丟了祂。」假使祂偏偏要跟你唱反調，那你能怎麼辦？那你就會氣得要死。若要不生氣，除非氣死祂；問題是不論你怎麼氣祂，永遠都氣不死祂，因爲祂是清淨心，永遠都不生氣。

祂永遠不會跟你唱反調，你要行善，祂隨順你；你要造惡，祂也隨順你；你要打坐，祂一樣隨順你；你要去吃喝玩樂，祂也一概隨順，都沒意見。因爲如來藏身就是這樣清淨，永遠無我而清淨自住；而且你不能一時一刻沒有祂，所以你有一天悟後證實這個事實了，當然喜歡每天都看見祂。覺知心睡著不在了，就沒辦法想要看見祂，可是一醒來就得要看見祂，當然 世尊要說是「眾生喜見，其身淨故」。

我這樣子說明，很難理解哦？好像很難理解。可是對於我們很多同修而言，這都只是家裡事，也是每天所見而成爲家常便飯，是本來就如此，沒什麼不好理解的。可是他們能夠這樣現觀的人，都有一個苦處，猶如一個俗諺講的：「啞巴壓死了兒子，心裡有數卻是有苦說不出啊！」因為不能向人明講！這是因為 世尊交代說這不能為人明講，得要每個人都自己辛苦去參究，在參究的過程中有了很多的體驗，悟後才不會退轉，智慧才能出生；若是人家明講而聽來的，智慧生不起來，無法轉依無所得境界，卻又貪著名聞利養，因此就會無根毀謗賢聖，當然不許明講。所以說，家裡有寶貝卻不能拿出來現，眞是有口難言啊！

但若同樣是家人時，那可是清楚明白了：這個清淨身如來藏，眞的清淨猶如淨琉璃一般，你根本沒有辦法把祂染污。不管用什麼五欲去引誘祂，祂都不受引誘。你說：「既然祂不受引誘，不然我就來責罵祂。」用天下最難聽的字眼來罵祂，祂也不聽，祂是個聾子，根本聽不見，你罵有什麼用？無可奈何祂，所以祂是清淨的，威逼利誘來到祂這裡，完全沒有用。祂就是這樣的清淨性，永遠隨順你，永遠護持你，都沒有第二句話，都不會跟你抗議。

可是眾生不能一時一刻沒有祂，當眾生知道這個清淨身是什麼的時候，眞的好喜歡看見祂，所以好多人在禪三第一次看見祂的時候，嚎啕大哭。又不是死了爹娘，哭什麼？只是因爲太歡喜了，所以喜極而泣。那你說，他對這個「清淨身」喜見不喜見啊？當然喜見。所以假使你還沒有找到自己的清淨身，你應該要瞭解的是：「**人家所有破參明心的人都很歡喜看見祂，想來我將來悟後也會很喜歡看見祂。**」

一切眾生如果知道這個如來藏清淨身是什麼的時候，一定會非常喜歡看見祂。爲什麼喜歡看見？因爲祂太清淨了，永遠隨順你，永遠護持你，都沒有一點點的私心；祂完全無我，大公無私，全都是爲了你，那你說：喜不喜看見祂？當然喜歡了！說句老實話，你老爸對你再怎麼好，也沒有像祂這麼大公無我全心爲你；你兒子對你再怎麼孝順，也沒有像祂這樣大公無私全心爲你；所以當你知道祂是誰的時候，絕對是很喜歡看見祂的。因爲祂太清淨了，完全無私心，自始至終一心一意就是護持你，世尊當然要說：「**得清淨身如淨琉璃，眾生喜見，其身淨故。**」

接著說：「**三千大千世界眾生，生時死時，上下好醜，生善處惡處，悉於中現；**」三千大千世界，一個太陽系是一個小世界，一千個小世界是一個小千世界，這一千個小世界就有一個「千」了；一千個小千世界就稱爲一個中千世界，就有第二個「千」了。一千個中千世界就稱為大千世界，又是另一個「千」，這樣就具足大千、中千與小千了。所以三千大千世界就是三個千的大千世界，也就是一千個中千世界。這樣大的一個世界中的一個小世界就是一個太陽系，這樣講就比較容易理解。

那麼這三個千的大千世界裡面，有眾生出生的時候，就是在這個「清淨身」裡面出現，死的時候也是在這個「清淨身」裡面示現他死掉了。也許有人想說：「欸！這個講法好像不對哦！為什麼我出生的時候也在我的如來藏裡面出生？如來藏在哪裡？也沒有人看到。」且不說如來藏是哪一個，我就來作一個表述，諸位聽了就可以瞭解。

例如上一輩子死後，有了意生身，也就是中陰身；然後這個中陰身遇到這一世的有緣父母，去投胎；意根與如來藏入了母胎，那時只是一個肉眼看不見的受精卵，如來藏就執持這個受精卵，那麼整個受精卵是不是就在如來藏中？接著從媽媽的血液中攝取了地水火風，製造了這個身體，這整個身體是不是在如來藏清淨身中？好！那你現在坐在這裡，摩頂至踵，整個就是在如來藏中了，請問，你在不在如來藏中？（有人回答：在。）在啊！

聽到這裡也許心中好高興：「**我知道了，我整個人都是如來藏。那麼我的如來藏在哪裡？就在這裡啊！**」對啊！問題是：在哪裡？（大眾笑⋯⋯）這可就是有無見道的分際了。好！整個就是如來藏，你根本就沒有在如來藏之外！而且你所見一切山河大地影像，看見一切人、一切有情也都是看見你十八界裡面的色塵相分，那你覺知心不也是活在如來藏裡面嗎？你看見的所謂外面世界的六塵等，也只是你的如來藏變現給你看的影像，那你是在你的如來藏中分別各種色塵；乃至聲、香、味、觸、法塵，莫不如是，你覺知心從來都不曾外於你的如來藏「**清淨身**」！

那麼請問，你出生的時候，是不是在你的如來藏「**清淨身**」中出生？是啊！當你具足了色身五根的時候，是如來藏把你出生了，於是呱呱墮地，叫作嬰兒，這就是人的開始。所以你是在如來藏中生死：受精卵的時候是祂，現在出生還是祂，長大了還是祂，垂垂老矣也還是祂，死的時候也是住在如來藏中死亡，然後如來藏離去，轉入下一世。那生死是不是在「**清淨身**」中顯現？對啊！這一世的你本來是無，還沒有存在；如來藏也是本來無形無色，然後這個受精卵在你的如來藏中開始發展，結果具足人形而出生了，是在如來藏中出生而漸漸成長；將來死了呢，還是在如來藏「清淨身」中顯現死亡。

有生、有死，當然就有階級，就有上下之分了。在古印度有四類種姓：婆羅門、剎帝利、吠舍、首陀羅，所以有上下尊卑之分。所以在一般的國家裡面都是有國王、大臣，乃至庶民等等，也就有國王、官吏、士農工商上下之分。乃至於「**在家裡，堂上二位祖老之下有我的父母親，我父母親生了我這個兒子，我又娶了妻生了子女，於是就有四代同堂上下之分**」。請問，一個家庭的上下之分，是不是在這四代人各自所住的如來藏中來區分上下？不能外於如來藏「清淨身」！擴而大之，一個國家或者金輪王，王於四天下也是一樣的；乃至於人間與天界上下之分，欲界天六天的上下之分，色界天四種天的上下之分，乃至於五不還天的五天上下之分，是不是都在如來藏這個「清淨身」中顯現？當然啦！因爲如果沒有如來藏清淨身，也就沒有這些上下之分，因爲就沒有有情了，也就沒有三界的存在而可以區分了。所以一切有情存在三界中，都是依如來藏清淨身而建立、而流轉生死的。

往下再來探討，人間、畜生、鬼道、地獄道，這些眾生莫不有上下之分；

即使是餓鬼道，有勢力的位在上方，其餘勢力小的位在下方，永遠搶不到一口膿痰吃，也有上下之分。到了地獄，閻羅王最大，雖然他每天也要晝夜三時受苦，但是所統領的那些獄卒們都在他一人之下，可是獄卒一天到晚依業力在處罰那一些受難者——受難者就是造業者，也是有上下之分；乃至於不同的地獄有不同的層次，也是分上下。可是這一些有情，不都是在各自的如來藏「**清淨身**」中嗎？那麼全部都依這個如來藏清淨身，來顯示三界一切有情的上下之分，證悟的菩薩們如此現觀，不就是 世尊說的「**得清淨身如淨琉璃……三千大千世界眾生，生時死時，上下好醜，生善處惡處，悉於中現**」嗎？

人間的一切人，有人說：「**哎喲！你長得好英俊喔！眞是萬人迷！**」可是也有人，當人家看到他就別過臉去，不想再看他；因爲他不幸，被火災燒過以後整個臉都變形了，小孩子看了會害怕。人類雖然有美有醜，但都不能外於各自的「妙法蓮華經」清淨身！美也是在這部「法華經」如來藏「**清淨身**」中顯示出來的，道理全都一樣。有的人生來就很醜，醜到不得了，就像嫫母、無鹽一樣，那也是在她們自己的「法華經」清淨身中顯現出來的！那麼這一些美與醜全都是如此，全部都在「法華經」如來藏「清淨身」中顯現。這位受持《妙法蓮華經》的菩薩，悟後一段時間深入觀察以後，當他在讀自己這一部「法華經」的時候，就已經讀到這一點了！所以他有時候也會誦出來娛樂自己。

那麼爲人家演說、解釋時，當然更會講出來。擴而大之，不談個人，就說三界六道不同種類的有情，有的生於善處，有的生於惡處；生到善處是在他的「法華經」如來藏身中顯現出來，生到惡處的有情呢？也是一樣啊！都是在他們自己的「法華經」如來藏清淨身中顯現出來的啊！如果沒有這部「法華經」如來藏清淨身，他們連惡處都不可能出生的，所以三千大千世界裡的全部有情，都是在這部「法華經」「清淨身」裡面顯現出來的，因此，世尊當然開示說：「若善男子、善女人受持是經……得八百身功德。得清淨身如淨琉璃，眾生喜見，其身淨故；三千大千世界眾生，生時死時，上下好醜，生善處惡處，悉於中現。」

這樣如實理解以後，再來看這段經文，究竟好不好講？好講了！對不對？並不難講嘛！可是你如果把如來藏「法華經」否定了，你就沒辦法講解了，那時你要怎麼講解這一部《法華經》？所以那一些六識論者不免就這樣毀謗說：「哎呀！這些大乘經講的神話，你也相信？」就這樣罵人欸！這其實都不是神話，只是他們沒智慧、讀不懂，卻自以爲是，於是公開否定大乘經，成就了無根毀謗最勝妙經典法義的極大罪——成一闡提人，一世之中善根斷盡，死後淪墜三塗。

世尊接著又說：「**及鐵圍山、大鐵圍山、彌樓山、摩訶彌樓山等諸山，及其中眾生，悉於中現；**」鐵圍山，這不是我們這種物質世界所見的沙石不淨的這種山，並不是岩石所成的這種山；這是說我們這個娑婆三千大千世界中的每個小世界都有四大部洲，中間有個須彌山王；這個須彌山王的外面有四大部洲，四大部洲外又有七金山與大鐵圍山—有時候又叫作金剛山—圍繞住，這樣算是一個三千大千世界中的小世界。每一個三千大千世界中，各有百億須彌山，百億人間，百億地獄、畜生、餓鬼、四王天乃至四禪天等；每一個小世界中各有一個須彌山，須彌山的山腳下都各有四大部洲。也就是說，每一個三千大千世界中，各有百億小世界。那麼每一個三千大千世界裡面的眾生，也都是「**悉於中現**」，同樣都是在各自的「法華經」如來藏「清淨身」中顯現出來的。

再從理上來看，這鐵圍山和大鐵圍山，到底是指什麼？大鐵圍山，其實每一個人都有自己的大鐵圍山，也都有小鐵圍山。你這個五蘊之身最大的就是身體，然後有個小鐵圍山，就是你的腦袋！你們想到哪裡去了？那你們有沒有四大部洲？有沒有？（有人回答…）有嘛！欸！這須彌山、摩訶須彌山，鐵圍山、大鐵圍山不就是如此嗎？再從另一個層面來說，須彌山、大須彌山，最大的大須彌山其實就是你的色陰十一個法；小須彌山是什麼呢？就是你這個妄心腦袋瓜，一天到晚使你想東想西想個不停，忙個沒完沒了，何曾外於大小鐵圍山以外？在這裡面有沒有很多眾生？有啊！一念又一念，每一個念就是一個眾生，眞是無量無邊的眾生；生了又死，死了又生，你都數不清。

擴而大之，就說現象界，須彌山外面四大部洲的大鐵圍山，這裡面所有的有情，包括這一些須彌山的世界，也都是在你自己的「法華經」如來藏「清淨身」中出生的，當然也是要在你的「法華經」「清淨身」中顯現出來。《楞嚴經》不是告訴大家世界怎麼形成的嗎？《楞嚴經講記》讀過了沒？哎呀！你們讀過的人那麼少喔！怪不得我這部書的銷路不是很好（大眾笑…）。事實上，你再要找出別人像我這樣講解《楞嚴經》的，你一定找不到了！這得要有初地的無生法忍，才能理解其中的少分；得要有超越初地的無生法忍，才能體驗到其中的許多眞義，才能註解得很清楚的，悟了以後一定要讀才行，進步才會更快。

《楞嚴經》中告訴諸位說，人間是怎麼形成的，也告訴諸位欲界天是怎麼形成的，然後說明色界天怎麼形成、無色界天怎麼形成，三惡道怎麼形成，有沒有？（大眾回答：有！）那是因爲那些眾生造了那一些業，眾生的「法華經」清淨身就爲眾生出生了不同種類的有情身，然後就會有那樣的有情，當然就會變現出那樣的世間，所以一切世間也都是在「法華經」如來藏「清淨身」中顯現出來的。因此世尊說這一切的世間及其中的眾生「悉於中現」，沒有一個不在這「妙法蓮華經」裡面顯現出來。下至阿鼻地獄，上至有頂，所有眾生「悉於中現」！你往下去推度到阿鼻地獄，往上推究到色界頂，這一切的眾生也都在這裡面顯現。至於爲什麼都會在這部「法華經」裡面顯現？時間又到了，只好下週分解。

上一週颱風吹襲停課，讓大家休息一天也好；可是颱風來時眞的恐怖，也造成一些傷害，若是沒有往世的惡業，就能避過災害。然而颱風來襲也是人間的正常現象，如果人類以及地球上的有情不需要喝水，就不會有水災；既然須要喝水，水災就免不了了。如果地球上的有情不需要呼吸，就不會有風災。然而生爲人間的有情，呼吸與喝水都是不能逃避的生理現象，是在人間生存時所必須的，當然就免不了要承受風災與水災。不過我們還是可以繼續努力，看我們的功德能不能更快速增長，來迴向給眾生，減少一些災難。

閒話表過，回到《妙法蓮華經》，上週講到一六八頁第二行前兩句：「**及其中眾生，悉於中現；**」今天接下來要說：「**下至阿鼻地獄，上至有頂，所有及眾生悉於中現；**」阿鼻地獄，在《楞嚴經》中說，是在無間地獄之下，是更痛苦的地方，這就是三界中層次最低的地方。上至有頂，這裡說的有頂並不是講三界頂，而是指色界頂；這表示說，從阿鼻地獄往上，一直到達色界頂，也就是到第四禪天爲止；五不還天也是在第四禪天的境界中，只是凡夫位的四禪天人都看不見，但仍然屬於色界頂，不離第四禪天的境界。

這句經文意思是說，從阿鼻地獄往上直到色界天的第四禪天爲止，所有一切有情以及地獄世界，和餓鬼、畜生世界、人間世界，包含欲界天、色界天的世界，全部都在這部「法華經」如來藏「清淨身」中顯現。也許有人想：「如果說眾生都是在如來藏中顯現，這個只要證得如來藏了就能夠現前觀察，毫無疑義。但是說到地獄世間、惡道世間、人間欲界天乃至色界天世間，爲什麼也都在這個如來藏清淨身中顯現？這好像難以理解。」

其實這並不難理解，我們就舉阿鼻地獄最苦世間來說好了，正因爲那一些有情造作了五逆十惡，也許加上毀破正法、謗勝義僧、妄謗諸佛，這一些都是世間最重業，所以他們死後「法華經」如來藏就會爲他們出生了地獄身；在人間造作了死後會出生地獄身的業種時，當他還沒死之前，應該要成就的地獄世間就開始成就了；如果不是有那些人造作了阿鼻地獄的惡業，他們的「法華經」如來藏不會去打造出來阿鼻地獄的世間；正因爲他們作了那個業，有了那種業力，所以那個世間開始逐漸形成；當他們死了以後呢，就去那個阿鼻地獄世間生活。

以前有一個大陸的居士，寫了兩萬多字的文章在網站上無根據地亂罵我，作了無根毀謗；不但如此，他又大膽否定了「法華經」如來藏，那麼有人就告訴他說：「你這篇兩萬多字的文章，其實是入住地獄申請書。」哎！

他也是現世報，人家農曆過年時家家戶戶團圓，可以說家家戶戶喜氣洋洋，享受人倫之樂，他老兄卻是粒米難進、有湯難喝，吃了就吐，喝了就吐，不久也就過世了。本來都是好好的，就只是在網路上貼了那一篇無根謗法、謗勝義僧的文章，接著病況就開始了。我都不曾在心中起過一念壞念頭，但後來就聽說他得到這樣難以想像的果報，令人覺得不忍，卻又幫不上忙，因爲他那種人是死也不懺悔過失的，即使我們出了書爲他說明到很清楚了，也是幫不上他的忙。

但是像那樣的人，依因果律，下一世要有一個地獄身，他的「法華經」如來藏**「清淨身」**，在他死前當然就會爲他多造出一分地獄世間啊！就好像人們在這個世間的因緣果報結束的時候，接著要往生到另外一個世間重新開始輪迴，是因爲這個世間即將毀壞了；可是那一個新生成的世間由誰去創作出來呢？有愚癡人會說：**「是上帝創造的啊！」**問題是上帝創造的世界是平的，有情們所住的所有世界都是星球世界，都是圓的；可見世界不是他創造的，至少我們確定：這個地球已不是他創造的，所有的一神教傳教者都不敢否認這一點。

而且，自稱創造世界的上帝，他自己的境界都不離欲界世間，連欲界天的四天王天、忉利天的境界，他都還無所知，那他如何能創造夜摩天以上的欲界天世間？又如何能創造色界天的世間？所以可見任何一個世界都不是他創造的，因爲他連欲界夜摩天的境界都不懂，連色界都不懂，怎麼能創造？既然沒有誰去創造另外一個三千大千世界，爲什麼這個三千大千世界即將毀壞的時候，另外那個新世界已經漸漸出生而後來終於可以住進有情了？那時大家就往生過去，那個世界又是誰造的？就是共業有情的「法華經」如來藏共同形成的。那麼「法華經」如來藏既然造了那個新世界，就表示那個新世界也是在共業有情的如來藏中，對不對？對啦！

這就是說，「法華經」如來藏有兩個部分，一個部分跟你在一起，另一個部分是以祂的「不可知執受」功德同時在運作。那麼當祂把那些世間成就的時候，是不是表示說，那些世間也是因爲「法華經」如來藏而顯示出來的？當然是在「法華經」如來藏「清淨身」中顯現的。從另一個層面來說，當這樣的世間成就的時候，於是眾生的五陰世間在那器世間開始出生與存在，不就同時把器世間顯現在如來藏「清淨身」中了嗎？所以說地獄世間是在如來藏「法華經」「清淨身」中顯現，不論是地獄有情的五陰世間，或者是地獄世界的器世間，都是在有情眾生的如來藏清淨身中顯現出來。

那麼如果有人「情想均等」，所以應該生而爲人，那就會有人間這個世間，被這些人的「法華經」「清淨身」如來藏顯現出來，這也包括了許多菩薩發願生生世世在人間受生自度度他，所應該出生存在的一分器世間；所以這些菩薩們同樣也會由他們的「法華經」「清淨身」，來顯現他們的五陰世間和人間這個器世間。因此說，人間這一個世間，也就是在這些有情應該生而爲人的有情各自的如來藏妙眞如心，來共同顯現出來。

假使沒有這一些共業的人類，就不需要有人間這個器世間了！這個器世間隨後就會漸漸毀壞，歸於消失空無，因爲人間這些有情的「法華經」「清淨身」如來藏，已經不再以「不可知執受」來執持這個人間器世間了。那麼當有人持五戒、修十善，他的如來藏就開始爲他形成下一世所需要安住的欲界天世間，因爲他即將生到欲界天去。任何有情不必吩咐他的如來藏說：「喂！老哥啊！我下輩子要生到欲界天去，你得要先爲我安排。」全都用不著，「法華經」「清淨身」這個功能完全是自動化的，而且祂這個功能不像人間機器會磨損，祂永遠都不缺不損。

同樣的道理，假使有人修學禪定，證得初禪、二禪、三禪、四禪，死後當然應該往生到初禪天乃至四禪天去；若是應該往生四禪天的人，不管是應該生到福生天、福愛天、廣果天等，他們下輩子所需生存的處所，他們的「法華經」「清淨身」如來藏，自然就會幫他們生起四禪天世間（宮殿）與色身。那他們下一世就有四禪天的五陰世間了！有這個五陰世間之前，當然須要先有四禪天的天界世間（宮殿）；這就是說，他們的未來世生到四禪天去所需要的宮殿，「法華經」「清淨身」就會開始爲他們形成，等著他們往生過去。所以當他們在人間死後，執著四禪的境界，於是死後就生到他們應該去的四禪天宮殿中去。

那麼一個人又一個人這樣生到四禪天去，就由那些人和那些人所有的宮殿，共同成就四禪天的器世間。而他們在人間並沒有去創造未來世在四禪天所要住的宮殿，可是他們的「法華經」「清淨身」，這個「清淨身」如來藏就主動運作，幫他們創造了出來。所以如果沒有那一些四禪天人，就不會有四禪天的世間出現。若是沒有人類會出生，就不會有人間這個世間出現；若沒有地獄有情將要出生，就不會有地獄世間出現。所以這一切的有情，下從阿鼻地獄，乃至色界頂爲止，這其中的有情跟所有的器世間，都是在「法華經」如來藏「清淨身」中顯現出來。

可是爲什麼無色界沒有顯現出來呢？因爲無色界沒有色陰。即使是識陰，也只剩下一個意識存在，而他們的意識都是住在一念不生的定境中，都不動心，所以也不會有常常變化出色界天身的事情來。既然無色陰，只剩下意根、意識以及四空定的法塵，那他們當然就不會讓人看得見！所以菩薩證得「法華經」「清淨身」時，可以去觀察欲界、色界這些有情，但觀察不到無色界天的眾生；但是理上是知道的，卻無法實際上去看到，所以 世尊只說到色界頂。

那無色界頂是從非想非非想天以下，降到空無邊處天，總共有四天；這四天因爲無色陰，就沒有天界的五陰、四陰與器世間可以被看見，因此無色界的有情不會在如來藏清淨身中顯現出來，因爲祂無色而不會顯現。既不顯現，當然就看不見，所以因爲沒有色陰的緣故，無色界就沒有器世間顯現出來。因此五地、八地菩薩在事相上的觀察，就只能看到色界頂爲止：由色界頂往下一直到阿鼻地獄，所有的器世間跟一切有情，都在眾生的「法華經」如來藏「清淨身」中顯現出來。無色界有情當然也是住在自己的「法華經」「清淨身」中，但是不能從事相上看見，只能從理上依於比量而知。

接著說：「**若聲聞、辟支佛、菩薩、諸佛說法，皆於身中現其色像。**」這是說，如果有聲聞聖者，從初果人到四果人在為人說法，同樣也是在「法華經」如來藏「清淨身」中顯現他們的聲聞聖者色像。如果有辟支佛為眾生說法，那更會在他的「法華經」如來藏「清淨身」中顯現其色像；因為辟支佛說法的方式是用神通示現，不動口說法；假使哪一天有人來到你門前托缽，你布施滿缽香美的食物給他，然後開口說：「**請您為我說法。**」結果他沒有開口說法，而是端著缽飛上天，用他的神通在空中十八變以後就飛走了，那就表示他為你說法完畢了。

那麼這樣的辟支佛能度多少人成為辟支佛呢？很有限喔！所以看來他在利樂眾生上面是遠不如阿羅漢的。雖然他的證量、智慧是比阿羅漢高，其實他遠不如大阿羅漢，因為辟支佛的境界，大阿羅漢們在佛世都已經實證了，因此也同時是緣覺。可是在無佛之世示現的辟支佛，是因為在佛世時還有慢心，不願意在佛世實證緣覺果，他想要在無佛之世顯示自己可以獨覺而通達因緣法，可以示現是由自己證得辟支佛果，不靠諸佛世尊，所以他那一世漫不經心不想取證聲聞果，沒有成爲初果乃至阿羅漢，也沒有成爲緣覺；就用那個凡夫身繼續去受生，直到無佛之世才自己獨覺，成爲辟支佛。

雖然他未來那一世成爲辟支佛時的智慧很好，但比起大阿羅漢一世就證得辟支佛果，到底誰的智慧好？諸位這樣一想就通了！所以辟支佛能利樂眾生的功德很有限，因爲他不以言語爲人說法；他的說法方式就是飛到空中示現十八變，使人確信有辟支佛存在於人間，然後就飛走了。那麼眾生看見他飛到空中作種種變化以後，能證辟支佛果嗎？不行啊！只會生起仰望之心而生起對三寶敬信而已，所以辟支佛利樂眾生的功德遠不如大阿羅漢。

但是假使你看見了辟支佛爲眾生這樣說法的時候，你依著自己所證的清淨琉璃身如來藏——依自己所證的「法華經」「清淨身」來看他的時候，你就會發覺原來他爲人家說法的時候，也是在他自己的如來藏「清淨身」中「現其色像」。那麼這位菩薩看到別的菩薩爲大眾說法時，或者是看到自己爲人說法時，當然更是在「淨琉璃」一般的「法華經」「清淨身」中「現其色像」！

同樣的道理，菩薩們依這樣的現觀，親承諸佛而看見諸佛菩薩在爲大眾說法時，也是一樣在諸佛菩薩各自的「淨琉璃」般的如來藏身中「現其色像」。

那麼這樣看來，「法華經」如來藏「清淨身」，到底是有色還是無色？（有人回答：⋯⋯）啊！聰明！非有色非無色。因爲如果如來藏是有色之法，一切色有生必壞，那麼「法華經」如來藏「清淨身」就應當會壞。如果如來藏是「非有色」之法，那如來藏就不應該有能力變現你這個五陰，特別是你這個色蘊——色陰十一個法。所以「法華經」如來藏「清淨身」，顯然是具有能生色法的功能，所以有時我說這個色陰就叫作如來藏色。「法華經」如來藏「清淨身」如果沒有色法的功能，憑什麼出生你這個色身？又憑什麼出生你的內相分六塵等色法？

所以「法華經」如來藏「清淨身」本身無色，但是祂有一種特性是其餘七識心之所無，就是祂有「大種性自性」。宇宙中的地水火風，是由「法華經」「清淨身」所變現的，這個如來藏「清淨身」能夠變現宇宙中的地水火風，祂就能夠變現你這個色身。既然能夠變現你這個色身出來，你這個色身總不能夠在虛空中生活吧？所以祂就同時變現人間這個器世間出來。因此，

「法華經」如來藏這個第八識心，迴小向大的阿羅漢們寫論的時候，就把祂稱爲「色識」，說祂是有色法功能的識，不像前面七個識都是無色法功能之識；在大乘法諸論中當然更如此說，大乘經中就說祂有色法功能，特別是《楞伽經》中更明說祂有「大種性自性」。那麼因此說如來藏非色非非色，而能生一切有情的色、心；有情的七識心與色身莫非是各自的如來藏「清淨身」所生，出生了以後，色陰十一個法，以及名——受、想、行、識，就同時都在如來藏清淨身中生存，一切的生老病死也都在如來藏清淨身中顯現。

總而言之，這一段經文說的是：如果「善男子、善女人」，也就是證悟而不退轉的人們受持了「此經」，不論是讀、誦、解說、書寫，都能具備這八百的「清淨身」功德。當然都證得了「法華經」如來藏「清淨身」，所見的如來藏清淨身猶如清淨的琉璃，非常的珍貴！所以這顆如來藏寶珠，有一個譬喻說，就好像轉輪聖王頭頂的寶珠不隨便給人家觀看，所以如果有人找我說：「蕭老師！拜託你把如來藏給我見一見吧！」我說：「不！因爲祂太尊貴了，太寶貴了，不隨便給人家看。」「那你什麼時候給人看？」我說：「當某一個人成爲我家裡的人，我就給他看。」所以 世尊說一切有情和一切世間，莫非都在「法華經」如來藏「清淨身」中示現出來，但 世尊卻不明講，而以隱說的方式說明祂的功德。

那麼這一段經文這樣看起來，所謂的「善男子、善女人」還眞的不容易當得上；因爲這樣的善人都是可以看得到自己的清淨身「如淨琉璃」，所以可以看得見一切有情都在各自的如來藏「清淨身」中「現其色像」。雖然如此，畢竟也只有身根八百功德，因爲這是從如來藏清淨身的自身來看的。如果眞懂這一段經文，禪宗公案你就通了。如果說他開悟了，懂禪宗公案了，結果他所謂的悟、所謂的懂，用這段經文竟然不能印證，那就表示他眞的不懂禪宗公案。可是即使眞的全懂了，最多也只有八百功德。這就是說，「法華經」如來藏「清淨身」的功德，很明顯、很容易實證，但是功德其實較少，因此還得要繼續進修，否則就只是一點點功德，還談不上具足八百功德。

這個道理演說完了以後，世尊想要重新宣示其中的妙義，所以用偈頌重新說了一遍：「若持《法花》者，其身甚清淨；如彼淨琉璃，衆生皆喜見。」在證得這個「八百身功德」之前，讀這一段經文的時候，總是覺得這「法華經」太勝妙了，也太玄了，無法想像，這其實是因爲他不自大。如果是自大的人，他會開口就說：「哎！這些都是神話啦！只不過是勸善之言，不能當眞啦！這些都只是譬喻而已，無非是鼓勵大家清淨身心，好好修行而已。」

但其實不然，等到有一天親自獲得這「八百身功德」了，也已經悟後進修而有了道種智時，重新再來讀過就會發覺說：「原來這部《法華經》就是如來藏嘛！」然後再以如來藏來讀《法華經》，就開始通一分、二分、三分。這時再來看待受持《妙法蓮華經》的人，了知他們的如來藏「清淨身」確實非常、非常清淨，猶如天上的清淨琉璃一樣，一切眾生都很喜歡看見祂。可是還沒有證悟的人，聽到這位菩薩這麼說了，心中就開始懷疑：「一切眾生都喜歡看見這個如來藏清淨身，我也是一切眾生之一啊！但我爲什麼不知道我也喜歡看見這個『法華經』如來藏『清淨身』？」

他這麼想其實也沒有過失，因爲他是凡夫。可是如果證得這部「法華經」如來藏「清淨身」的菩薩也這麼講，那我每一次看見他，都要用亂棍把他打出門去；他來十趟，我就打他十次，因爲他是實證如來藏「清淨身」的菩薩，怎麼可以說他不喜見呢？可是這道理何在？卻是不可言詮。只有等你親證了，你自己就懂了，我也不必說明，你也不用多事再來問我。

就稍微透露一點消息吧！我就這麼說：假使有人一早醒來發現他的如來藏「清淨身」有一小分不見了，他就會很緊張，馬上就趕去醫院了。那你看他喜不喜見「法華經」如來藏「清淨身」？才只有一點點不見了，他就會很緊張了，所以他眞的很喜見！明天如果有誰拿到我的金剛寶印以後，竟然還來問我這個問題，那他的腦袋要小心了，一定會挨我的棍子。所以我說《法華經》不是神話，這也不玄，都因爲沒有證得「法華經」「清淨身」，所以覺得很玄；或是因爲不信受，又無法想像，所以毀謗這部經典說的是神話。

可是在菩薩自身來看，這是現前分明可以證實的事，當然不是神話，一點也不玄！因此就覺得稀鬆平常，但是卻會認爲這部經典說得太勝妙了，也只有 佛陀可以這麼說。好在我是菩薩，我可以聽懂，忝爲 佛陀座下的知音之一，心大快焉！那如果是不迴心的阿羅漢、緣覺，就只好拉長了耳朵，甚至於靠到佛陀的嘴邊去聽，也還是聽不到一言半句；世尊爲他講得再大聲，他們也是聽不見。所以這「法華經」如來藏「清淨身」，確實是「眾生皆喜見」，世尊說這句話，一點都不含糊。

世尊又接著說：「又如淨明鏡，悉見諸色像；菩薩於淨身，皆見世所有；

唯獨自明了，餘人所不見。」你在禪三圓滿時拿到我給的金剛寶印，可以來自我印證，看 世尊這六句開示有沒有騙人？真的是誠實語啊！真是不誑語，而且是不二語，你都不能去改動它。這如來藏「清淨身」不但像是欲界天中的那個清淨琉璃，像色界天中的清淨琉璃，而且祂也像人間擦拭乾淨的明鏡一般，一切色像都能顯現出來。

假使有一面鏡子非常之髒，完全不能反光，那它就沒有明鏡的功能了，你當然無法從它上面看到種種色像；可是如果一面明鏡擦得非常清潔，纖塵不染，一切光明自然都能夠照耀回來，那你就可以從這面明鏡看見它所映照的一切色像。眾生的如來藏就像是明鏡，當一個人造作善業應該生欲界天，他的「法華經」如來藏「清淨身」就會像明鏡一樣，來世為他顯現出欲界天身，他下輩子的欲界天身正是由他自己的明鏡顯現出來的。假使有人生在色界天中以後，壽命即將終了時，因為跟人間的善知識感應了，所以他下生到人間來。這是因為他想要學法，所以死時他的「法華經」如來藏就變現出人類的中陰身，使他來到人間投胎，於是就為他顯現出這一世的人身。

假使有人不信正法，毀謗正法，施設種種方便破壞正法，或者種種方便無根毀謗勝義菩薩僧，而他的惡業也造作成功了，於是他下一輩子應該生到阿鼻地獄去，那麼他捨報的時候，他的「法華經」如來藏「清淨身」，也會為他顯現阿鼻地獄的色身；這時可就更快速了，在這一邊五陰身中捨報一分，他在阿鼻地獄的色身就同時出現一分；這邊捨報了十分，他阿鼻地獄的色身就具足成就了，不必經過中陰身的階段。那他來世的地獄身依舊是他的如來藏「清淨身」所示現的，仍然是「皆於身中現其色像」，依舊是在自己的如來藏身中顯現他的色身像貌。這就顯示出每一個有情的如來藏，都如同清淨的明鏡一樣，永遠會如實地顯現，不可能有顯現不出來的時候。

那麼菩薩們對於這個「清淨身」，不論所見的「清淨身」是什麼樣的有情的「清淨身」，上至有頂天，下至阿鼻地獄一切有情的「清淨身」，凡所看見的都是在世間裡所有的，而且遍觀一切世間都有這樣的如來藏「清淨身」，沒有一處世間不存在這樣的「清淨身」。可是不要把這一句話誤會了說：「喔！這個如來藏清淨身，下從地獄、上至有頂，全都存在。喔！那麼就是遍滿虛空大自在了！」那可就錯了！因為只要是世間，就會有有情生存，沒有有情生存的地方就不叫作世間。譬如虛空，你不能叫它是世間；人間可以說是世間，畜生、餓鬼、地獄，欲界天、色界天、無色界天、淨土世間，你都可以說它們是世間，但不能把虛空說是世間。既然是世間有情眾生所居住之處，就一定會有有情存在；既然有有情存在，就會看見這個「法華經」如來藏「**清淨身**」了！同時就會看見有情眾生的器世間，所以菩薩在這個「法華經」「**清淨身**」中，不論哪一位證悟的菩薩，都同樣可以看見世間的一切所有。

這一小段經文中的最後兩句說：「**唯獨自明了，餘人所不見。**」佛爲什麼要特地講這兩句話？是在崇顯佛菩提道的勝妙。聲聞菩提、緣覺菩提並不勝妙，因爲即使是聲聞菩提、緣覺菩提，依舊是從這「法華經」如來藏「**清淨身**」中示現出來的；換句話說，二乘菩提仍然是在佛菩提的範圍之中，所以是被佛菩提道所函蓋的，因此佛菩提才是最勝妙的。可是這個佛菩提，並不是每一個修學佛法的人都能實證，更不是外道與佛門凡夫們所能實證，因爲連二乘聖人都看不見這個「**清淨身**」如來藏；所以菩薩在人間或讀、或誦、或解說、或書寫「**此經**」「**清淨身**」的時候，他會發覺唯有自己一個人單獨看見了，別人都不瞭解。

這二句聖教，讓我回想起來，當年我剛剛出來弘法的時候，就是這個樣子。因爲我出來弘法之前，世間本來是還有一個人有看見這個「清淨身」，但他（編案：指廣欽老和尚）已經走人了。他走了以後，我自己參禪破參了，然後我才看見「法華經」如來藏「清淨身」；當我親眼看見的時候，這個人間已沒有第二個人看見，眞的如 佛所說「唯獨自明了，餘人所不見」！所以那時我眞的要叫作寡人，因爲沒有一個人可以對談！後來想一想說：「哎！這個法不應該讓我得了、在人間出現了，然後又跟著我走進墳墓裡去吧！」我想：「我應該把它傳下去，有人得了這個法可以弘傳了，我就可以歸隱山林了。」然後就開始傳這個法。

可是一開始，我想一想，其實也沒辦法直接明傳，所以心想：「先上課演說吧！在上課中先講一講，讓大家有些正知見了，然後再讓他們來求證，這樣比較容易吧！」所以就應邀開始爲少眾上課。上了三個月、五個月以後，就把他們弄出來，結果大部分人的法身慧命就死掉了！因爲他們住胎才一個月、兩個月而已（導師說著不覺笑了起來…），我把他們生出來卻活不了。所以後來改爲半年上課，然後爲他們引導而生出來，結果是十個死掉了九個；所以我又更改，改爲上課一年半、兩年半；改爲兩年半以後辦禪三時，把他們每一個全都引導出生了，結果也要死掉一大半。後來想一想，這樣子不行，因此在兩年半以後打禪三時，得要看誰長得身根具足了，才加以引導而讓他生出來；這樣子就不用保溫箱，他們也不會早夭，因此就安全了。像現在這個樣子，生了十個，就有十個活生生的，都不會死了法身慧命。

所以現在我就有知音了，由於知音多了，今天我才可以如實宣講「法華經」，不必用依文解義的方式來講，否則眞的會有許多人反彈的。如果在早期大家都還沒有悟入，我像今天這樣演講《法華經》，能講給誰聽？大家縱使願意來聽，也聽不懂。如果我講《法華經》時，我自己知道其實講得好，可是大家都沒有反應，個個木訥漠然，那我講起來還有意思嗎？那一定會越講越粗淺，就不會勝妙深廣了，最後就只好草草結束。

所以現在我開講《法華》正符合時節，因爲我現在的知音多了；如果是早期，「唯獨自明了，餘人所不見」，那我所講的大家都聽不懂；聽不懂的時候就會有後遺症，有一些人就會開始想：「嗯！這蕭老師講得天花亂墜，眞會編故事。」不免這樣子毀謗，那我就害人造口業了。可是別人造了口業不打緊，我得要分擔那個業；因爲別人造的口業是因我而起，那我得要一世又一世想方設法去幫他們消除這個惡業，豈不辛苦萬般？所以《法華經》還眞不能早講。

世尊爲什麼留到最後才演講《法華》，也正是因爲這個道理。所以這經中說的絕對不是神話，也不是故弄玄虛；其實已經講白了，可是沒有深悟的人讀不懂。所以我現在的希望是，未來世我繼續在人間投胎出生，然後也學佛了，是一開始就有好多知音；可不要未來世只剩下一位同修還在弘揚如來藏正法，其餘的人都走光了，都去極樂世界了，只剩下他一個人，那時換他來說：「**唯獨自明了，餘人所不見。**」那我要來幫他住持正法時，可就會很辛苦了。所以我們度人還眞的需要各個年齡層都要有，如果年輕人也可以實證，那麼他住持正法的時間就會很長久，就像四祖道信度了五祖弘忍，是一樣的道理。

四祖在人間行道的時候，遇見了一個栽松道人，他專門在種植松樹，私下裡也努力修道；後來他聽到四祖道信的名氣，找過來說他也要學這個法，因爲他有修神通，覺得自己很行，認爲自己得這個法沒問題。沒想到四祖道信告訴他說：「**你都七十歲了，我度你得了這個法，我都還沒走人，你倒比**

我先走了，那我度了你，又是何苦來哉！你不如重新再來吧，那時候我再度你。」他想想：「也有道理啊！大師說的沒錯。」所以他就告辭說：「好，我重新再來。」

走著走著，看見路邊一個女孩在河邊洗衣服，就請問那位女孩說：「我可不可以在妳家借住一宿？」這女孩子想：「可以啊！只有一個晚上，又是個老人家。」她就「大主大意」（閩南語）承諾了，因爲心想：「這是個老人家，不會幹惡事嘛！沒問題啦！」一起回到她家裡，那個晚上老人就死了，還得爲他辦後事，沒想到那個女孩肚子卻一天一天大了起來，原來那老人借宿一晚是要借她的肚子一個晚上，那一個晚上卻是十個月；然後出生了，未婚生子，家人不要她們母子，因爲這不曉得是哪來的私生子，不想要養他。

你看他害得媽媽多慘！然後七歲的時候他在路上走著，晃來晃去又遇見了四祖道信，四祖一看就說：「欸！這孩子可度！」然後問他：「你姓什麼？」「沒有姓。」「哪有人沒有姓？」「有啊！是佛姓。」說他姓佛。然後就問他說：「那你的家在哪裡？」就一起去尋找。反正是人家本來就不要的孩子，所以四祖道信勸他母親讓孩子出家，送給他作徒弟。母親想：「大師要收他作徒弟，求之不得。」趕快就送了。所以五祖弘忍不到二十歲就開悟了，然後四祖還留了個牛頭山的法融，要他度法融的後代。

牛頭法融悟不得，他死了把牛頭山傳給第二代，第二代死了又傳給第三代，一直到第四代法持禪師，才找到五祖這裡來，你看那是多久的時光？但四祖臨走前告訴五祖說：「將來牛頭山有人來到你這裡得法，那要算我的徒弟，不算你的。」（大眾笑，師被引笑⋯）五祖也只能答應，對不對？師父都交代了！所以那法持禪師來到五祖座下開悟了，實際上五祖才是他的眞正師父，但在法脈上，他的師父卻是四祖道信，因爲這是四祖生前所吩咐的。那你看五祖弘忍住世多久？

四祖去度牛頭法融，沒度成功，他的知見與福德都不夠，誤會了；然後死了傳下第一代、第二代、第三代，到第四代法持才來到東山找上五祖；這樣前後四代人，減掉第一代就是三代人，那你想五祖弘忍住世多久？喔？所以我們也須要度一些年輕人證悟。我們希望這樣子，免得將來老人們走了以後會有斷層。我希望的是：我未來世再來的時候，正覺同修會比現在更光大，名震佛門，不是名震武林！這樣正法的未來就有希望。那麼我們幾位 LKK 下一世再來的時候，就不必擔心要重新再摸索，只要有人指點，兩三下也就證悟了，這樣最容易！正法的弘傳就會更順利。

所以 世尊說的這兩句話，對末法時代無師自悟的菩薩心境而言，是很心酸的：「唯獨自明了，餘人所不見。」一般人都只知道從他的尊貴來說：「你看！大家都不行，就只有他，眞行！」可是當你站在他剛開始弘法的立場來看：「大家都不知道，只有我一個人知道，我要住持正法是多麼辛苦啊！」因爲這已經不止像 布袋和尚說的「青目睹人少」，而是「青目無人睹」；你這種關愛眾生的眼神，卻往往看不到一個知音，那眞的是心酸啊！所以，在心酸的背景下就想著：咱們 如來的門庭要把它發揚光大，菩薩種族一定要興盛繁衍，不能讓外道與邪魔猖獗。於是一個又一個，努力生啊！都不怕辛苦。這就是住在這兩句話心境下的菩薩的感受，以及他發願的動力所在。

接下來說：「三千世界中，一切諸群萌，天人阿修羅、地獄鬼畜生，如是諸色像，皆於身中現。」別人看不見，只有這位菩薩看見了；那麼他所看見的是整個三千大千世界之中，一切有情之類；凡是會出生的有情，就叫作群萌。萌就是出生，所以說是萌生。凡是會出生的一切有情，不論是天、人、阿修羅、鬼、畜生，全都叫作群萌。有沒有哪一個有情是無生的？你找不到。所有的有情都有生，只有一種有情是無生的，叫作佛菩提種姓證悟底菩薩。也許有人聽了就不服氣：「那這樣，蕭老師你不會死嗎？」我說：「對啊！不會死啊！」「那你越來越老，你怎麼說不會死？」我說：「我將來死了，也還是沒死啊！」「那你沒有出生嗎？」我說：「沒有生啊！」「那你沒有出生，怎麼會有你這一世的出生？」我就說：「對啊！生即是不生之性。」所以這個眞理實相，只有菩薩種族才會知道的。我說：即是群萌，同時亦非群萌。是說，一切有情既是有生，同時亦無生！那麼其他的有情不知道這個道理，菩薩卻看見三千大千世界一切有生之類，不論是天、是人、是阿修羅或鬼、畜生，或者地獄眾生，一切有情的色像不論長成什麼模樣，都是在自己的「法華經」如來藏「清淨身」中顯現出來的。

世尊這六句重頌是在告訴我們什麼？是告訴我們說：你證得如來藏以後，可以觀察一切的有情，無一不從如來藏清淨身中而出生，沒有一個有情能夠外於如來藏清淨身而出生。在這個三千大千世界中如是，去到別的三千大千世界中亦復如是。所以在這裡證悟以後往生到極樂世界去，看見那邊的一切有情，不論是凡聖同居土中的凡夫或者初地菩薩，或者方便有餘土裡面的所有聲聞人，或者看見實報莊嚴土中的一切菩薩們，乃至看見 阿彌陀佛，都一樣在各自的如來藏清淨身中「現其色像」。

也許當時心中不信，心想「**那我往東方去看**」，於是明天早上藉 阿彌陀佛的威神之力，經過娑婆世界不停留，再往東方過去，到達了琉璃世界，看看那裡的一切有情、菩薩們以及 藥師佛，才一看就說：「**還是這個『法華經』如來藏『清淨身』啊！**」所以呢，沒智慧的人才會懷疑《法華經》。「**我在正覺同修會悟的這個如來藏，到底對或不對？**」有智慧的人經由實證、現觀，然後再從聖教裡面去印證、思惟，就會發覺十方一切世界的任何有情，無一不在如來藏「**清淨身**」中「**現其色像**」。

那麼如果能夠這樣去觀察，由這個地球上一切有情的現量觀察，推而及於十方世界一切有情來作比量觀察，怎麼可能再懷疑自己所證的「法華經」「**清淨身**」阿賴耶識不是眞實心呢？所以愚癡的人才會退轉。甚至於有的人愚癡到無以復加，例如我們當年還在中山北路六段地下室的時候，第一任理事長郭超星老師往生了，他死後生去極樂世界中，還特地回來托夢找他班上的學生，一個又一個去告訴他們——總共有六、七個學生，一一去托夢說：「我在極樂世界過得很好，你們不用擔心！我在這裡學的法，跟生前在蕭老師那裡學的法是一樣的，我已經得無生法忍，要往八地前進了。」這樣對六、七個同修一一去托夢，可是那些人最後還是退轉了。那我就說：「這些人本來就該退轉。」因爲郭老師這樣子一一去托夢，都已經說明清楚了，他們都還會退轉，那你說他們不退轉，要幹嘛？（大眾笑⋯⋯）對不對？是啊！這表示他們的基本智慧還不夠。

那麼 世尊這六句聖教也就告訴我們：你證得的這個第八識心「法華經」「清淨身」，祂既然是這樣的清淨性，你已經現前看見祂的清淨性「如淨琉璃」，而且也現前看見自己是在這個「清淨身」中「現其色像」，也親眼看見別的有情同樣是在這個「清淨身」中「現其色像」。然後轉個頭，再看看畜生道：狗啊、鳥啊、魚啊，甚至於泥巴挖開看見了蚯蚓，也是在這個「清淨身」中「現其色像」。那麼你就從這裡再用聖教量來一一印證看看：有沒有矛盾？結果都沒有啊！

在這個世界的現量和聖教量上，我們已經一一印證過後，可以再用比量來印證十方世界「一切諸群萌」，難道還能夠外於這個「法華經」「清淨身」而「**現其色像**」嗎？根本不可能外於這個「**清淨身**」而出生他們的五陰！那麼這樣子，瞭解了這六句要告訴我們的眞實義，就可以使自己不退轉於這個如來藏心的現量，就可以成爲眞正的位不退菩薩，就可以大步邁開你的腳步，往佛地快速地進發了。

接著說：「**諸天等宮殿，乃至於有頂，鐵圍及彌樓、摩訶彌樓山，諸大海水等，皆於身中現。**」諸天的宮殿就是諸天的交通工具，他們每一個人都有自己的宮殿，當他想去哪裡，宮殿飛過去就到了。這些宮殿跟他們是連在一起的，我們在人間，房子沒有辦法跟我們連在一起，可是天眾們是與宮殿連在一起的。這意味著什麼？意味他們所有的宮殿，也是在他們的如來藏「**清淨身**」中「**現其色像**」；只是他們顯現得比較親切，大家較容易瞭解。如果是在人間，你買了一個房子，當你離開了你住的房子，現在來到正覺講堂，那個房子會消失嗎？不會嘛！那個房子別人能搶奪嗎？不能！因爲那是你的福報。你把福報實現，它就是你的福報，別人不能搶走。

那如果福報不夠而生在惡王之世，這惡王隨時把你的房子搶了，就不是你的，它跟你就沒關係了，這表示什麼？是福報不夠，活該給惡王搶！否則何必生在惡王的世代？所以不要怨天尤人。怨天尤人瞋恨自己過一世，以及聽天由命接受因果，心中沒有負擔過一世；同樣是過一世，你要選哪一種來過？因為你沒有辦法對付惡王呀！再怎麼氣、怎麼罵，他還是惡王，依舊繼續那樣猖狂，而你的房子也拿不回來！那何不就自我釋懷，日子還好過一些，就認定說：「那房子已經跟我無關，我的如來藏也不持受它了，這樣就好了！」

那個時候該怎麼想？要想說：「我下一輩子不會生在惡王之世，那我現在就安分守己過生活，隨力幫助他人，修集福德，我未來世的福報實現時，誰也搶不走。」於是下一世的房子就在等著你了，只看你的因緣會什麼時候去實現它了。這不等於說你所有的外現之物，也在你的如來藏「清淨身」中顯現嗎？因為這一切的善業種，全都在你的「清淨身」中收存著；將來實現的時候，也是從你這個「清淨身」實現出來，不單單是這個五陰由「清淨身」顯現出來而已。

所以「諸天等宮殿，乃至於有頂」，往下看到人間再來說須彌山、大須彌山，鐵圍山、大鐵圍山，七大海水等，莫非是在有情的如來藏「清淨身」中顯現！那麼你如果把它縮小到一個自性「小世界」來說，你也有一個須彌山啊！那住在須彌山頂宮殿的是你的意識、你的意根。你自己也有四大部洲，手腳具足；諸大海水呢？就叫作識海波濤洶湧，也就是諸識種子連續不斷如大海波，這就是七個識的種子，而跟無明共俱，這不就是大海水嗎？都在你的如來藏「清淨身」中顯現啊！可是你的如來藏顯現了這個五陰的你，而如來藏祂依舊是「如淨琉璃」，所以你證得祂以後，就是「得清淨身」。

那麼這樣看來，《法華經》這一段經文並不難理解啊！可是這個不難理解是針對諸位而言，如果我去外面開了講座，滿心歡喜、信心滿滿、滿腔熱誠要把勝妙法送給大家，可能我如實演講了以後，大家聽到瞠目結舌，不知道我在講什麼。只是不好意思罵我，因爲聽說這蕭平實是有證量的人，是很誠懇的人，不說誑語的人，所以不能罵。如果不是這樣的認知，早就罵開了。所以這個法，我也就只能對諸位演說，若是到外面去，我要說向誰人？知音有幾人？眞是難得啊！所以說從諸天乃至有頂，或者人間下至阿鼻地獄，莫不如是，都是諸大海水波濤洶湧，七識種子無量無邊而與無明共俱，然後本來還好，業風一吹，無明助陣，於是大海水波濤洶湧，那就繼續輪轉生死，永無了期，這就是眾生的身心世界同樣「**皆於身中現**」。

接下來不談六道法界，談四聖法界說：「**諸佛及聲聞，佛子菩薩等，若獨若在眾，說法悉皆現。**」諸位至少要是其中的一種，如果還在門外，你至少要找到那個門。來到同修會中，就是找到四聖之門了，只是你該怎麼樣闖進去而已。闖進來了，你就是其中之一，叫作「**佛子菩薩**」。

諸佛以及聲聞、佛子菩薩們，在為大眾說法的時候，不論他是一個人在為自己讀誦、書寫，或者很多人同在而為大眾解說，其實「**清淨身**」一直都在。所以即使一個人單獨存在，這「**清淨身**」「法華經」也都在說法喔！不要以為一定要坐上法座來，鼓起不爛之舌不斷地宣說，才叫作說法；其實一切賢聖「**若獨若在眾**」，全都在說法，所以禪宗門下有一句話說：「**有情說法，無情說法，相去幾何？**」說有情說法跟無情說法，相差有多遠？這聽起來有一點玄，對不對？

真的是玄了！然而禪師講這一句話不懷好意，今天我就把它註破。「**如何是有情說法？**」「**喫茶去！**」「**如何是有情說法？**」「**禮佛去！**」有人來問老趙州：「如何是佛？」趙州說：「曾到此間也未？」「不曾來過。」「喫茶去！」又有人來問老趙州：「如何是佛？」趙州又問：「曾到也未？」「來過！」「喫茶去！」那院主看了覺得奇怪：來過也喫茶去，沒有來過也喫茶去，到底怎麼回事？他就上來問這個道理，老趙州就叫喚：「院主！」「有！」「喫茶去！」（有人笑…）這叫作有情說法。

如何是無情說法？譬如說有人來問我，他問我說：「如何是佛？」我說：「朗州山值得一遊。」那他如果不是上上根器，就得好好買了機票、搭了車船，去朗州德山好好遊一遊，這就是無情說法。如果回來了還不會，又來問，我就說：「嗯！灃州水，夏天蠻好玩的，有空去玩一玩！」這下只好等啊、等啊，等到夏天來到，去那邊下了水，游了一轉，回來就該悟了！這便是無情說法。就是由朗州山、灃州水幫他開悟啊！然而有情說法、無情說法，相去幾何？我就告訴諸位：「不隔絲毫。」所以你們看，禪師心腸不好，很會杜撰，弄了個無情說法給你，然後告訴你說：「會不得無情說法，就是一隻野狐。」你看禪師家嘴巴毒不毒、心腸毒不毒？但這其實是大慈悲，免得多少人大妄語業啊！

所以你說有哪一個有情不在說法？都在說法啊！有人說：「我學禪這麼久了，老是悟不了，請師父您指導、指導吧！」如果那一天剛好我心情不錯，我就告訴他：「你欠一位善知識。」那他一定要問：「那我要拜誰作善知識啊？」我聽說他家裡有養貓，就告訴他：「你家那一隻小、小、小的老虎，叫起來像貓，」（大眾笑…）「牠就是你的善知識！你每天好好奉侍牠，牠每天為你說法，你一定可以悟。」你若像他一樣，就說：「奇怪了！那貓什麼時候會說法了？」我說：「會啊！而且說得很勝妙。」

所以你們看喔！連貓都會說法，而且說的還是了義法，何況是「諸佛及聲聞，佛子菩薩等」？所以你不要說這經文亂講，沒有亂講啦！都是誠實語！不論是獨處或者在眾，都是在為大眾說法。可是諸佛或者聲聞，或者佛子或者菩薩等；「佛子」就是說已經入地了，菩薩等就是還在三賢位中而證悟了；不管是獨處，或者是在眾，都是在說法。那麼說法的時候，全部都是在「清淨身」中「現其色像」。

有時禪師故弄玄虛，為了顯示正法的勝妙，為了勸那一些野狐大師們滅除大妄語業，就故意說：「假使你真懂佛法，那麼一切大師同時演說了義法的時候，每一位大師說的法，你都聽得清清楚楚，這樣你才能叫作眞的開悟。」諸位想一想有沒有可能？如果你從世間法看，當然不可能，對不對？假使有一百位大師同時說法，而他們說的法你同時聽得清清楚楚，是不是會精神錯亂？那可不只是七嘴八舌，而是百嘴百舌，你又怎麼聽呢？可是這位禪師說：「你得要這一百位大師說的全都聽得清清楚楚，而且都是了義法，沒有世間法，那你才能叫作眞的證悟。」這位禪師是誰？叫作蕭平實。（大眾笑…）欸！佛法就是這樣子！如果這一百位大師演說了義法，而你沒有辦法同時都聽清楚，那你就是悟錯了。你看佛法厲害不厲害？欸！就這麼一悟，全部都聽得清楚；而且全都是了義法，不會聽到他們講的世間法。

好啊！這個現代公案，將來整理在書中流通出去，那一些外道們看了該怎麼辦？因爲他們也在探究佛門的開悟到底是什麼。現在只要聽說佛教的開悟，就是指正覺；好！他們將來讀到這一段開示的時候，該怎麼辦、能怎麼辦？那一些外道有很多人自稱開悟佛法了，他們也敢公開說明佛教悟了什麼東西，說他們都已經知道了！例如附佛外道密宗四大教派好了，那些所有的法王、上師、喇嘛們，將來讀了我說的這一段內容，能怎麼辦？還能如實理解我說的道理嗎？都只能口掛壁上，嘴似扁擔，再也說不得了。所以千萬別說諸佛、聲聞、佛子、菩薩一個人獨處的時候不說法，其實都在說法。

一般人初學大乘法，稍微懂一些，讀到 世尊這四句頌的時候往往想：「**你蕭老師不是說聲聞沒有證得如來藏嗎？那他們為什麼『若獨若在眾』的時候，竟然也會說了義法？竟然他們的『清淨身』也會顯現出來？這沒道理吧？**」可是我說有道理！因為聲聞聖者在演說不了義法的時候，他們同時也在演說了義法呀！只是他們自己不會聽而已。可是佛子、菩薩們都會聽聞啊！他們儘管說他們的非了義法，說他們的出世間法，菩薩卻從他們的出世間法裡面聽到其中的世出世間法，聽出其中的第一義諦。

所以當這一些聲聞聖者為人演說聲聞菩提、演說緣覺菩提，或者他們獨自一人不說法時，菩薩看他們也在說法。因此說，不管是在獨、在眾，「**說法悉皆現**」，全都在他們的「**清淨身**」中顯現了他們各自的色像！這樣看來，大乘佛法是否勝妙，也就不言而喻了！所以諸位要作的就是趕快想辦法—既然找到那個門了—就是趕快想辦法把它扭開，一腳踏進去就解決了。好！今天講到這裡。

事情越來越多，沒想到出門的時候又停電了，電力公司也不通知就停電，然後就被鎖在社區裡面出不了門，因爲車子開不出去了；社區的鐵捲門沒有電可以上去，只好又回家拿了梯子爬上去把鐵鏈放下來；拉啊、拉啊，拉好鐵捲門可以開車出來時已經一身汗了。

今天有件事情還是跟大家公布一下，我們進行了很多年了，就是講堂不夠用，得要再買第五、第六講堂。我們其實進行了很多年，到今天算是告一個段落；我們已經買了地下室三戶，很合理的價格，但是過程很曲折、很辛苦，今天下午才算點交完成。因爲對方的身分很特殊，從兩、三年前我們就從不同的管道開始在進行，其中辛苦不足以爲大家道；因爲我們希望用合理的價格，不能夠用天價去買；可是因爲我們人丁漸漸興旺，人家看在眼裡，眼睛都睜得大大的，每一戶開價都是七千萬元以上；我說那是天價，沒辦法買。

所以我們退而求其次，從地下室去下手，那麼價格算是合理，不是天價；今天下午才點交，後續有很多工作還要再作。這三戶總共是五百坪，我想我們大概可以撐個七、八年時光沒問題。這事情就跟大家作個宣布，所以你們以後若是看到有師兄弟們在那邊進進出出，就不必覺得奇怪；因為我們要開始清理，然後規劃、整修，作好了以後就把其中一戶作為各組的辦公使用，其中兩戶就裝修為第五講堂、第六講堂。這兩個講堂將來可能會開放給會外的聽經者，他們不想拿出身分證件來換聽經證，這些佛弟子也可以來聽，因為這兩個講堂並非從正門進入，而是可以從側面的樓梯隨意進出，不必受到大樓管理處的規範。

原則上會作為開放式的兩個講堂，讓他們週二可以自由進來聽經。這是目前的規劃，詳細情形還要等建築師再申請雜項執照、施工執照、使用執照等，才能動工開始裝潢。辦公室那一戶，各組幹部們要自己去看看，需要什麼樣的空間、什麼樣的設備，然後由建築師申請……等。那麼想要使用已是明年夏天以後的事了！不過我們買下這三戶，算是有進展，以後我們不必再處處看別人臉色；因為現在一戶要七千多萬元，我買不下手。現在暫時不必再看別人臉色了，我認為可以撐個七、八年，至少也可以有六、七年的時間，所以應該是沒問題了。

回到《妙法蓮華經》一百六十八頁的重頌，我們上一週剩下最後一行還沒有講，今天要講這最後一行：「**雖未得無漏，法性之妙身，以清淨常體，一切於中現。**」《法華經》之所以難信、難受、難以奉行，就是因為它的義理太深，對於凡夫位的佛弟子及一切大師而言，眞的很難理解。所以說這部經典，信的人就有很大的福報，還不必說是受持、奉行，或者讀與誦、為人解說，因為信就不容易了，能信是表示他在佛菩提道上已經薄有福德了。如果能夠聽到了義之說，而不是依文解義的《法華經》，那福德就更大，否則聽不到的。如果聽了以後對其中的了義法能如實領受、信解、奉行，那就是進入位不退的菩薩了。

所以這部《法華經》，連信受都很難；那麼能夠讀、誦或者奉行，更難！因為這不是一般的經典。也許有人覺得說：「**這一段經文你這樣講，也許只是你蕭老師自己的見解。**」但是 佛說法的時候總是處處埋藏著一些蛛絲馬跡，讓未來的佛弟子演述時可以拿出來作證明，用來證明這位善知識所說內容的確不是虛構。這四句也是如此，就埋藏著一個證據，可以用來證明前面我所說的「**得清淨身如淨琉璃，眾生喜見，其身淨故**」正眞。這四句頌就得要解釋出來，證明我說的沒有錯。

我們就來看這四句頌，先依文解義說：「雖然還沒有得到盡除三界愛習氣種子的清淨無漏身，但是這個八地以上才能得到的法性之妙身，這位菩薩雖未能得，卻以清淨而常住之體來開示大眾說：一切三千大千世界的眾生，生時死時，上下好醜，生善處惡處，乃至鐵圍山、大鐵圍山、須彌山、大須彌山的其中眾生，下至阿鼻地獄，上至有頂天等六類凡夫，乃至四種聖者，由於『清淨常體』如來藏的緣故，一切都在如來藏這個『清淨身』中顯現。」

為什麼我要先依文解義這麼說明？因為在這四句偈裡面告訴我們：「菩薩雖然還沒有得到八地盡除三界愛習氣種子的法性妙身，但是以他現觀眞如心第八識這個金剛心的清淨常住之體，就可以從這裡面來看見三界一切有情、山河大地，乃至三界世間，全部都在這個清淨常體之中顯現出來。」這裡面所說的是「清淨常體」。如果要像凡夫大師依文解義說：「所看見的三千大千世界中眾生，生時死時等等，都是在這位菩薩的清淨色身中顯現。」講到這裡可就不通了！因為不管是哪一位大菩薩，不論他是欲界身或色界身，都不能夠說是「清淨常體」，因為都是無常。

那麼這裡講說的「清淨常體」，既是清淨的，就表示祂完全符合實相般若說的「不生不滅、不垢不淨」等等，那才能叫作眞正的清淨。「常」當然不可能是指菩薩摩訶薩的五蘊身，因爲五蘊不管壽命多長，終究會壞！所以這一首偈中說的「清淨常體」是「常」而有「體」，不是無常之法，也不是想像施設之法。無常之法則是無體，而祂是「清淨常體」，表示這一個「清淨常體」是能具足顯示三界一切諸法，包括三界一切有情三世之中的世間、出世間法，全部在祂裡面顯現。所以「常體」顯然不是指講述《妙法蓮華經》的菩薩摩訶薩的五蘊身。因此說，由這個「清淨常體」就能證明，我說的這**個清淨身就是第八識如來藏**。

那麼諸位可以再觀察一下，因爲你找到如來藏了，當然一定可以這樣觀察：一切世間如果不是因爲有情，就不可能存在。欲界世間，如果這一些欲界天和欲界有情，譬如人間和三惡道的眾生若是不存在了，那麼欲界世間就不存在了。正因爲有這一些未離欲的有情存在，所以這個世間就叫作欲界世間。三、四十年前有一本書叫作《寂靜的春天》，那是爲了農藥DDT而寫的，說如果不趕快停用DDT，再過幾十年後，當春天來到時，將聽不到蟲鳴鳥叫，因爲全都死光了，所以那本書名就叫作《寂靜的春天》。表示說，如果哪一天眞的成爲寂靜的春天了，那就是人間已經沒有畜生道了，那麼人間就沒有畜生世間了。用這樣的譬喻來講，大家就懂了。

所以說，畜生世間的世界是怎麼來的？是因爲有這些畜生。同樣的道理，如果欲界中三惡道有情都死光了，都受生到別的世界去，這裡人間的人類以及欲界六天的天人們也都死光了，這裡就沒有欲界世間了！沒有欲界世間的時候，這裡的欲界山河大地等等，包括地獄就會開始毀壞，就跟著不存在。這表示說，欲界世間的存在是因爲有欲界的這一些有情而存在。既然如此，再來看看欲界世間的這一些有情，不管是四聖有情或者六凡有情，不也都是在各自的如來藏清淨身中顯現的嗎？當你實證了如來藏，你的現觀就應當如此。

那麼因爲有情這樣在清淨身中顯現，所以這個欲界的山河大地，乃至三惡道的世界，也就跟著這一些有情而顯現出來，也就是在眾生的如來藏「清淨身」中來顯現這些山河大地等世間，這個道理就懂了！而能夠顯現山河大地，和一切有情種種事相的這一個「清淨常體」，除了如來藏以外，再也找不到任何一法是「清淨」的，而且是「常」有「體」的法了！所以由這裡來證明這一段經文和這一段重頌中所說的「清淨身」，就是金剛心如來藏，又名「妙法蓮華經」。所以很多人都沒有想到 佛講經的時候，處處隱藏著一些資料，可以供未來世佛弟子講經的時候使用。而這種情形是很普遍存在的，佛在講種種經的時候常常是這樣的。

即使現在那一些六識論者，特別是應成派中觀師們，不斷地主張細意識是生命的本體，硬要說細意識常住不壞，可是 佛陀早就講過了：「諸所有意識，彼一切皆意法因緣生。」早已一網打盡在先。甚至還詳細地告訴大眾：「色陰，不論是遠色、近色、現在色，不論是粗色、微細色，都是無常、生滅、苦、空、無我。」同樣的，接著就說：「受想行識，亦復如是。」告訴大家說不論是過去的識——這個識當然是講識蘊等六個識，這六個識當然就包含意識了；說不論是過去的識、現在的識、未來的識，不論是粗識或者細識、微細識，一切都是生滅、無常、苦、空、無我。就是講得這麼清楚！

可是那一些六識論的凡夫大師們，他們心裡面想：「欸！我來蒐尋電子佛典看看。欸！佛陀沒有說『細意識』是生滅的啊！」當然，電子佛典收錄的佛經中蒐尋不到細意識是生滅法等字，但 佛陀不一定要用細意識三個字連在一起講！祂說了色陰不論粗細，都是生滅無常，然後說「受想行識，亦復如是」，意思正是說：粗意識、細意識、過去意識、現在意識及未來意識，全都生滅無常。已經明白指出來說，凡是識陰裡的識，不管粗細，也不管是三世的哪一種識，都是無常、苦、空、無我，已是一網打盡了，但不一定要講細意識三個字。當 世尊說到識陰全部，不論粗細全都生滅無常時，就已經函蓋細意識在內了。所以 世尊說法時面面俱到，後世凡夫弟子們破如來法時可能發生的情況，世尊都已預先講在諸經中等著；可是後世愚癡的凡夫大師們就是不懂，還繼續跳進去，撞得滿身窟窿了，結果他們自己還不知道渾身都是窟窿。

那麼 世尊這個說法的方式，諸位都要學；因為諸位未來世都要當法主，只是遲與早的差別，可別說：「哎！我的口才這麼差，佛法又學得這麼淺，怎麼可能當法主？」但是我告訴你，我無量劫前也是這樣！別說是無量劫前，我現在都覺得自己口才很差；所以在世間法中，或者初學佛時，我看人家時都覺得：「哎呀！大家都能說得頭頭是道，眞厲害！」好羨慕喔！即使現在都還覺得自己口才是不太好。然而我能夠如此公開演說勝妙法，是因為法的實證與現觀，不是口才好；所以一面觀察著，一面就直接宣講出來了；只是這樣而已，不是憑口才好。

但是我把該有的智慧具備了，佛說法的方式就漸漸開始自己學會，所以有一些凡夫大師們未來可能發生的破法方式與內容，我們已經預先寫了出來印在書中。但是凡夫大師與眾生還是讀不懂，就會掉入我們預先破斥的那些羅網之中；而這種情況，我弘法二十年來經歷過三次了；最後那次是二〇〇三年，所以當他們正式離開後，我在一開始就斷言他們將來會怎麼樣，然後又會變成怎麼樣，最後將會怎麼樣；我剛開始就公開斷在那邊等著，而他們還是不得不把我的斷言依著順序一一實現。

佛陀一向都是像這樣子說法的，那我們得要學習；因爲諸位將來都要當法主，最慢的人在一大阿僧祇劫以後。其實也不用，應該扣掉三十分之六，就是一大阿僧祇劫扣掉三十分之六的時間，在那之後就得出世住持正法了，這是最慢的人。那麼快的人，也許有人過個五劫、十劫以後，就開始弘法，未來不久就當上法主，這都是可能的，不要妄自菲薄。

在正覺同修會裡面心量要大，眼光要看得遠，不要只看這一世，一世是很短的。假使你有機會看見過去一世又一世，看過了自己往昔某幾十世裡的事情，而這幾十世裡面的事情之中，有的是在無量劫前，有的是在幾萬劫前，有的是幾億劫前，有的是幾十劫、才幾劫之前的事，也許有幾世的事情是在幾千年前發生的。然後你把這幾十世的事情，依照前後順序串連起來，你一定會這樣想：「哎！原來我過去無量世以來，幹過什麼善事，也幹過什麼大惡業，也學習過了義正法，而且曾經實證。」

如今知道了，對其中的某些惡事或善事，都不必覺得羞恥或者歡喜，因爲那都是已經過去的事，也知道每一個有情往世都必然如是，都要經過同樣的事情而不斷流轉。那麼你如果這樣來看的話，就不會覺得說：「喔！這一世的時間好長！」從你所見過去的無量世來看這一世，你會覺得這一世眞是夠短的了。從所見過往幾億劫前的事來看到這一世時，想想看，才幾十年時光；在幾億劫所見的事情上面來看時，這一世即使活上八萬四千歲，都還算很短，結果這一世才只有幾十年時光，都因爲現在人壽百歲、少出多減。那這樣來看時，你心量就會大一點：「嗯！對！可能一萬劫後，可能五萬劫後，可能一億劫後，總之不必一大無量數劫，我就要出來當法主了。」

就是要這樣想！那麼這一世努力地修行，就是爲了未來很多劫以後要當法主作準備；如果這樣子認識清楚了，心就可以安下來，也不會再羞於見人：「哎呀！我們同班某某師兄、某某師姊都當親教師了，我還在這邊混！」不用這樣想，因爲每一個人的佛菩提修學是要看無量世的，不是只有看這一世，所以要這樣來看，以後心量自然廣大。心量大了以後，就要再來看 佛陀是怎麼說法，我們應該要怎麼來學。這些法學了以後，種子會在你的如來藏中存在，未來世你就漸漸地懂得如何運用，那時出世當法主時才能夠住持正法，令正法立於不敗之地，這才是眾生之福。所以你如果能夠學得很好，將來眞的出世弘法，令正法立於不敗之地，才是眾生的福報，不單是爲你自己。這樣子想通了，就得要學習 佛陀說法的各種方便善巧。

那麼這四句裡面就埋著這兩個字——常體。「常體」一定不可能是講身體，一定不可能是講人間的色蘊；一定是有一個「常」而且有自體性的心體，不必待緣而生，是本然而住、本來而有的一個心；而這個心一定也是能生萬法的，所以有「體」。那祂是常，能顯現諸法；諸位既然實證了，從這裡來檢查一切法，看看有沒有哪一個法能夠符合「清淨常體」四個字呢？找來找去就只有一個，叫作第八識如來藏，又名「妙法蓮華經」；除此以外，再也找不到任何一個法可以是「清淨常體」！那麼這樣來解釋說，三千大千世界的眾生生時死時等等，以及山河大地、三惡道世間，以及欲界天、色界天世間等等「悉於中現」，或者說「一切於中現」，這就講得通了，也無可推翻！因為就只有這第八識有這個清淨而常、常住有體的眞實義。所以這樣子，最後這四句話就為我前面解釋這一段經文作好印證了。接下來要談到意根啦，那麼我們來聽 世尊的開示：

經文：【「復次，常精進！若善男子、善女人，如來滅後受持是經，若讀、若誦、若解說、若書寫，得千二百意功德。以是清淨意根，乃至聞一偈一句，通達無量無邊之義；解是義已，能演說一句一偈至於一月、四月乃至一歲，諸所說法，隨其義趣，皆與實相不相違背。若說俗間經書、治世語言、資生業等，皆順正法。三千大千世界六趣眾生，心之所行、心所動作、心所戲論，皆悉知之。雖未得無漏智慧，而其意根清淨如此。是人有所思惟籌量言說，皆是佛法，無不眞實，亦是先佛經中所說。」】

語譯：【除了「清淨身」的八百功德以外，世尊接著說：「常精進！若是善男子、善女人，在如來滅度以後受持《妙法蓮華經》，或者閱讀、或者朗誦、或者解說、或者書寫，可以得到一千二百意根功德。由於這個清淨意根，乃至於只聽聞到《法華經》中的一偈或者一句，他就可以通達無量無邊的佛法妙義；他如實理解這個無邊的妙義以後，就能夠爲別人演說所聽聞的那一句或者那一首偈，演說到一個月之久、四個月之久，乃至一年之久，而他所說的這些偈或句中的佛法，隨著其中的妙義和眞實義，全部都跟實相不會互相違背。這位菩薩如果爲大眾解說民間世俗法的經書，或者治理世間的語言，乃至於在人間謀求物資生存的事業等等，都可以隨順於正法，不會違背於正法。甚至於三千大千世界中的六道眾生，他們心的所行、心所動作、心所產生的戲論，都可以全部知道。雖然他還沒有得到斷盡三界愛有漏習氣的智慧，然而他的意根清淨到這個地步了。這個人只要有所思惟、有所籌量、有所言說，全部都是佛法，沒有一個法是不眞實的，也都是過去的諸佛在經中所曾經說過的法。」】

講義：接下來這一段經文是講意根。每一個人都有六根，這六根一般而言，久修佛法的人都知道前五根是色法，後面一根是心。可是在最上乘的了義法中，就不只是從表相來說了；因爲如果全部都從表相來依文解義，那麼佛法最多就只是世間哲學而已，沒有實質之可言，也沒有究竟境界之可實證；所以在了義法中，與依文解義的境界、智慧都是截然不同的。

在一般學人所能理解的層次來說，五蘊全部都是生滅法，因爲對一般的學人來說，他們是執著於三界有，特別是執著於欲界有；像這樣執著於欲界有的人，你要教他親證實相，那是沒有因緣的，所以要教導他先離開欲界有；等他可以離開欲界有了，再告訴他色界的內涵，然後再告訴他說，色界有依然是生滅無常，要他離開色界有；然後再告訴他，這樣實修可以上生到無色界有了，就是到達三界最高的層次了；但是還要再告訴他，無色界有依然是生滅無常的。當他從知見上能夠離開三界有實有的邪見，他就有資格來修學了義法。

佛菩提了義法跟出三界的聲聞解脫道，有個很大的不同；在解脫道之中，總是說一切法生滅無常、苦、空、無我；可是教導他迴小向大成爲菩薩以後，就要告訴他說，一切法恆住不壞，一切法本不生滅。末法時代的聰明慢心大師們往往自以爲是而認定說：「這類大乘經典，應該是後人創造而與常見外道合流了。」但當時已經實證聲聞菩提的弟子們一聽，就會覺得奇怪：「欸！怎麼跟前面講的剛好相反呢？是不是世尊講錯了？」但是這些弟子們已經實證聲聞菩提了，有智慧而無慢心，所以這樣想：「不！這才是佛菩提道的了義法，而世尊是如實語者、誠實語者、不誑語者、不二語者，一定不會錯誤，只是我們不懂。那我們應該如何去現觀一切法不生不滅？這就要跟著世尊修學。」

所以一方面跟隨在 佛陀身邊，經由 世尊教外別傳的機鋒而實證金剛心如來藏；證得「法華經」如來藏以後，就同時證得祂的眞實如如法性，就稱爲證眞如，開始聽懂 世尊第二轉法輪般若諸經說的實相境界了。然後把所生的一切法攝歸於如來藏中就知道了：原來這本來就是如來藏中的一切法，不外於如來藏。所以這時從如來藏來看待「如來藏身」中所生的一切法，發覺一切法本不生滅；所以了知一切法表面上看來有起有滅，但是都在常住的如來藏中起起滅滅，這一切法永遠存在，如同明鏡的影像在生滅之中而常住不滅。

當明鏡無法被毀壞時，你就無法把明鏡裡的影像壞滅！同樣的道理，你也無法把一隻螞蟻的五陰永遠壞滅，只能壞滅牠一世的五陰，然而牠依舊會有未來世無量無邊的世世五陰；你不斷地把牠壞到最後，就算你有無限制的天眼通與宿命通，你一世又一世跟著牠，不斷去把牠的世世五陰壞滅，最後你會不會厭煩？你會不會膩？再怎麼樣的深仇大恨，牠這一世五陰被你滅了，下一個月牠又出生了，你又把牠找出來，又去把牠滅了——指頭伸出去一揉，牠又滅了；然後下個月牠又出生了，你每一個月都要去找出牠生在哪裡去滅牠，那你會找牠幾年？不必滿一年，你就厭煩了。可是牠未來世還有幾萬大劫、幾十萬大劫、幾十萬阿僧祇劫，都會繼續當螞蟻！那你說，從牠的如來藏「法華經」來看，牠的螞蟻五陰到底有沒有生滅？你自然知道說，牠這個生滅現象是不生滅的。

我剛出來弘法第三年就設定一個題目，當年我想要講「常與無常」；我要講的題目是說「無常就是常」，可是沒機會講，就一直擺著。為什麼我想要這樣講？因為你若是從實相般若來看，一切無常之法都在常裡面生滅無常！就好像說，一切有為法都住在無為法裡面，那無常之法是在「常」之中不斷地生住異滅；這個生住異滅的現象永遠都在「法華經」「常」裡面，從來不外於常，那你說生住異滅的這一切法到底有沒有生滅？就好像一面明鏡，你能夠說它的影像是生滅的嗎？不能！因爲你是從鏡體來看影像的。

當你從鏡子本體來看鏡子裡面的影像時，當然會確定鏡中的影像本不生滅。可是你如果不看鏡體，例如凡夫與二乘法中不迴心的阿羅漢愚人們，他們都只看到影像（五陰）而無法看到鏡體（如來藏），就會看到影像生生滅滅而說：「**影像就一直變化啊！那舊的影像去了就換新的影像來。**」前世五陰是舊的已經離去的影像，這一世的五陰則是現在新的影像，一世又一世都是舊的去、新的來，是生滅的！可是你如果從鏡子本體而不看鏡子裡面的影像，這鏡中的影像根本就不能離開鏡子；只要鏡子在，影像就在，永遠附屬於鏡子本體，那你怎麼能夠說鏡中的影像有生滅？所以就說鏡中影像本不生滅。

如果沒看到鏡子而只看到影像，你就會說：「**欸！張三出現了，然後他走了——張三死了，如今換成李四出現了——李四生了。前一世叫張三，這一世叫作李四，確實有生滅。**」可是你如果從如來藏鏡體來看，前世走掉的張三，這一世出生的李四，都是如來藏心體中所有之法，而心體如來藏本不生滅；因此所生的一世又一世的五陰也就只是如來藏心中的影像而已，自然應該隨著如來藏心而永遠存在，成爲世世都有五陰影像不斷在變易而永遠都有五陰影像，當然從如來藏鏡體來說，世世的五陰也就成爲不生滅的影像，所以說一切法本不生滅，世尊當然就爲我們開示說「一切法本來不生」；既然本來無生，當然就是永遠不滅的。

而這個實相是本來就如此，不是修行以後才變成一切法本不生滅的。所以有死就有生，有生就有死，一切生死都只是在常而不變的如來藏之中不斷地顯現出來。所以你看 世尊在般若期的經中講：「一切法本來不生、不起、不滅，無相，離心、意、意識，無字無聲。」是眞正了義的究竟說，永遠都是正確而無法被推翻的。這種了義說，與四阿含諸經中解脫道說一切法苦、空、無常、無我，表面上看起來好像是衝突的；然而我說，主張看起來會覺得衝突的人，就表示他一定是凡夫，連二乘菩提的初果都還沒有實證。達賴喇嘛說：「佛陀前後三轉法輪互相衝突，互相矛盾。」是陳履安的眾生出版社爲他在臺灣出版的書中這麼說的。可是咱們所看，卻是完全沒有衝突，這證明了達賴與陳履安都是凡夫！所以說，法無定法，不同的層次有不同的說法。高層次的法，若是強行拿來對低層次的學佛人演說，他們會誹謗你，他們會造口業，因此說法得有次第。

那麼佛法修到最深的地步，就稱爲《妙法蓮華經》；之所以會說《妙法蓮華經》甚深而不可思議，聲聞及凡夫都不能信，更不要說理解，所以五千聲聞當場退席，已經表示這個法確實太深妙了。說深，是因爲還沒有實證而產生了差別，所以在實證之前聽我這樣演說的時候，心中不免會生起煩惱；因此我得要在會中已有許多人實證了，聽完我的如實演說以後可以爲我證明，大眾才會漸漸信受。因爲單單我一個人講了並不算數！要有很多人來爲我證明，然後周遭的同修們就想：「你看人家證悟的人都說蕭老師講的都是眞的。」這才可信！

就好像單獨一朵紅花並不美，若有很多的葉子把它陪襯著，哎呀！它就很美了！就是這個道理！你買花的時候，如果看見一株花連個葉子都沒有，那你一定不想買。你如果會買，一定是買來拆成散花時要用的。若是插花要用的，也還是得附有葉子的，那叫作什麼？切花，因爲不是一整棵的！又如你去買一盆花回來，它都沒有葉子，就只有一朵花，你就不買了！因爲你覺得這盆花沒有實質。所以《法華經》得要等到這個時候才能講解，我眞的不能早講。

佛陀也是一樣，先把三轉法輪的諸經全都講完了，然後把《無量義經》講完，才接著演說《法華經》。我們一開始就有告訴大家了，《無量義經》是什麼道理？是說一法之中就有無量義。然而爲什麼一法之中可以有無量義呢？因爲這是以一法函蓋一切諸法，就是用實相法界來函蓋現象法界中的無量無邊萬法，所以這一法具有無量義。那麼一法之中有無量法的實相法界，究竟是哪個法？就是「妙法蓮華經」，就是「此經」第八識！所以才說這是「妙法」。而這個「妙法」如同「蓮華」一樣很具足、很圓滿，一切花瓣全部都具足了；而前面所講的三轉法輪諸經中的諸法，就好像是「蓮華」附帶的許多綠葉、根、莖、花苞，然後在這完整的一棵「蓮華」上面顯示無量無邊的妙法，所以說這一個法具有無量義；得要把《無量義經》說完了，才能開講這部《妙法蓮華經》。

講完這個道理，拉回到剛剛講的六根；六根若是依於聲聞解脫道而言，沒有第二種解釋，就是五色根加上意根。可是當你來到究竟法，而且是最高層次的佛法中，不但是意根，連同五色根也還是要歸結到如來藏來！不能單從字面上來解釋它，否則將會講不通，也無法理解 佛在說什麼。現在單說意根。意根之所以厲害，是因為祂普遍緣於一切萬法，所以祂具足一千兩百功德。然而這樣的意根功德還得要從受持「妙法蓮華經」開始，也就是要受持金剛心如來藏，才會漸次瞭解。在佛菩提道中，如果不從這裡開始，那個意根就不能叫作「**清淨意根**」，絕對會是染污或者無明的意根。

染污的意根有一種說法可以代表，有四個字——處處作主。為什麼要作主？因為有取捨！為了要取捨所以要作主。如果祂不作取捨，就不必作主！那個取捨又是什麼原因呢？因為對三界法有貪著及有厭惡，所以才要取要捨；為了要取、要捨，所以要作主！於是要先思量——這個我要，這個我不要。那麼在這個思量之前，就必須要先作分別。所以意根為了作這個思量，就先要作分別；想要分別得要依靠什麼呢？意識。可是意識本身無法接觸五塵以及五塵中的法塵，祂如何能夠去分別？所以祂還得要把五識拉了來，一起運作；所以講到意根的時候，這個意根在這時是要函蓋了前六識在一起運作的。

前面說的眼、耳、鼻、舌、身，都是各自獨立的；在這裡，意根的功德是要函蓋前六識的，但是把它攝歸到意根來用。這樣的意根，在讀《妙法蓮華經》、誦《妙法蓮華經》、受持《妙法蓮華經》、解說《妙法蓮華經》、書寫《妙法蓮華經》的時候，才能夠具足意根的一千兩百功德。也就是說，已經轉依於「此經妙法蓮華」了；如果沒有轉依於「此經」，就不可能有這個功德，所以假使你證得阿羅漢果了，卻還沒有在大乘法中開悟明心，就不懂眞如，依舊沒有這個功德。

我們再來看這段經文：「如果有善男子、善女人，在如來滅度以後受持『此經』，」那就是受持如來藏，受持了「妙法蓮華經」如來藏以後去「讀祂、誦祂」；也許有人聽到這裡就想：「如來藏這個心要怎麼讀？」這個「讀」在世間法上就有人用過了，不是有一首歌唱說「讀你千遍也不厭倦」嗎？有沒有？有嘛！也就是說「瞭解你一千遍都不會厭倦」！這個「讀」就是不斷地深入理解的意思，當你不斷地深入去觀察如來藏時就叫作讀「此經」。「讀」有形的經典是要把經典請出來，一字一字、一句一句、一行一行、一段一段、一部一部去讀，但那是從語言文字上面去讀的，可是這樣讀來的都只是表相。

那你如果證得「此經」，不斷地去觀察以後，你對「此經妙法蓮華」的瞭解就更多，這才叫作正讀啊！原來的閱讀經典這時就說都是假讀、方便讀，不是眞讀。對啊！確實如此喔！因爲你從經本上讀出來的都是間接的。那世尊出世說法是因爲讀盡祂自己的「此經」無垢識，才來爲大家演說的。那我們證得「此經」以後能夠讀文字上的經典，瞭解它背後的意義，是因爲我們閱讀經本的時候，能同時閱讀自己身中本有的「妙法蓮華經」，所以我們能如實知道文字上的此經中的意思。這叫眼力夠，讀透經背了。寫書法的人如果寫得一手很剛硬而又很美的字，人家就說他的書法力透紙背。讀經也是一樣，你能夠讀透經中語言文字背後的意思，才說你眼力夠，眞的讀懂了。可是你眞的讀懂，是要怎麼讀？你要讀自己身中的如來藏經典——讀自己專有的那一部「妙法蓮華經」，而不是讀經本那部《妙法蓮華經》！經本那部《妙法蓮華經》，只是提示你不同的方向、不同的層次，然後你可以一面讀它，一面讀自己的「法華經」，對照出來印證確實沒有錯，智慧就跟著提昇，這樣才叫作眞正的讀經。

那麼讀了以後有時你總是要去整理、整理吧？整理的時候常常是要用到語言去思惟，這就叫作「誦」，「誦」是應該這樣解釋的。可是你誦「此經」並不是用語言文字在那邊「誦」，而是你自己依著現觀去作思惟。所以有的人說「每天早上起床後要課誦」，但有一個徒弟每一次跟著人家上大殿，人家把經本翻開，維那才剛一起腔，他就把經本放在案上，就走人了。後來有人去向和尚告狀，和尚找了來問：「你為什麼不參加課誦？」他說：「我有參加啊！」「你參加了，為什麼還沒有開始誦，你就走了？」他說：「我誦完了啊！」「你什麼時候誦完？」「我一早起來就一直在誦了！」為什麼呢？因為他一直在思惟此經，不就是已經「誦」了嗎？所以和尚調查了以後也只好讚歎他說：「以後誰都不許說他沒有課誦。」

反正每一次課誦時，他就是上來應個卯，然後就走了，他就課誦完畢了啊！欸！這老和尚這樣斷下來以後，大家眼睛都亮了：「你為什麼這樣誦？」這回換他為人了：「課誦去！」他叫師兄弟們課誦去啦！至於師兄弟們能不能真懂課誦的真義，那就是堂頭和尚的職權了。所以「讀、誦」是應該怎麼產生正解？可不要隨俗捧著經本，每天一大早起來，四點半就在佛前一直誦、一直誦。對於老和尚而言，他不免有時會搖頭，因爲 世尊坐在案上聽到耳朵快要結繭了。

現在一般很粗淺的學佛人，其實要叫作信佛人，不能叫作學佛人；他們買了誦經的錄音帶回家，不是拿著經本跟著錄音帶隨誦，他是把錄音帶裝好了放在佛案上一按下去就開始播放，然後他就走了！（大衆笑…）問說：「欸！你爲什麼不聽誦經就走了？」「對啊！我要放給佛聽啊！」（大衆笑…）佛陀還要聽祂自己講解出來的經典喔？連我尚未成佛的人，都已經不讀我已經出版的書；我都是只讀還沒有出版的書，因爲我得要整理，要把它潤色好才能出版；已經出版了，我就不讀了。除非剛好外出在等人時沒事情，如果車上有哪一本，才會取來翻一翻，那叫作殺時間，否則我不讀的。因爲眞正的讀經不是在讀那個啊！要讀「此經」，不要去讀彼經。讀「此經」是直接的，閱讀彼經卻是間接的。所以「讀」與「誦」應當如是解。

那如果爲人解說，純粹是利他之行，是把自己所讀的，自己已誦過的拿來爲大家解說，讓大家有一個前進之路可以遵循，不是爲他自己！那麼能夠這樣爲大衆解說以後，既然自己有這樣的實證，目前看來沒有誰比自己的證量更好，那麼這個法將來帶進墳墓去很可惜，所以不如就把這個妙法寫下來，那時「書寫」當然就有兩種方式囉：一種就是把它整理成文字，世諦流布；另外一種「書寫」的方式，就是去主持禪三、主持禪七，幫助有福德、有定力、有正見的有緣人實證，那才是眞正的「書寫」。「書寫」的目的是作什麼？是寫來給自己讀得高興的嗎？是說：「喔！你看我好有成就喔！我書寫了這麼一部論，叫作大論。」那其實沒有什麼成就，一把火燒了也就消失了，有什麼成就？

「書寫」之所以能成就大功德，是因爲能利益大眾，那他書寫出來利益了誰？我寫出了這麼多書，已經書寫出去了，可是佛教界普遍得到的利益是什麼？目前看來只是兩岸佛教界知見水平的提升而已，眞正得到利益的人卻是少之又少。可是在禪三裡面，我就會一直寫、一直寫、一直寫，我用嘴巴寫、用身體寫，不論怎麼樣都是在不斷地寫著；走來走去用腳寫，指桑罵槐用嘴寫，我就這樣把祂寫出來；寫了以後，你看每一次禪三都有人眞得利益啊！那他們就眞正懂「此經」了，這才是眞正的「書寫」！能夠這樣子作，但我既不得名也不得利，而願意辛苦這樣作，是因爲意根清淨！是因爲轉依成功了！所以不從五蘊上面的利益或得失去著眼，而是從「此經」的讀、誦、演說、書寫來著眼，這樣才能使意根得到部分清淨乃至未來全部清淨，才能「得千二百意功德」。

這個意根和前面的五根不同，前面眼、耳、鼻、舌、身等五根之中，眼根只得八百功德，耳根得一千兩百功德，鼻根只得八百功德，舌根可得一千兩百功德，那麼身根得八百功德，意根卻有一千兩百功德，這就值得分別。諸位聽過前面五根了，我們現在要講，這五根不同於解脫道說的五根。在解脫道中說五根，是講眼等五根的扶塵根、勝義根；可是這裡「此經」說的五根，都看你能不能看見「此經」而說。可是眼根縱使能看見「此經」，也還是不能具足，所以只得八百功德。那麼耳根呢，《楞嚴經講記》諸位讀過了，知道「耳根圓通」、「入流亡所」等等，現在諸位都扭轉過來了，不是像以前人家修定的方式來解釋「入流亡所」了；而是經由耳根可以把邪知邪見剷除掉，把錯誤的知見經由聽聞之後隨即流掉，不存在心中；經由耳根的聽聞而把正知正見留存。

留存以後呢？五蘊諸法，例如意識常住的這種邪知邪見，諸位經由耳根聽聞正法後就把它流掉了，流失了以後不再有「五蘊眞實存在、是眞實自我」的邪見存在心中，這就是「亡所」而沒有邪見存在了！這樣不斷地進修，乃至「聞所聞盡」以後再一直往前進，最後實證「此經」而可以正聞「此經」，誦「此經」，爲人演說「此經」，爲人書寫「此經」，成爲實義菩薩。所以耳根的功德是具足圓滿的，是具足一千兩百功德。那請問這個耳根是講什麼？是講扶塵根嗎？是講勝義根嗎？當然不是，因爲這二者都只是耳根的一部分。所以這個耳根不是講有形的耳根，而是在講你這個耳根的功能，那是把耳識函蓋在內的。可是耳識自己就能聽聞分別嗎？沒辦法，還是得要函蓋意識在內的，只是從耳這一根顯示在外出來運作，但是因爲耳根之所聞可以函蓋一切佛法，所以就有一千兩百功德。

那麼鼻根呢，佛說「有出有入而闕中交」，本身就有侷限；而且你若是從鼻根去悟入實相，那功德很小，並且在中國佛教史上也沒有看見誰曾經從鼻根悟入。縱使你眞能從鼻根悟入了，功德也是不具足的，所以最多也只得八百功德！可是假使有人在舌根上悟入，然後出而說法，他卻可以由淺至深、由狹至廣爲眾演說；只要他的能力夠，舌根的運用是無所限制的，所以具足一千兩百功德！

回到身根，上一段經文說的身根，是指這個身體嗎？原來這個身根講的依舊是「妙法蓮華經」如來藏啦！可是如來藏身不外於你這個身體，而一切諸法在你這個身根同時存在的如來藏「清淨身」中就具足顯現了！所以你如果從身根上悟入的話，也才只是一個部分的總相；悟後得在這個總相之中怎麼樣去整理、去通達祂，終究也只能到初地心爲止，最多就只能到初地心爲止，沒辦法再超越了。所以假使有善知識依於身根而爲大眾演說「此經」，最多就只能教你到通達位，不能超過初地的入地心，所以說這個身根也只有八百功德。

那麼這意根可就大大不同了！意根默容一切諸法，怕諸位忘了，我特地抄了《楞嚴經》的經文，我唸給諸位聽：「如意默容十方三世一切世間出世間法，唯聖與凡無不包容，盡其涯際，當知意根圓滿一千二百功德。」這意思告訴大家說：如同這個意根是默容十方三世一切世間法與出世間法。先來談這一句。意根從來不表示意見，意識卻總是意見一大堆，所以意識總是說：這樣好、這樣不好，這樣作會有什麼後遺症，這樣作沒有後遺症。總是有一大堆的理由，但意根從來不講理由，祂總是默默地含容著，面對一切諸法時，祂都是默默地含容。意根從來沒有出過語言文字說「應該怎麼樣，不應該怎麼樣」，祂都是直下就決定了！那麼意根究竟是誰？就是每一個人背後的自我，而不是講金剛心；就是時時刻刻都在作決定的那一個作主的心。人們作決定的時候都是怎麼樣呢？都是意識先用語言文字去思惟、分析、判斷，作下了結論說：「嗯！應該要這樣。」當意識的結論出來以後，意根下決定，都是當下就作了，沒有二話，連一個字都沒有。所以意根是不講話的，講話的都是意識心；意根永遠沉默無語，可是一刹那間祂就決定了。

舉個例好了，剛學佛的人在學佛前，好喜歡吃香腸喔！以前臺北街頭常常可以看見人家騎著自行車（那大約是二十年前的事了，現在不曉得還有沒有，已經很少見了），在車後面弄一個賣香腸的木架子，然後放著一個大碗公，裡面放上三個骰子，有沒有？骰子懂不懂？然後大家就來玩骰子，如果擲贏了，好像是可以免費吃一條香腸吧？因爲我沒玩過，不太懂；如果擲輸了，好像是要加多少錢向老闆買那一根香腸。所以，有人來抓一把時，口裡都喊說：「十八啦！」（導師改以河洛話說了此句。）有沒有看過？他希望擲出十八點，因為十八點最高，口裡就喊：「十八啦！」聽過沒有？（有人回答：有。）有！

可是後來他學佛了，他知道說：「我不應該再吃眾生肉了！」他的意識還在覺知心中講著：「我不應該吃眾生肉了。」可是意根下了個決定，腳就往那邊走過去了。（大眾笑……）意根有沒有講話？沒有！意根不曾講一句話說：「不應該吃！」都沒有。意根也從來沒有講過說：「應該吃，好吃。」都沒有講過。意識還在心裡面說：「不應該吃，要往另一邊走過去。」可是腳在意根主導下卻直接往那邊去，然而他的意根卻沒有出現過一句話，就把所有境界都看在心中，當然是「默容」。

意根是永遠沉默的，可是祂時時刻刻都在作決定，決定就是思量。分別的是意識，思量的是意根！所以處處作主的心是誰？是意根！祂從來都不講話，可是祂下了決定以後五陰就去作了，所以這叫作「默」，「沉默」的「默」。世尊說意根沉默地含容一切諸法，一切諸法是函蓋了什麼呢？是十方三世一切世間、出世間法，連同十方世界一切諸法祂也都默容，默默地含容著。

你過往無量世在某一個三千大千世界，那裡有一些眾生跟你有深厚的緣，你這一世往生到這裡來；後來有一世，他們突然也往生到這裡來了，你意識並不知道，可是意根知道；意識才剛一見，意根馬上就相應，雖然那時連一個字都沒有，然後你就很熱絡地向對方說：「你什麼時候來到這裡的？我以前好像在哪裡看見過你。」眞的好親切，好熟悉欸！然後就是一見如故，什麼好東西都想要送給他；爲什麼呢？因爲無量劫前在某一個世界，他當你兒子已經當了很多世，世世都很孝順啊！你覺知心並不知道，可是你的意根知道，於是直接就讓意識反應出來了！

祂是有這個默容的功能，祂所默容的是十方之事，不是單單只有這個娑婆世界裡的事；而且是默容「三世」的一切諸法，過往無量劫前，那個人跟你生活了很多世、很多世，很孝順、很孝順，所以你這一世看見他就喜歡，沒來由。這也是包括十方，不是只有這個世界！而且是往世的事，然後雙方在未來世還會繼續再相應。「十方三世」，不是只有這麼單純，而是包括一切的世間、出世間法；你往世所學的一切世間法，以及往世所學的一切出世間法，全都在你的意根所接觸之中；只是意根自身的了別慧不好，沒辦法去了別而已；但是只要意識熏習了以後，那些諸法的種子，在因緣成熟時，意根就會把它拉出來，就會跟你意識覺知心相應，所以意根很厲害。但是這個意根要能夠完全具足這樣應對所有往世的種子，卻必須意識有修行清淨，才能夠使意根清淨而這樣具足相應。

不要說這是神話，這是眞實的事；只要你有體驗過，你就會相信。例如我個人的例子，以前我在寫《狂密與眞密》，有一天寫到很晚了，我說：「不上三樓睡覺了，乾脆睡在二樓書房算了。」那時因爲一面寫一面整理資料，那一天晚上讀了《土觀宗派源流》，其實還沒有讀過多少，只是讀到他空見的部分而已——覺囊巴的他空見，瞭解其中大概的意思；因爲時間已經很晚了，心想：「啊！睡覺了！」可是躺下去以後，那時我的時間還算是很充裕，因此我每晚睡前都會先進入等持位去瞧一瞧；是因爲對往世的很多事情都很好奇，想要多看、多瞭解，所以側躺著就進去看一看。

然後我看到什麼呢？那是在西藏山上寺院裡面，我是個密宗裡的出家人，然後人家來辯經，辯經時我們一定贏啊！依他空見去跟人家辯經絕對贏。對方輸了，三、五天後對方就一大群人來，拿了刀子、棍子就來了，打我們、殺我們。因爲那是下雪的地方，那些人那麼多，來跟我們打來打去、殺來殺去，踩到四處都是泥濘，最後我們輸了，那一座廟就被搶走了。於是我們退到另一座廟，他們又來辯經，我們又贏了，贏了以後三、五天，他們又來殺、又來打，我們又輸掉。那時我想，過去世爲什麼會有這些事情？眞的好悲慘欸！最後是我被趕出西藏了，他們給我一匹瘦馬、兩個隨從。我看完了以後說：「啊！原來以前在那邊生活過，在那邊說過法、弘過法，是這麼悽慘！」我就想說：「啊！算了！不看了，睡覺了！」可是睡不著，心裡老想著爲什麼是這樣子？然後說：「哎！不管了！睡啦、睡啦！」

可是我又有一個念頭起來說：「不行！我得要寫下來，不然明天我一定會忘記。」因爲我睡前看完那些景象以後，心裡作了一個結論：「經過六、七次辯經的勝利，以及隨後而來的泥濘地上的混戰以後，覺囊達瑪就被薩加達布消滅了。」我自己作了這個結論以後準備入睡，但是心裡覺得奇怪說：「薩加派我有讀過，也有聽過，但是什麼叫作達布？沒聽過啊！」我說：「不行！我得要寫下來，不然我明天起床以後會忘記那個名詞。」因爲我這個人記憶不好，所以就爬起來，把這兩句話用便條紙寫下來：「經過六、七次的辯經勝利，以及隨後而來的泥濘地混戰以後，覺囊達瑪就被薩加達布消滅了！」—「覺囊達瑪」這個名詞，我也沒聽過、沒讀過啊！

然後等到上課的日子，我一看見余老師——那時他還沒有當上老師，但因爲他以前是學密的，我就問他說：「欸！你們是學密的專家啊！我這一世沒學過密宗，但我昨晚看見這個影象，然後我作了這個結論。請問你們『薩加達布』這名詞，薩加我知道，達布到底是什麼？你們聽過沒有？」他們也沒聽過。「那麼覺囊達瑪是什麼？」覺囊他們有聽過，達瑪沒聽過，只聽過「朗達瑪」。我說：「奇怪！我怎麼會作下這樣的結論？」然後經過差不多六、七年，我們蘇老師才幫我查出來，果然有「達布」，這個西藏教派後來分裂成九派，於是就消失了！就好像蘇聯分裂成很多國，於是蘇聯消失了，是一樣的道理。原來還眞的有「達布」。

然而這都不是意識所知道的，而是意根所含容的往世之法；所以當我意識讀到他空見的時候，清淨意根就因爲他空見的這個思想、內涵，引生了我往世對他空見的那些見地；進入等持位時這麼一勾，就把往世經歷的那些種子勾出來；所以當時在等持位中一看，就覺得很奇怪說：「欸！怎麼會有這個現象？」第二天竟然不知道自己作下結論時，那些名詞究竟是怎麼產生出來的。所以我就下了一個結論說：「達賴五世就是消滅我們覺囊巴的人。」

這表示什麼道理呢？表示說，意根雖然從來不說話，可是意根默容一切諸法，不是意識之所知。因爲當時作下這兩句話的結論時，意識並不知道覺囊達瑪是什麼，也不知道薩加達布是什麼，都只知道其中的一部分，而另一部分並不知道，卻會作下連自己都不知道的結論出來。我這個經驗就是現實的證明！有時某人問我某一個法，我會多講出另一個法來一起回答他，圓滿解釋他的疑惑。可是我講出的另一個法，我這一世並沒有讀過，也沒有聽過。可是我講出來以後，心裡想：「欸！我怎麼會這麼講解？」這種情況常常發生！但是後來在經論上都有證明，古德也有人講解過，只是我還沒有讀到。

這就顯示意根之所含容非常之廣，但意根從來不說話，從來不藉語言文字來表示意見，祂就是直接去作，直接去了知；當意根了知以後，就換你意識知道祂所經歷的往世事件或往世所證的法，那你就直接說了出來、寫了出來，所以說「意根默容十方三世一切世間、出世間諸法」。往世所學的東西，祂會讓你在世間法上顯示出來，你也會顯示出那個本質；那麼你往世所修的出世間法，一樣也會顯示出來，我就是一個現成的例子。

我這一世追隨別人所修的出世間法都是錯誤的，沒有一個大師教我的佛法是正確的，全部都錯誤；當我把它丟棄了以後，我自己就說：「禪宗既然講明心、見性，我就來弄清楚明心、見性吧！自己把它弄清楚。」就這樣去思惟整理，前後不超過半個鐘頭，最後確定說，應該弄清楚那心到底是什麼，性又到底是什麼。我在那半個鐘頭的最後去處理這兩個問題時，才五分鐘就全部解決了，然後就看見佛性了，就這麼簡單啊！沒什麼困難的過程。這就是意根所默容的往世出世間法。

意根從來不會告訴你說：「欸！意識啊！過去世我就修過這個明心、見性的法，這個我知道啊！你不必去跟人家學習嘛！」意根都不會講，總是隨著意識去進行。可是當意識分析、判斷以後說：「哎！跟人家學的，看來都錯了！整理以後的結果其實全都應該丟棄。那麼到底明心是要明什麼心？哎！就是這個心，一定不會是覺知心。見性是要見什麼性？就是這個性，一定不會是覺知性。」這樣就解決了，很簡單啊！這就等於人家有一句話說：「桌頂拈柑！」（閩南語。）很簡單，就這麼簡單！

這明心是明什麼心，見性是見什麼性？就自己這樣馬上跑出來了，然後也就看見佛性了。很簡單的事情，都不是意識之所知道，而是意根所含容的。所以你說，這個意根有沒有默容出世間法？有啦！因此意根是很厲害的，雖然祂都不說話；這個不說話的是誰？就是你！你控制了意識，叫意識來爲你說話、來爲你思惟。這叫作「**意根默容十方三世一切諸法**」。啊！我忘了時間，超過一分鐘了。

上一週我們講《妙法蓮華經》一百六十八頁倒數第二行，「**得千二百意功德**」，談到從《楞嚴經》引述出來的一段經文，我們講到第一句「**如意默容十方三世一切世間出世間法，**」這句已經解說完了，那麼接著說：「**唯聖與凡無不包容，**」也就是說意根對於十方三世一切法，不論世間法或者出世間法，全部默容，所以有一千兩百功德。因此不論是聖者與凡夫，所有的一切法，沒有一法不是意根所默容的。

譬如凡夫，以欲界來說，人類平時的意根所默容的，全都是欲界中的世間法，然而凡夫位的人們並不知道這一點，因爲連意根是什麼都沒聽過，更不知意根何在，都只知道大家有一個心，叫作覺知心；可是不因爲他們不瞭解意根，就使他們沒有意根，而他們的意根仍然默容著人間種種諸法。這只是在表層上面依平時狀況所說，如果要講稍微深一點點，有不少的凡夫修行人往往夢見過去世，生在天上如何享福；又有人夢見往世在色界天中，爲什麼都沒飲食呢？身體怎麼不一樣呢？這表示說，人類意根表面上所包容著的是人間諸法，其實暗地裡也包含著往世經歷、熏習所留下來的色界種種諸法。

甚至於有一天他修行更清淨了一些，所以他又夢見了往世在鬼道，甚至在地獄中受無量無邊苦而嚇醒過來，可是他的意識從來不知道他有這一些經歷，而意根不會反觀自己曾有這些經歷，當境界現前時意根卻會相應；這表示他們的意根其實也默容了往世所曾經歷的三界諸法，不僅僅是欲界法或單單人間的法。這一些是凡夫之人類意根所默容的，但只是在現行中而不是在種子上了知，只有修行好的人才會知道一點點中的一點點，而有情們的意根默容的三界法種，其實也是各不相同地容受著三惡道之法、人間之法、修羅道之法、天道之法，而這樣的默容現行諸法之中，同時也默容了他們往世所曾經歷的三界諸道之法。這是凡夫有情的意根所默容的世間法，這就包括現在世和過去世！但是未來世充滿著往世在天界的種種法以及下墮的種種法，都不是當世的意識之所默容，也不是當世意識之所賁緣，然而他們的意根無妨繼續夤緣這些法，這就是三界中的凡夫有情意根默容於三世一切世間法。

可是當他們默容三世一切世間法的時候，其實所默容的這一些世間，不是只有一個小世界或者大千世界裡面的法，因爲三世的一切經歷，不論是過去、現在、未來，必然是十方世界到處流轉的，所以這意根所默容的其實是函蓋於十方世界，這就是凡夫眾生的意根默默地含容了十方三世一切世間法，這就是凡夫的意根對於十方三世一切世間法無不包容。然而他們的意根默默地包容這些法的時候，意識並不知道，修行了以後也不知道；求天道而眞的生天了也不知道，因爲他們的教主上帝也不知道。

一直到進了佛門修行三、四十年了，覺得佛法渺渺茫茫、浩瀚無涯，無從入手實修，所以連意根是什麼也都還不知道，當然更不知道這些內涵；直到進了正覺同修會，或者有緣遇到諸佛諸大菩薩聽受開示，才終於知道原來還有一個意根，原來是這樣默默地含容十方三世一切諸法。然後進而熏習三乘菩提，漸漸地才又瞭解到意根默默地含容的諸法，不只是包括十方三世一切世間法，其實也包括十方三世一切出世間法。

那麼出世間法就有四聖法界的差別，凡夫的意根是不能緣於四聖法界所默容的十方三世一切出世間法，因爲尚未熏習、尚未親證，所以不能了知，但依舊默容了往世很多的法種。在究竟了義的佛教道場中才終於有機會熏習，後來才終於有機會實證；首先證得聲聞菩提，從見道位經由思惟、觀行，然後證得阿羅漢果，這些出世間法也就開始被他的意根所含容。後來捨報迴小向大，發起受生願而不入無餘涅槃，又再來受生於人間，就是大乘法中的通教菩薩；當他再來人間，未離胎昧，所以重新出生時，頓然若忘，但是他的意根仍然默容往世所熏習和親證的聲聞菩提出世間法一切種子，而他的意識並不知道。

但意根默容了這一些往世所熏習和親證的出世間法種子時，他的意根自己並不了知，因爲祂只會容受而不會了知，祂更不會跟意識說：「意識啊！咱們上一輩子可是阿羅漢欸！你可別忘了呀！」因爲祂是默容而不是明容；而祂也從來不說話，沒有誰的意根是講過話的。也許有人不服我這一句話，心裡面想著：「不對啊！當我在那一邊思惟：『我既然學佛了，我要不要素食啊？』然後有兩個我在爭執，有一個我說：『既然學佛了，不是學羅漢啊！

那我應該要慈悲啊！不應該吃眾生肉啊！』可是另外一個我又站出來爭執說：『不行啊！肉這麼好吃啊！我如果不吃肉，身體會衰弱、營養不良啊！然後父母親、配偶、子女可能都會反對，所以還是得要繼續吃肉啊！』我這樣在心裡兩個人討論了老半天，你怎麼可以說我的意根是默容一切諸法？」

這樣懷疑好像有道理，我說的可是「好像」喔！那麼問題來了，他心裡有兩個人在那邊思惟的時候，有沒有語言？有啊！一個覺知心說不應該吃肉，一個覺知心說應該吃肉，都有言語！這兩個人是不是清清楚楚、明明白白？是啊！這兩個人有沒有都在語言境界裡面？有啊！其實就是同一個覺知心在那邊掙扎而已！有時候這邊想是應該斷肉，有時候從那邊再想過來是應該吃肉，只是這樣子，都是意識自己在思惟，哪來的兩個人？但是意根不參與討論，意根只是在旁邊看著，看最後結論應該如何？

那意識心往兩邊思惟後，結論認爲：「應該要素食，否則我學什麼佛？」結論出來了，那麼意根就下決定了，可是意根下決定的時候不會跟意識說：「好啊！你這個說法才對，你那個說法不對，我們就採取這個說法。」意根從來都不這樣講，祂下了決定就是決定了，都用不著語言文字，所以意根從來不說話。不說話就是不說話，會說話的都是覺知心，都是識陰，特別是意識。所以意根還是默容的，因此下一世重新出生的時候意根不會說：「意識啊！咱們往世是阿羅漢欸！」祂不會說話，而祂也不懂得這個道理，也不知道自己往世曾是阿羅漢，祂只是把往世的一切種子抓得緊緊的，只知道不能放棄，可是祂不會講也不加以了知；祂也不會拿出那些出世間法的種子來給意識看，也不會講道理給意識聽。縱使意根能把往世的出世間法種子拿出來跟意識說，這一世的意識也聽不懂，因為意識不是從上一世往生過來的。

一個剛出生的六個月、一歲、五歲的幼兒，他的意識能聽懂什麼？所以往世證得聖道的種子仍是意根所默容的，而意識是這一世才出生的，不能接觸到意根所含容的那一些往世的出世間法種子；得要等到因緣成熟了，又遇見了通教菩提，於是又開始聽聞解脫道，使他今天證得初果，明天就證阿羅漢果了。這是因為意根把往世的種子從如來藏中勾出來了，意識遇到正確的解脫道正法而思惟的結果說：「啊！應該如此！所以應該捨盡一切成為涅槃。」於是他第二天就成為阿羅漢了！但是意根呢，在意識今天聞法而得法眼淨、證初果的時候，意根也不會說話；可是意識得法眼淨、證初果後下去思惟時，意根就把所默容的往世出世間法種子供應給意識了，所以意識整夜不斷地思惟的結果，第二天就成爲阿羅漢，於是馬上就到 佛前稟報：「世尊！我生已盡，梵行已立，所作已辦，不受後有，知如眞。」世尊問清楚了就說：「如是！如是！你不受後有，是阿羅漢了！」佛世大部分阿羅漢都是如此。當然，也有人是聞法當下就成阿羅漢，那更是往世曾經證得阿羅漢果，這一世是追隨 世尊來人間示現的。例如初轉法輪五比丘，或是後來其他的「善來！比丘！」道理都是如此。

所以意根從來不講話的，祂是默容的，覺知心在自己心裡討論來、討論去，都是意識自己切割成兩個部分，自己在演練、討論；那意根在旁邊只是看著，等候看最後結論是什麼，然後意根就下決定了；意根下決定的時候沒有宣示說：「我決定了喔！」祂就只是直接下決定了，所以祂是默容的。這個默容不單是世間法，包括聲聞種子，祂也是默容。

那麼「唯聖與凡」的這個「聖」，我們講了第一個聲聞菩提了；只要往昔曾所實證，那個種子都會在，就由意根所默容著，未來世遇緣又會現行。正因爲這個緣故，所以 佛陀看到這裡許多眾生得度的因緣成熟了，就來這裡示現；往世所度的弟子們，例如五比丘，因為還沒有離開胎昧，所以 佛陀得要去尋找他們，為他們說法，然後大家聞法的時候得到法眼淨，佛陀再度演說一遍勸修，最後再講第三遍要他們實證。

世尊對那五比丘，也就是憍陳如等五人，親自前往鹿野苑的雞園中為他們說法，是四聖諦、八正道連著演說三遍，所以叫作三轉十二行法輪。連著說三遍，第一遍是說明四諦八正的道理；第二遍是說明應該要這樣，勸他們要實修；第三遍說明因為這樣，所以應該要證。所以第一遍聽完的時候憍陳如得法眼淨、證初果，第二遍聽完時，另外四個人得法眼淨，世尊演說第三遍時五人都成為阿羅漢。那為什麼他們能夠這樣？因為意根默容一切出世間法。他們往世已曾追隨 佛陀修學過了，所以第三轉十二行法輪的時候，意根就把他們往世所熏習、所證的種子全都從如來藏中流注出來，於是他們意識當下就相應，意根當下就斷了我執，因此成為阿羅漢，這表示他們的意根在往世已經默容了所學所證的出世間法。

那麼如果有人心中有慢，他不願意讓人家認為他是在 佛的座下證因緣法成辟支佛，他希望在未來無佛之世，自己獨覺成為辟支佛，所以在佛世聽

聞　如來演述因緣觀的時候，他不肯努力觀行，因為不想在那一世證得緣覺果。接著他就轉到未來世去，佛陀也已經示現入滅了，然後他自己去思惟十因緣、十二因緣，最後他成為獨覺，叫作無師獨覺，就是辟支佛，這時才具足因緣觀。那麼你來看看，他未來世出生以後並沒有修學因緣法，而他能夠實證因緣觀，就是因為他的意根默默地含容往世所熏習的種子，所以當他未來世開始修行的時候，那種子由意根的作意而從如來藏中流注出來，意識相應了，於是使他成為獨覺，正是意根默容往昔所修學的出世間法。

這就是四聖法界裡面的第二種辟支佛法界！那他在未來世的意識是新生的，並沒有聞熏過因緣法，可是意根含容了那些因緣法，因此當他的意識開始修習因緣觀的時候，意根就從如來藏中引出了那個種子，意識相應了，他就當生成為獨覺，就是辟支佛了！所以四聖法界中的這個因緣法，也在他聞熏之後由意根受持默容了，但卻是等他在未來世自己觀行的時候才加以實證。可是沒有慢心的人，他在　佛陀說法的時候，就順便取證因緣觀了，於是他既是阿羅漢也是緣覺，但因為是聞　佛說法，是經由音聲聞　佛說法而悟入因緣觀，所以不稱為獨覺，仍然稱為聲聞緣覺。

那麼佛世那一些大阿羅漢，既證阿羅漢果得聲聞菩提，也證因緣法具足因緣觀成爲緣覺，但是又迴心修學佛菩提，於是又把他們往昔多劫親隨 釋迦如來所聞熏的、在佛菩提道中所實證的佛菩提種子，經由當時意根陪同意識聞熏之後，從如來藏中勾引出來。於是 佛陀說般若諸法沒多久，施予教外別傳的機鋒時，他們又重新證悟了！可是他們的意根並沒有站出來告訴覺知心說：「欸！咱們過去世聽過釋迦如來講過這個法，我們以前就是祂的弟子了，所以你現在趕快要悟回來啊！」意根是永遠都不會講話的，但是祂會直接從如來藏中把那一些種子勾引出來，如來藏就配合了；這一流注出來，於是他很快又實證了，很快地又往前快步進發，這也是意根之所默容。

雖然意根從來不表示意見，但依舊默默地含容著往世所熏習的佛菩提道種子，這就是「意根默容十方三世」四聖法界中的菩薩法界諸法。然後繼續進修菩薩道，未來世可以成佛；成佛之後仍然不入滅，只是示現有入滅，其實是轉到十方世界繼續示現八相成道，利樂有情永無窮盡！那麼這一些以前成佛以來所受持的一切佛法，同樣也是由意根默容，須要用的時候就拿出來用了，這就是函蓋了四聖法界的最後一個法界，叫作「佛法界」。所以 世尊說「唯聖與凡，無不包容」，眞是　釋迦如來的誠實語！這一種現象其實在諸位身上往往都可能遇見。

我們很早期有一位同修，他說：「我從來沒有聽過人家講過《金剛經》，我也從來沒有讀過《金剛經》，可是我學佛前夢見過很奇怪的事，夢見自己往世讀《金剛經》、學《金剛經》。」然後就問我：「那《金剛經》到底講什麼？」因爲我們早期不談《金剛經》，不談什麼經、不談什麼論，我們只講禪，最早期是這樣的。然後我就說：「我們講禪，就是《金剛經》；證得如來藏而明心，就懂《金剛經》，所以你不是這一世才學佛，是過去很多劫以來就學過佛的。」那他還沒有學佛以前便作了這個夢，這是誰所含容的？（有人回答：意根。）就是意根！因爲他此世的意識並不知道啊！既沒聽過，也沒讀過，也沒看見過，今世既然夢見了，就表示他的意根默默地含容了他自己往世曾經熏習《金剛經》中的那些法義！所以這一些事情在自己身上都可能會遇見。

別以爲說這個跟你無關，有時你會夢見往世的事情，有時候你會夢見即將發生的事；當你夢見往世的事情時，你會覺得奇怪說：「我往世眞的這麼有錢嗎？」有的人說：「我往世眞的這麼有權勢嗎？」有的人說：「我往世眞的這麼惡劣嗎？」有的人說：「我往世眞的這麼下賤嗎？」我告訴你，每一個人過去世都一樣，什麼都經歷過；國王、皇帝，每一個人都當過；下至於妓女、乞丐，每一個人也都曾經當過。你可別說：「我是個男眾呢，怎麼會當過妓女？」焉知你往世沒有當過女眾？其實什麼都幹過，連三惡道都混過很多遍、再回來人間，然後又再去混過很多遍了。但是意識都是只有一世，都不知道往世的事情，可是往世的事情來到這一世，緣熟的時候意根感應出來，就是要實現那個因果了。

所以縱使自己希望避掉那個因果，也還是避不掉，終究發生了：事先夢見的結果眞的發生了，逃不掉。有時是無記業的因果會實現，非關善惡；然後自己心裡面想：「我後天要到那裡去，要幹什麼事情，我眞的會跟老闆講這些話嗎？」因爲心裡面充滿著懷疑：「我後天正好要去找那個老闆談一些事情，可是怎麼會講那一些話，眞的如此嗎？」有這個作意，所以就留意著了；去到那邊，果然一句又一句都沒有變化，完全都與夢裡所見一樣，每一個字也都一樣，就這樣完成了這件無記業。這不是意識故意要那樣控制，但它就是那樣把整個過程完成了，那你說，這不是意根之所含容的嗎？

因爲作夢也不是由你的意識控制去作那個夢，跟老闆間的對話也不是你在夢中故意安排——不是你在夢中的意識安排說「我在夢中要如此作夢」。有沒有誰曾經安排說「我夢中要怎麼夢」的？沒有嘛！可是就這樣夢了，結果去到老闆那裡，雙方說出來的話還是夢中所夢的一樣，一字不易；沒有多一個字，也沒有少一個字；沒有多一句話，也沒有少一句話，就這樣完成那件對話。這其實都是雙方意根之所默容，是因爲往世的無記業種現在成熟了；雖然是個無記業，但無記業也是業呀！那麼這件事情，或者交易、或者商議討論，就依照所夢的內容一模一樣完成了，因此說「惟聖與凡無不包容」。

那意根永遠是默容，祂從來都不會說話，不會跟你意識覺知心作什麼提示，所以意根總是默默地含容，而意識不一定曉得；縱使後來能曉得，是因爲你道業有所成就，可是仍然無法具足了知意根之所含容！直到最後的階段，達到最後世而成爲一生補處，然後下來人間成佛，那時才算「盡其涯際」，這就是所應知的十方三世一切世間法、出世間法，無不了知，全部究竟。爲什麼那時候意識能具足了知意根之所默容呢？是因爲意識已經通達意根諸法，能令意根與往昔所曾經歷、所實證的一切世間、出世間法具足相應，所以才能成佛，但是意識自身終究沒有辦法具足了知！所以得要靠意根來運作。因爲與如來藏中含藏的種子相應的並不是意識，而是意根，意根可以直接相應。成佛時的意識就運用意根這個特性，直接從如來藏中去相應，結果還是經由意根才能相應！因此說「**意根圓滿千二百功德**」，所以不要小看意根。

雖然我們在破斥常見論的時候，常常會拿出來說：「**大法師悟錯了，他一天到晚在講：『清清楚楚、明明白白，處處作主的，就是眞如佛性。』**」我們評論他說：「**那叫作識陰六個識，再加上遍計所執性的意根。**」說他還沒有斷我見，根本不懂什麼叫作眞如與佛性。可是從眞實證悟的菩薩來講，我們的識陰六識加上意根，這七個識是生生世世都不捨離，因爲我們世世所修的並不是聲聞道；必須要世世常在人間自度度他，乃至成佛，所以每一世的七轉識都要現行，不能取滅而入無餘涅槃，那麼這時就得要藉意根的特性，由意識指導著五陰努力修行、淨化自己，然後意根就可以漸漸地轉變清淨，漸漸地比前一世更能相應於如來藏中含藏的一切世間、出世間法的十方三世種子。所以意根是能默默含容一切諸法的，修學佛菩提道的人就是要利用意根的這種特性來修學佛法；直到成佛，同樣以此法來利樂一切有情。那麼爲何我要特別把意根講這麼多？因爲意根很重要，意根時時現行而不曾中斷，意識則是常常會中斷。

在這裡要順便跟大家討論一個問題，討論什麼呢？睡覺。你們有誰生來都不睡覺的？請舉手，沒有。因爲欲界中法一定要睡覺。睡覺是不是死亡？不是。如果睡覺是死亡，誰都不敢睡了。睡覺不是死亡，可是睡覺的時候，當你睡著了，識陰六個識還在不在？不在了！識陰既然不在了，覺知心已經滅失了，怎麼可以說你在睡覺？因爲沒有覺知心我了，不是嗎？既然沒有我，就是空無，就是斷滅，怎麼可以叫作睡覺？那麼請問睡覺的時候還有誰？（大眾回答：意根。）意根還在嘛！那麼睡覺的時候你覺知心不在了，請問睡覺的是誰？（有人回答：……）是意識喔？意識都斷了，怎麼會是意識在睡覺？那麼睡覺的是誰？（大眾回答：意根。）是意根嘛！

可是千萬別誤會了，因爲這個法，我以前四二五在高雄巨蛋講過一次，但我只是幾句話就帶過去了，不免有人誤會，今天得要爲大家稍微再講一下。眠熟時意識斷了，前五識也斷了，你可不能說意識在睡覺吧？不在的法怎麼可以喚作祂在作什麼。說祂能作什麼都不是，因爲無啊！所以實際上睡覺的是依舊存在的意根。那意根在睡覺時就是眠熟位，那時意根是不是像意識一樣不見了？還在嘛！對不對？那祂是不是像我們所說的，睡覺以後祂什麼都不知道？有沒有人說祂眠熟時什麼都不知道？如果意根在睡覺的時候什麼都不知道，那你怎麼知道身體這邊壓得痠痛了要翻身？因爲這邊不舒服啊！祂覺得法塵不對，所以把意識喚醒一點點，來看看是什麼原因，然後知道：「啊！原來這邊痠了、麻了。」於是翻個身，意識又不見了，繼續進入眠熟位中。那麼睡覺的是誰？是意根，不是意識。意識不會睡覺，是意識斷了、是意識不在的時候才叫作睡覺，那怎麼可以說意識在睡覺？可是眠熟位的意根並沒有中斷，也並不是什麼都不了別。

現在回頭來說一個問題，睡覺眠熟的是意根，那麼醒來的時候意根在不在？可不可以說我們醒來的時候，意根消失了？可不可說我們醒來的時候，換意根睡著了？可不可以？（大眾回答：不可以。）不可以喔！因爲你在聞法的時候，覺知心在分別說：「這個法對，我要接受。這某甲大師亂說一通，我不接受。」不接受就把它忘掉，或者把它記錄起來作為未來言說之資，當作笑譚來跟別人講。是誰決定要記起來？誰決定要接受？誰決定要把它摒棄？是誰決定的？（大眾回答：意根。）是意根。你的耳識、意識聽見而進去覺知心以後，意根作了決定。既然意根在你醒著的時候在作決定，就不能夠說：「當我們醒過來的時候，換意根睡覺了。」不可以這麼講。如果你醒過來以後，意根就睡著了，那該誰來下決定？那麼聽過就等於白聽一場了。

那就好像有一個人對著牆壁講話，牆壁聽完了也不會決定要記錄下來，就等於這樣！那麼人家說法者是白說，他可就是白聽了！所以你睡著的時候，睡覺的當然是意根，因為意識已經不存在了！意根繼續在那個狀態中安住，讓意識消失了，這叫作睡覺，所以睡覺的是意根！但不可以說：「我們醒來的時候換意根睡著了。」意根睡著了意思是什麼？是意根中斷了！

所以我說的「意根睡覺」不同於世間人講的睡覺，我是把睡覺的眞相拿出來說明。一般人所謂的睡覺是說意識不了知，他們認為那時意識還在，只是不知道。而我說的睡覺是意識中斷了，不存在了，但是意根還在，所以睡覺的本質是意根繼續住在那個沒有識陰六識的境界中，那才叫作睡覺。

但是意根雖然會睡覺，卻不可以說我們醒來的時候換意根睡著了；因爲那一句「意根睡著了」，是在前面那一句「我們醒來的時候」的後面說的，那就成爲什麼？我們醒來的時候意根斷了，不見了。是不是這樣？是喔！所以我說的法常常會有一些經論上沒講過的，或者別人沒講過的，但卻是如實的。但不可以弄不清楚我說的全面的義涵，然後就自己把它發揮，發揮出來就出錯了，就變成說「我們醒來的時候換意根睡著了」，那其實就是指證說「意根中斷了」。因爲這兩句前後相起相承的結果，意思就變成意根中斷了。意根在睡覺的時候繼續在了別，何況是清醒的時候祂更會了別，怎麼可以說祂睡著了呢？所以我說的「睡覺的意根」，並不是說睡覺的時候意根中斷了，也不是說睡醒的時候意根就不見了，當然也不是說眠熟位的意根睡著了而無所了別而說是睡覺，我講的是眠熟時的意根，可不能誤會！

那麼剛剛跟諸位講的內容是在說明什麼？說明你耳識與意識在聞法的時候依舊不離意根；當你以眼見一切諸法的時候，依舊不離意根；當你以舌根爲人說一切法的時候，依舊不離意根；即使眠熟時依舊不離意根，更何況作夢時獨頭意識運行中，當然更不離意根！所以意根當然具足一千兩百功德。但是這個意根具足一千兩百功德，不能跟前面五根混爲一談，因爲祂有自己的功德性；前五根也各有自己的功德性，不歸屬於意根；然而前五根在運作的時候，祂們的功德性都要依賴意根的功德性來支援才能完成。所以意根雖然「默容十方三世一切世間、出世間法」，但祂仍然不能把前五根所有的功德法據爲己有；即使意識作了錯誤的認知，而意根把這個錯誤的認知據爲己有，實際上仍然是前五根所有的功德配合著，前五根依舊各有自己的功德，而意根所有的功德仍然是自己的一千兩百。今天把這些道理講了，杜絕以後再有人把它拿來亂講。

現在言歸正傳，回到《法華經》的經文來，說意根這一千兩百功德要怎麼樣才能具足獲得？世尊說，前提是「善男子、善女人」。信受　如來聖教的人才是「善男子、善女人」。如果是惡男子與惡女人，可就沒有這個功德；因爲惡男子與惡女人會說：「意根根本不存在！」當他們把意根否定的時候，他對於意根的功德就完全不能了知；所以他們想要了知意根的一千兩百功德就不可能，所以前提是「善男子」與「善女人」。如果有人主張「大乘非佛說」，如果有人毀謗說：「《法華經》中說的都是神話，不可信。」他們就是惡男子、惡女人。

善男子與善女人，在如來滅度以後受持《妙法蓮華經》第八識，或者閱讀，或者朗誦，或者爲別人解說，或者書寫流通，全部具足圓滿了以後才能得到一千兩百的意根具足功德；那麼請問：讀、誦、解說、書寫，對象是什麼？或者正確一點說：標的是什麼？而「此經」「妙法蓮華經」的讀、誦、解說，以及爲人書寫「妙法蓮華經」，要到什麼時候圓滿？什麼時候圓滿？成佛的時候圓滿。那時才能具足意根的一千兩百功德。所以那個時候大圓鏡智、成所作智都成就了，妙觀察智、平等性智到那時候也圓滿具足了，這才是眞的成佛。

但是在因地，只要把「此經」努力地讀誦、解說、書寫，這個功德就會在將來漸漸成就；將來入地以後意根是清淨了，雖然不免還有習氣種子，但畢竟是可以出離三界生死苦了，這就算是「清淨意根」；因爲也通達了佛菩提，這時當然也函蓋了二乘菩提，於是「以是清淨意根，乃至聞一偈一句，通達無量無邊之義；」這在告訴我們說，如果能夠這樣子清淨了意根，當他聽聞到大善知識口述一句或者一偈經文時，他就可以通達無量無邊的義理。有時有一些法義你怎麼讀都不懂，就算悟了也讀不懂；可是等到有一天你通達了以後，也就是成爲「清淨意根」之後，你回頭再讀到那一句經文，自然就懂了，這就是通達的功德。

那麼通達的意思是什麼？這就要探究「通」與「達」兩個字，譬如一座迷宮，進去以後有很多人往往繞不出來，繞不出來時就說他不通。如果能達，也就是說他從入口到出口很快就出來了，能達就表示他通了。所以通達的意思是說裡面的所有通路都知道，因此他想要到某一個地方全都通，這叫作通達。那麼佛菩提道中的通達，聲聞道、緣覺道的通達，定義不同。聲聞道、緣覺道的通達都只是見道而已，可是他們的見道還有一點小問題，就是說，該怎麼樣去具足了知解脫道，還不一定能作得到；雖然不一定能作得到，也不一定能爲人解說，無妨叫作見道，只要三縛結斷盡就行。

那他們什麼時候能具足爲人解說二乘道？得要圓滿實證！所以能具足爲人解說聲聞解脫道或者緣覺因緣觀的人，必須是已經實證無學果。所以說見道是尚未具足實證，而通達就等於具足實證了！如果沒有實證，無法爲人具足解說二乘菩提，那他們的通達顯然是全部實證了！然而佛菩提道的通達就不一樣了，因為這是智慧；所以通達了佛菩提以後，他就對佛菩提有全面的鑑照；就好像說，有一個人管理好大一個倉庫，哪一排的哪一格放什麼，第幾排的第幾格放什麼，他全都知道，所以只要問他，他可以帶你直接到那裡取得那個零件，所以他對那個倉庫的內涵是通達的。菩薩道的通達就是如此，對於某一個法應該是在佛菩提道裡面的哪一個位置，他很清楚地知道；然後由那一個位置怎麼樣通到其他的諸法，他也都知道，這樣才叫作通達。可是他雖然通達了，依舊沒有辦法自由自在地運用，因為那倉庫管理員畢竟只是管理員；那些零件要怎麼用、什麼時候用，是老闆的事！老闆下了決定他才可以拿出來用，他只是管理。

通達位的初地菩薩就是這樣子，什麼時候能具足使用一切法呢？等到他將來成佛的時候。等於世間法中當上老闆了，才能具足用。可是他在通達位中，對於一切法在佛菩提道中的位置與層次，以及這一些法跟其他諸法的關聯性，全都知道，這樣叫作見道的通達位。所以假使你已經通達了，有人告訴你說：「**佛法的修證就是要證涅槃。**」你才只聽到這麼一句話，你心中已經很清楚地知道佛菩提道的首要是證涅槃，這一句話所說在整個佛菩提道裡面是在什麼位置，它跟三乘菩提的關聯，它跟佛菩提道諸法的關聯，你都馬上知道了。

你才聽到這麼一句話，就可以立刻問對方：「在佛菩提道中所要證的涅槃有幾種，你知道嗎？」就準備從涅槃開始講。對方說：「欸！涅槃不是只有一種嗎？」你說：「不！涅槃有四種，才是佛菩提道裡面具足要修證的。那麼佛菩提道中有四種涅槃，其中一個是佛菩提道修學之中首要應證的，叫作本來自性清淨涅槃。而你說的很含糊，不夠清晰。所以我重新說明，佛菩提道實證首要之涅槃，就是本來自性清淨涅槃。」然後如果對方再問起其餘三種涅槃，你也可以爲他們解釋；包括其他三種涅槃，總共有四種涅槃，而這四種涅槃各自的位階是什麼，也能說明白。因爲你對於四種涅槃在佛菩提道中的位置都已經清楚了，你也知道這四種涅槃與其他諸法互相的關聯是什麼，所以你就可以從他這一句話開始，可以跟他講上半天佛法了，都不必打草稿。

那麼對方一聽：「哎！不得了！士別三年刮目相看。」這就是因爲意根的清淨！而且這個通達是經由實證「妙法蓮華經」如來藏才能通達的，所以甚至只聽人家講一首佛經裡面的偈，或者只是聽到人家說佛經裡面的一句話，你也可以通達無量無邊之義。所以當人家說修學佛法主要是證涅槃，你就說：「你想聽一聽自己剛才說的這一句話的眞實義嗎？」他不服氣就說：「哼！你懂什麼？」你就說：「那沒關係，我先聽你怎麼講。」你就先讓他講，他講不了三、五分鐘就沒了下文，然後你說：「你眞的要聽我講講看嗎？」他一定存心要你好看，就回答說：「我要聽啊！」你說：「那你先準備好，三個鐘頭都不要打斷我的話。」

當他同意了，你就開始演講了，你不用打草稿，就從本來自性清淨涅槃來講清楚，然後用這個大乘涅槃來拆解二乘的有餘、無餘涅槃，說明那二個涅槃其實還是這個大乘涅槃；然後再來拆解佛地的無住處涅槃，說明佛地那個涅槃本質也還是這個因地的大乘涅槃。至於爲什麼如此，你就先告訴他本來自性清淨涅槃的四個面向；講完之後再回來講解二乘聖人的有餘涅槃、無餘涅槃中，爲什麼還是這個大乘涅槃；你再來講這個，把其中的道理講清楚。然後再回頭來詳細講解：爲什麼佛地無住處涅槃也還是這個涅槃，把其中的道理也都講清楚。當然，這就比較麻煩了，因爲牽涉到習氣種子的斷盡、無始無明的斷盡，塵沙惑、上煩惱的斷盡。那你這樣細說下來，要不要講上三個鐘頭？當然要啊！

因爲光講一個斷我見、斷三縛結，你就得要講個一小時、二小時了，然後講到修成有餘涅槃，你得要講多久？何況你要具足講解四種涅槃呢，眞的三個鐘頭都不許他來打岔，否則你鐵定講不完！爲什麼你能夠這樣講解？是因爲你已經通達了。對於某一個法，它在整個佛菩提道裡面，是住於什麼層次、什麼地位，你都弄清楚的時候，你就是通達了，那你就知道這個法跟佛菩提道中其他的法互相之間的關聯是什麼，全都知道。就好比世間法中東西南北上下的關聯，你都知道它們的關聯了；所以 世尊說：「乃至聞一偈一句，通達無量無邊之義。」

接著說：「解是義已，能演說一句一偈至於一月、四月乃至一歲，諸所說法，隨其義趣，皆與實相不相違背。」這告訴我們說，由於「通達無量無邊之義」，你眞實理解了這個眞實義，能把從人家那裡聽聞來的一首佛偈，或者一句佛語，就可以演說看來似乎簡單的一句或一首偈。看來不過是一句或者一首偈而已，很簡單；可是當你演說下來，可以演說一個月、四個月乃至一年；因爲由這個法演述出去以後，再歸結回來，再演述出去跟另一個法相關的關聯性，然後再歸結回來；就這樣不斷地演述、再歸結，演述歸結、演述歸結，你永遠都講不完。

我們以前還沒有作過這樣的說法，因爲經文都已經講解不完了，沒時間這樣子講。不過我作過的演講就有類似的，例如《甘露法雨》、《邪見與佛法》，還有講過《我與無我》、《大乘無我觀》。有時候我自己都記不得曾經講過什麼了！那些演講，我們並不需要特地打什麼草稿，假使需要的時候，提前半個鐘頭寫一寫綱要，上場就講了。可是也沒有誰能夠挑毛病，因爲我們知道所要講的內涵，在整個佛菩提道裡面是屬於哪個位階，跟其他的法有些什麼關聯性，而我有多少時間，可以講多少法，就把最重要關聯的地方，把它講出來就圓滿了。

剛剛你們說《我與無我》，那個題目也很有趣啊！以前佛教界爲了我或者無我，爭論了將近兩年，所以有一段時間，臺灣佛教界都不可以說「我」這個字；如果有人想要說**「我去年講了什麼法」**，他得要這樣說：**「我們去年**

講了什麼法。」把別人也拉進來。所以有一段時間「我們」也隨順大家這個說法，我也跟著大家說「我們去年講什麼法」，其實都是我講的，你們何嘗講了？（大眾笑…）那一段時間就是「我、無我」扯得很嚴重，都不許大家說「我」，如果哪個大善知識說：「我前年講了什麼……。」人家都會說他：「喔！你還有我！」所以我想，不如把這個題目講了，以後大家都不要講什麼「我、無我，有我、無我」，不要再說什麼「我們講、你們講」。

然後乾脆就把道家那個八卦、太極，也把它拿進來講，所以書的封面故意設計成太極圖，書的扉頁才會放上那一首偈。我要說明的是：太極其實就是如來藏，只是他們全都證不到而已，所以他們說的太極就變成純屬想像之法。我說他們「太極唯臆想」，他們對太極眞的只是想像，但對我們而言，太極就在眼前，由太極出生了人間的男女，有時生爲男人，有時會被太極如來藏出生爲女人，都不是想像的！

所以當你通達了，聽到人家講某一句經文的法，或者人家提出經中的某一首偈來講，你就用那一句經中的聖教或那一首偈，爲人解說一個月、四個月或者一年，就看你要講的是廣說或者講得狹略；或者想要講深的，或者是要講淺的，那就要觀察當機之人適合聽什麼樣的法。所以，如果要三根普被的話，沒有一年你還講不完呢。所以 世尊講《法華經》時其實就只有三個字——如來藏，如果要講長一點——《妙法蓮華經》，那就得要開、示、悟、入，也就只是如此！但是 世尊講了那麼多，我們在末法時代怕人家不信「此經」，也怕人家毀謗勝妙經典而下地獄，所以我們要詳細加以演繹、解說，於是我們講了這麼久。

這就是說，通達與否，影響到你對於經中的眞實義是否具足函蓋整個佛菩提道的內容；只要能通達了，你就能函蓋整個佛菩提道。但是說到成佛，你還作不到；因爲初地這個通達位，也只是個管理員而已，眞正要能具足運用呢，就是成佛時自己當老闆了！可是先知道好不好？好啊！因爲可以了知成佛之道的整個內涵與次第。就好像長者子想要繼承長者的全部家業，得要先知道長者所有家業的內涵，也要知道怎麼運用。等他都知道、都沒問題了，長者才能把整個家業全部交代給他，所以你得要先通達。

只要通達了，你就可以從某一首偈、某一句經文，往四面八方輻射出去；由這一個法通向任何一個法，知道這個法與其他所有諸法之間的關聯性，這樣才能叫作通達。通達了才可以爲人演述一首偈，或者一句 佛陀的聖教，講上一個月、四個月，講上一年。雖然講了這麼久，所說的法是由這個法出發而關聯了很多很多不同的法，但是隨著你所說的這一些無量無邊法，使很多人受益了，而你所說的這些無量無邊法，全都跟實相不會有所違背。我們二十年來所說的那麼多法，正是如此而演說出來的，因此不會有前後衝突、互相違背、自己牴觸的情況。

如果不是親證，而是靠所謂的思惟、整理，他所說的法一定會前後矛盾；如果天下都是瞎子，他就沒有問題，因爲大家跟他一樣瞎；所以他拿到一個紅蘋果說：「這是一個綠色的芭樂。」也沒有人會說他不對，因爲大家同樣都看不清楚，都認爲可能就是他所說的那樣。就算有人要說他不對，也是像俗話說的「公說公有理，婆說婆有理」；旁邊不參加對話的人不說也會有理，他們都可以自己認定。就像釋印順寫出來的書，不就這樣嗎？很多人攻擊他，可是最後變成各說各話，結果是大家全都有理；爭執到最後，也有人說大家都無理。結果是有理無理大家各說各話，因爲大家都沒開眼啊！可是後來正覺同修會出現了，開始弘法了，他釋印順可就瞞不了別人了！因爲正覺同修會出世以後，會幫人家把眼睛撥開，把眼裡的白內障剔除掉，讓人家可以看得見正法；而他釋印順繼續看不見，他就沒資格講話了！

所以你們看，我們評論釋印順的書籍那麼多，他沒有回應過一句話，更別說是回應一本書出來，因爲他知道自己無法回應。他很聰明，懂得迴避、不回應；只有夠笨的人才會回應正覺的法義辨正，但回應以後問題更大，最後只有出糗更多。可是你如果實證了，出來弘法以後講了三年、五年、十年、二十年，結果是前後一貫，不會有矛盾或自相牴觸的地方，因爲所說的法是實相，所說是前後一貫的；這一貫的法叫作如來藏，或者從另一方面而叫作佛性。而從這個一貫的法衍生出去，四面八方的所有附屬之法，都跟這個一貫的法不會有所違背，因爲你是親證的，不是思惟或想像出來的。

當你親證了這個法，能夠現觀這個法與其他周邊諸法的關聯，所以你是以這個法爲中心來演說周邊的諸法。那你依於這個法來解說周邊的諸法時，就不會與這個一貫的實相法有所違背；所以實證的佛教界中，寫出來的書中言之有物，套一句閩南話說「大碗擱滿墘」、「粗俗擱好呷」。（河洛話。大眾笑…）對啊！很高貴、很珍貴的東西，而且眞材實料幾乎要滿出來了。我們的書，哪一本不是這樣？才只賣臺幣兩百塊錢！現在紙價飛漲、印刷費等，什麼都漲價，而我們依舊維持兩百塊錢來賣。還想要繼續維持，不到最後關頭，絕不輕言什麼？漲價！（大眾笑…）所以《金剛經宗通》還是賣兩百塊錢啊！可以預見的是這九輯流通後，換《實相經宗通》還是兩百塊錢。（編案：後來考慮流通成本的持續增加，不得不調整為每冊二百五十元。書本批給總經銷時，只能得到定價四成五的書款，只是成本。）

那我們寫出了這麼多的書，每一本書裡面說的法都是講得很詳細、很廣，已經出版一百本了。如果不是因爲通達，法講得越多就會有越多破綻，早就被人家攻擊到體無完膚了！然而你如果是實證的，然後依於通達的智慧來詳加演說，雖然你說得那麼廣、那麼多、那麼深，但不會與實相有所違背，這就是通達於無量無邊之義所得到的功德。但是這個意根的清淨功德並不容易獲得，因爲這個通達必須要有足夠的福德作支撐，必須要在無量劫中不斷地利樂有情、護持正教，在這個過程當中去增長自己的智慧；同時也讓眾生來磨練你，不斷地磨到最後你的稜角都消失而變圓了，於是你出來說法時也就會圓滿。

所以要有心理準備，你想要獲得「清淨意根」一千兩百功德，第一，要爲正法、爲眾生努力去作事，藉此來成就你的大福德；第二，要讓眾生磨，也就是藉眾生的惡劣來修除你的性障，把你的我見、我執、我所執的堅固執取習性都磨到不見了，可以取證解脫果了；第三，你在這一些法上不斷地一世又一世實證、提升，最後得以通達了，這時才會有第一分的「清淨意根」，否則不會有「清淨意根」的功德。所以這一段開示中 佛告訴我們的是，用這個「清淨意根」聽聞一偈一句的時候，可以「通達無量無邊之義」，而這個「清淨意根」的境界並不容易達到。

可是不管誰修學佛菩提道，這都是必經的過程，現在只剩下一個問題：你是要現在把它完成，還是要拖拖拉拉去把它完成？（有人回答：現在把它完成。師笑…）對啊！這就好像說，一個大惡人被判了死刑，正要執行的時候，他一定討厭人家拖拖拉拉殺死他，所以才會說：「伸頭也是一刀，縮頭也是一刀，我要痛快些！來吧！」如果他死得不痛快，可能一刀砍下來，由於他縮頭，或者劊子手砍偏了，砍不死他；再砍一刀，又砍偏了，還是砍不死；那他不曉得要挨上幾刀才能死，這就變成凌遲了。所以有智慧的人，要趕快把應該殺死的煩惱，把殺死的整個過程盡快完成。

這就是告訴我們說，這一個「清淨意根」是可以實證的，但是我們在實證的過程中，有法也有次法應該具足修；當法與次法都具足修證的時候，就可以完成「清淨意根」的果證，這時就是你「通達無量無邊之義」的時節，那你就擁有這一千兩百意根的功德了，隨聞一句一偈，都可以為人演說一月、四月乃至一歲，而且「諸所說法，隨其義趣，皆與實相不相違背」啊！到那個時候，你會發覺自己好像什麼都不怕了。為什麼不怕呢？因為別人的所說、所學、所悟，都看在你眼裡。

那一些人所謂的悟，也都悟錯了，你也都看清楚了；你這個時候知己也知彼，下一句是什麼？（大眾回答：百戰百勝。）既然是百戰百勝，那你對於任何人的挑戰，何懼之有？那麼當你發覺正法的護持與弘傳有危機時，或者弘傳正法而有瓶頸不能突破時，唯一的解決辦法就是法義辨正無遮大會，這時你敢不敢接受法義辨正無遮大會的邀請？哈？大聲講出來啦！（大眾回答：敢！）當然敢！因為一切人所謂的實證，不管他們所證的是哪一種菩提，你都已經清楚他們錯在哪裡；假使他們有那麼一絲一毫的正確，呈現出來的是那麼少，你也都知道，而你知道自己超越他們太多太多，全都了知。

就好像全天下的幼稚園學生出來評論你這個大學教授，說你不懂微積分，這時你貼出榜文說：「徵求天下所有幼稚園學童挑戰我的微積分知識。」那你有什麼不敢？當然敢！所以你心中根本沒有恐懼，那麼這時眾生看到你這個情形，面對你貼出來的接受公開挑戰聲明時，他們知道你是不可挑戰的。雖然也會有不懂事的、剛剛進幼稚園的小兒，會私底下寫出不像樣的匿名挑戰書，在網路上跟你挑戰，那由你的學生兩三下就把他們解決了，只要半哄半騙就把他們解決掉了，都還用不著你出面。

所以你所說法都與實相不違背，可是你所說法不是只有一點點，而是「諸所說法」。到這個時節：「若說俗間經書、治世語言、資生業等，皆順正法。」所以即使是世俗法中外道們的經書，你若是拿來演說時，也不會違背正法。所以如果哪一天有什麼大人物邀請我講《新約》或者講解《舊約》，我也可以宣講；我就先用世界悉檀來解說它，也是正法！世界悉檀說完了，接著用對治悉檀來演說它，提點出來說「《聖經》這裡講得好，爲什麼好」；又提點說「這裡講得不好，爲什麼不好；因爲它違背了世界悉檀、違背了因果律」。

接著說，那麼應該怎麼對治？就告訴他們。那麼對治後會變成怎麼樣？就說：「超越《新約》的境界啊！那時換上帝耶和華要來拜你爲師，否則他就無法出離三界生死，連欲界天的境界都超越不了。」

你這麼講解下來，聽眾皆大歡喜說：「我今天來修學以後，將來上帝還得拜我爲師欸！」你把世界悉檀與對治悉檀告訴他們，他們很歡喜啊！假使某些人有不同的觀念，你就用爲人悉檀來講解《新約》、《舊約》，講完了，再把第一義悉檀帶進來講《新約》、《舊約》，這叫作「正人說邪法，邪法亦正」！不信，你把那些大師們寫的錯得一塌糊塗的書，拿來用如來藏的立場重新講解，那些書也就通了。眞的如此！假使《大藏經》中有外道寫的偈或者頌，他們寫出來是質疑佛法的，你把他們質疑的偈頌改用如來藏來解釋，也就變成眞正的佛法了，事實上就是這樣！所以 世尊說：若說俗間經書，它們也會眞的「皆順正法」。

那麼如果是說「治世語言」呢？如果時間多得用不完，有機會來講講四書、五經，或是來講講詩經，那也不錯啊！你就用如來藏來講解它們。那麼人家說：「欸！那還有道家的呢？」也行！你就用如來藏來講解《道德經》，講的也都通，都不會違背實相！因爲它在佛菩提道中所說的世間法中的位階是什麼，它與其他佛法的關聯是什麼，你都可以講出來。講完了就下個結論：「所以呢，老子沒有開悟。」（大眾笑…）人家也不會反對，因爲你在講解的過程中，已經把他有沒有開悟的事實間接顯示出來了！因爲你是從實相來講的，已經把老子所說的《道德經》內涵，在三界諸法中的位階顯示出來了，原來並沒有超過欲界境界。

接著講「資生業等」的時候，何嘗不能如此！所以資生之業，例如年輕人好迷歌星，所以叫作歌迷；那他們迷那些歌星，你也可以用如來藏的持種來講解；講完了，大家恍然大悟，是悟得什麼呢：「哎！原來我們所迷戀、崇拜的歌星，只是忉利天的緊那羅！只是釋提桓因的使用人。」那麼如果有一些藝術層面的，例如音樂心靈層次高一些的樂迷，他們好崇拜柴可夫斯基、貝多芬等人；等你講解完了，他們又悟了一點：「原來他們過去世就是忉利天的乾闥婆！」

然後你就可以鼓勵他們：「如果你們進來正覺實證了，以後未來世，不必當歌迷，因爲他們會主動來供養你，你都不必買門票、買他們的唱片或CD，都不用花錢。」欸！大家一聽，心想：「有道理喔！我就辛苦一世求生天，未來世叫 Pavarotti 來唱歌給我聽。」是可以如此啊！因爲未來你已經入地弘法了，而他才剛剛開始學法，於是他很歡喜而寫了歌詞、編了旋律來讚頌你，那你何妨留著耳朵聽一聽，圓滿他的功德呢？可是追究起來，是一大阿僧祇劫之前，你爲他演說了「資生業」，又因爲他是以唱歌謀生，可是你一大阿僧祇劫之前爲他說的「資生業等」聽進心中去了，而你說的「皆順正法」，所以他終於走進正法來，這也是因爲你受持「此經」而有的功德。

受持之法就從讀、誦、解說、書寫來受持，所以當你通達了以後，你可以用實相之法來解說俗間的經或書。假使有一天你有機會跟大學生講一堂通識的課程，你一上臺，在黑板寫著三個斗大的字「西遊記」，大家眼睛都亮了：「嗄？今天要講《西遊記》！」你就把八識心王帶進來講《西遊記》，那就可以接引他們進佛門。講完了，告訴他們：「爲什麼那些妖精都要吃唐三藏的肉呢？因爲吃了就長生不死啊！那你們知道爲什麼吃了唐僧的肉就長生不死？唐僧是誰？是你的如來藏啊！唐僧的肉是指什麼呢？是如來藏中的妙法啊！只要得到如來藏中的妙法，你就是長生不死的人啊！」大家聽：

「哎！有道理，原來《西遊記》這麼好。」大家終於懂了。「可是《西遊記》講的這個道理你要怎麼實證？你得要進正覺來修學啊！你只要實證了八識心王，這《西遊記》的眞正妙旨你就通了！」那麼由你來講世間的這些書，例如《西遊記》，也就全部隨順於正法。那麼這樣子，就表示你度眾的因緣是很廣的，越來就會越順利了！那麼今天講到這裡。

《妙法蓮華經》上週講到一百六十九頁第一行：「若說俗間經書、治世語言、資生業等，皆順正法。」上週講到「俗間經書」等「皆順正法」，好像還沒講到「治世語言」吧？有嗎？（張老師回答：「資生業」有講。）那「治世語言」應該也有講？（張老師回答：講過了。）講過了，但可以補充一下，例如《道德經》後面說到如何修治自己的心，如何治理眾人和天下的事情等，其實也都屬於「治世語言」。

那今天要從最後一句開始：「三千大千世界六趣眾生，心之所行、心所動作、心所戲論，皆悉知之。」這是說意根清淨的菩薩，除了上週所說的，他所演說的一切世間法，也不會違背正法；乃至於外道所說的邪法，來到這位菩薩口中宣演出來時也會改變成正法。如果有機會拿了哪一首外道寫的頌來，我們用八識論把它講解了出來，也會是正法。可是如果本身是邪見的人，就算是龍樹菩薩的《中論》讓他來講，依舊會變成邪法。這也是事實，不是我們危言聳聽。

例如龍樹的《中論》，它本來就是講如來藏心；但是被應成派中觀解釋以後，那就是用意識心來解釋《中論》；解釋到最後就變成用意識心來想像、思惟，自以爲離開了兩邊，說那樣叫作中道。可是他們講的那些思惟境界從來不離生滅、斷常兩邊。那麼假使你把《中論》裡面所載外道提出的質疑題目，你把外道質疑的那幾首頌，改用八識論把它解釋出來時，可就不是質疑了，就變成認同《中論》了，這是一個很明顯的事實。所以你如果把它全部當作是龍樹菩薩的本意，前後一貫都用八識論來解釋，包括裡面所有外道質疑的那幾首頌也都會變成正法。

假使有因緣，我們可以試著用這樣的方式來解釋看看，諸位會覺得說：「欸！**外道質疑的來到你嘴裡也會變成正法！**」實際上它就是正法！因爲你是依第八識的實相來解釋外道的質疑，那你就應該要瞭解說外道爲什麼會有那一些質疑？因爲他從世間相來看，不離六識境界，就是會有那一些矛盾，於是提出來質疑。如果在六識論的層次來看，就是免不掉有那些質疑，而他們心中的疑無法解釋開來，自己也無法加以闡釋。可是你如果用八識論來看他的質疑，就可以把他的質疑變成演說正法，這根本不是問題。

對於論中那個質疑，每一句後面的問號，都可以把它改成逗點，或者改爲驚歎號，然後你就用八識論來解釋，全部都通。所以佛門才會有一句話說：「正人說邪法，邪法亦隨正；邪人說正法，正法亦隨邪。」你看佛教裡面兩、三百年來的這一些凡夫大師們，他們用所謂的應成派中觀，或者用自續派的中觀，反正就是密宗二大派的六識論假中觀來解釋般若、解釋中道，結果都變成外道法，他們所說、所知的《中論》就變成都是邪法。這是事實俱在，仍然可稽的一些現象。

那麼現代如是，古時候也如是。古時有人說：「龍樹菩薩！您這個論，一定要用八識論來解釋？或是可以用意識心來解釋？」那龍樹菩薩的弟子提婆就提出來說：「這一定要用八識論解釋啦！如果用六識論來解釋，我可以把我師父寫的這個《中論》破掉。」龍樹菩薩說：「那我們來試驗一下，眾生才會信嘛！要不然沒有個實驗的結果出來，眾生也不會相信，那我這部《中論》未來世豈不是要變成外道論了嗎？」於是師徒兩個就眞的試驗了起來，龍樹就改用意識來演說他的《中論》，他的弟子提婆菩薩就隨他所說而當下把他破斥掉。因爲意識不可能符合《中論》的意旨，所以弟子就把師父的論破了。

就這樣闡明了說：龍樹的《中論》得要用八識來解釋才能通，用意識來解釋他的《中論》，有一天一定會被證悟的菩薩所破。這是歷史上發生過的眞實典故，只是那一些密宗所謂的自續派、應成派的中觀師們，他們從來不講這個典故。這就是說，如果你的所證佛法中心主旨是八識論，是以金剛心如來藏爲中心主旨，也就是「妙法蓮華經」、「金剛經」如來藏「妙眞如心」，那麼你來解釋佛菩薩們寫的經、論都能會通；如果是用意識心的境界或自性來解釋，那只是表面通，其實不通。

如果當代都沒有善知識出世弘法，那麼他可以混一世，在佛教界裡興風作浪、唯我獨尊，成爲一個混世魔王；可是有一天，有一個證悟的善知識出現在人間弘法時，他那個魔王就當不了了。古時候如是，現代亦如是；以前沒有正覺同修會出來弘法，釋印順在臺灣佛教界眞的成了混世魔王，他的《妙雲集》一本一本、一套一套印出來，還有《華雨集》一本又一本印出來影響臺灣佛教。那時臺灣佛教界眞的非常混亂，所以兩邊互爭。

可是當時因爲沒有眞實證悟的菩薩可以出來破他，大家全都悟錯而同樣落入識陰之中，那時廣欽老和尚又是禪宗出身的人，不通唯識，又不識字，也沒有辦法破他。如果眞要破他，也舉不出經教上的根據。引經據論得要識字才行，可是他偏又不識字，所以無可奈何。當年汐止有位慈航法師識字，也是研究唯識的，可惜又沒有實證，也無法破他。但是他明知道釋印順的書中所說全都不對，也無可奈何，能怎麼辦？後來就故意請人去買一套《妙雲集》來，然後在佛教界某一些名人面前當眾放火把它燒掉，同時放了一句話說：「將來一定會有人來收拾他啦！」然而能收拾他的人，當時也沒有聽到這一句話啊！（大眾笑…）

當能夠收拾他的這個人開始收拾他了，也還沒有聽到慈航法師生前說的這一句話；是收拾他好幾年以後，差不多十年了，才有人提起這件事。我才知道說：「喔！原來我被他授記了。他還眞厲害呢！」爲什麼呢？因爲想當然耳，必然如此！佛菩薩不可能放著人間的弟子們，讓混世魔王這樣一直糟蹋下去！因緣成熟的時候自然有菩薩重新悟入了，重新來護持正法，這時就容不得混世魔王繼續誤導眾生了。所以釋印順一生不曾評論過我，我卻必須要評論他，因爲他是從根本把佛法常見外道化，密宗就可以生存了。

那麼另外一個我必須主動評論的是密宗，因爲他們也是從根本上把佛教給外道化，對末法時代的佛弟子傷害非常之大，而且影響非常深、非常遠，遠超過釋印順的壞法行爲。那個遺毒也會繼續存在，所以我必須要徹底來處理它；否則未來世再受生來人間時，還沒有離開胎昧，如果一個不巧撞進密宗去，又正巧撞進了應成派中觀去，那不是要冤枉地多繞一大圈嗎？所以這是我們必須主動而作的事。

那麼如果以「**此經**」的實證，依「**妙法蓮花**」如來藏作爲立足點來演述三乘菩提，就不會有錯誤；因爲三乘菩提是依「**此經**——**妙法蓮花**」，也就是如來藏而開演出來的。這個道理我們已經講過很多了，我們的親教師們在電視弘法「**三乘菩提**」系列中也演述很多了，這裡就不再重複說明。所以說，菩薩所說的法，不論是「**俗間經書、治世語言、資生業等**」，全部都會隨順於正法，不相矛盾，沒有衝突。

不但如此，當他意根清淨而於世間無所貪著時，還會有一個功德，就是：「三千大千世界六趣眾生，心之所行、心所動作、心所戲論，皆悉知之。」對於三千大千世界的六道眾生，他們的心是怎麼在運作的？而他們的心有什麼動作？他們的心有什麼戲論？也全部都知道。意根清淨有很多的層次，最基本的層次就是不貪著人間的五欲——財色名食睡，只要可以維持身心的正常、健康，可以繼續利樂有情也就夠了，並不額外的貪求，這是最基本的意根清淨。

那麼這樣基本的清淨以後，第二個清淨就是要離開欲界法的貪著。前面是沒有貪著了，可是仍然離不開，他只是沒有額外的貪著，但他無法離開欲界五欲。進一步的清淨五欲，則是可以離開欲界的五欲，所以他的境界是可以到達色界的境界，他的心已不住在欲界中，這就是說至少已得初禪的人。即使他的初禪很差，只能當梵眾天，也是離開欲界貪著了。如果好一點的人就成爲梵輔天的境界，或者最好的遍身發，一剎那具足大梵天的境界，全都屬於初禪，這就是眞正離開五欲的境界。甚至於更進一步的清淨而到達二禪、三禪、四禪等，這些都是意根的清淨。

但是意根的清淨層次有種種不同，在人間，我們就不必講太多，只講這兩個層次就好：意根清淨的菩薩，他之所以能夠清淨，是因爲受持「此經——妙法蓮華」。蓮花有兩種，一般說的是水生蓮華，可是你們看諸佛菩薩所坐的蓮華都有蓮花臺，那就不是水生蓮華，在中國另外給它一個名字叫作荷花，仍然是蓮華之屬。夏天來了這麼熱，有些人就煮了些蓮子湯，涼了以後放進冰箱冷卻，到了中午因爲太熱了，吃不下飯，怎麼辦？舀了半碗冰冷的蓮子湯來吃，胃口就打開了，也就吃得下熱飯，就有體力作事了。那麼蓮子是哪裡來的？蓮子就是荷花裡面生的。

既然叫作蓮子，這種花是不是也可以叫作蓮花？不然要叫作荷子嗎？可是它明明被叫作蓮子，所以它是不是蓮花的一種？是啊！只是爲了作區別，給它安立另外一個名稱叫作荷花。這種葉子是離開水面的，這種蓮花有一個特性——花果同時。水生蓮花不長子，沒有果實；那麼水生蓮花是怎麼繁殖的？當它長得夠大，開始繁殖時，它是從一片葉子中心點，在葉梗的地方開始漸漸長出一顆很小的圓圓的葉心，然後接著就從那一點開始長出幾片很小很小的葉子，本有的大葉子下面就從那一點開始長了根，然後本有大葉子的梗與葉子就開始爛掉；最後梗與葉完全爛掉時，它就是一棵很小的蓮花，有好多片葉子，也有水根，它就浮在水中活起來了！然後藉著水，它就開始長大，當根長到足夠接觸到水底的泥巴了，就開始往泥巴裡面生長，這便是蓮花——水生的蓮花。

如果不是水生蓮花，那就另外叫作荷花，葉子是離開水面的，花梗長出來以後，花苞開了，你就看見花苞裡面已經有蓮臺了。如果是水生蓮花，那佛菩薩怎麼坐？它沒有花臺啊！但荷花是有花臺的，那花臺就可以坐。荷花開敷的時候已有花臺，花臺裡面就已經有蓮子了，所以荷花開敷時已經有臺、有子；等到花謝的時候，蓮子就成熟了。所以蓮子不是花謝了以後，再等很久才成熟的，它跟一般果實不一樣。

一般果實得要花謝了以後，然後從花梗再開始長大，才變成一棵番石榴、番茄等等，蓮花是花果同時生。這種蓮花生在爛泥巴裡，花果同時；花苞一打開的時候就有蓮臺，蓮臺裡面就已經有蓮子，隨著花的漸漸長大，蓮子也漸漸成熟，花謝的時候就可以採下來，不必再等它成長，就可以取出蓮子來食用，所以它的特性是花果同時。諸佛菩薩乘坐蓮花，在十方世界，只要是我們這種人類所住的世間，就一定會有這一種蓮花，在爛泥巴裡生長出來，以這個來譬喻佛菩提道的修學，也就是花果同時。

也許有人懷疑：「**眞的如此嗎？**」那我們可以說明一下，譬如你才剛剛證悟，是不是等於剛剛開花？一定是開花了！開花時顯示說你有成績出現了！那如果還沒有開花呢，就是他那個花苞才剛剛冒出來，都還被綠色的外瓣包得緊緊的，而且還很小，幾乎瞧不見。只能夠說他叫作種性住的菩薩，說他有菩薩的種性，可是那個種性還不夠圓滿，所以得要繼續生長。後來終於長高了，冒出水面來——冒出了污泥水面，終於有人看見了說：「**哎！看見花苞生出來了。**」種性住是不會有人看見的。

它終於冒出來，被人看見了；這時候花苞雖然大一點了，可是外瓣全都是泥巴，很髒；它得要繼續成長，這時就是正式修學六度波羅蜜多時。初住修好了，長高一些；二住修好了，又長高一些，蓮苞也長大一些；到達六住位修習般若完了，就說：「**他的花苞已經高大圓滿了！快要開敷了。**」然後才一開敷，大家一看：「**哎呀！裡面有花臺欸！**」這花臺裡面就已經有四顆或十二顆蓮子了，只是那個蓮子還不太大，也還不夠成熟。那些蓮子其實是在水下就跟著花苞開始一起同時在成長了！這就是荷花的特色：花果同時。

那麼現在花開了，人們就說：「欸！你開悟了！」你開悟了就可以看得到你的花臺；可是還看不到蓮子，蓮子包在花臺裡面，那蓮子就叫作如來藏中的一切種子。這時你再把它往前推尋說：「如來藏中的一切種子，我還不很明瞭；但是如來藏呢，我畢竟找到了。而如來藏的這些種子，並不是我悟了以後才有——不是我悟了以後才出生的，而是我還沒有悟的時候它就已經有了。」你現在悟了，終於可以確定這一點。

然後你來看那一些還在種性住的人，包括一切凡夫位的大師們，你來看他們有沒有如來藏？有沒有如來藏所含藏的各類種子？都有啊！所以你現在開花了叫作開悟——悟的時候就是蓮花開了，當蓮花開敷的時候，你發覺到：「原來花與果是同時存在的。」接著你再來回想一下：「還沒有來正覺以前，我是在哪裡呢？喔！是在某一個道場。那個道場很有名的，是什麼？哎！是唸佛會。我們唸佛共修，有時法師、師父會爲我們講一點淨土經典。」淨土經典中說往生到極樂淨土的人，都要住在蓮苞裡面；雖然那個蓮苞很大，方廣五百由旬，所以住在裡面也不會覺得悶，因爲你玩都玩不遍。

但是什麼時候蓮花才會開敷呢？要等到善根圓滿成熟而可以見佛的時候，蓮花才會開敷。所以你在這裡眞的開悟了，往生極樂世界時，就不必在那邊等候蓮花開敷，因爲你是坐金剛臺去的，你不是被包在蓮苞裡面帶過去的。你是坐金剛臺往生而去的，因爲你本來就已經看見果實了。可是你如果還沒有證悟，成爲上品中生的人，死時是西方三聖帶來一朵紫金色的蓮花臺來，因爲你是個念佛的行者，生前已經修學了大乘般若，只是未悟；假使你是發願要往生極樂世界的，你就是那個行者，經文中說「**行者自見坐紫金臺**」，有沒有？有嘛！《觀經》是這麼告訴我們的，說那個念佛求生極樂的行者，這時看見自己的中陰身，「**看見自己坐在紫金色的蓮花臺上**」，然後蓮花合起來，佛菩薩把你帶到極樂世界去，種在那七寶池裡面，要在那邊待一個晚上。

那裡一個晚上等於這裡半個大劫，半個大劫之中你要幹什麼？要聽那八功德水順著你所住的這朵大寶蓮花「**尋樹上下**」，會發出聲音，演說苦、空、無我、無常、六度波羅蜜、十二因緣等等。要在那朵大蓮苞裡面聽多久？等於這裡半個大劫的時光。你住在裡面聽完半個大劫以後，大約要懂了，差不多是懂了，於是那一朵大寶蓮花打開了，佛菩薩就來為你說法，經一小劫你就可以證無生法忍而入初地了。

那一朵蓮花既然可以讓你坐，裡面有沒有蓮花臺？（有人回答：有。）有啊！這就是蓮花要告訴我們的道理。因為你坐在那一朵蓮花時，那蓮花裡面是有寶臺的，你不會遇到什麼花瓣、花梗而被撞倒。表示裡面的果實是跟著你一起存在的，是花果同時；正當開花的時候，果實就已經長成了。至於是否具足成熟，那就是要經過開花以後一段時間，才能具足成熟；但是花開的時候，果實就已經具足存在了。所以你看自己念佛求生極樂世界是如此，在娑婆這裡呢？也是一樣！當你佛菩提道修到開花的時候，你自己來檢查一下說：「**原來這果實是本來就存在的，是花果同時。**」這樣的花才能叫作「**妙法蓮華**」，如果不是這樣的花，就不是「**妙法蓮華**」，因為沒有勝妙可說，也沒有成佛之法可說，那就不是蓮華。

這就是說，當你的所證是這一朵「**能生妙法的蓮華**」，這樣的「**此經**」實證了以後，依於這部經如來藏而繼續進修，第一個步驟雖然還不離人間的五欲，但絕對不貪額外的五欲，這是第一個層次的意根清淨。那麼這一部分的意根清淨，就可以少分瞭解三千大千世界六趣眾生「心之所行、心所動作、心所戲論」，已經可以少分知之了。

那你如果再進到第二個層次的意根清淨位，所知就多了一些；如果能夠把四禪八定都完成，不是只有智慧超越了三界，而是超越了慧解脫，成爲俱解脫的菩薩，這時超越三界境界了，同時也加修了五神通、四無量心，已經可以成爲三明六通的菩薩了，所以圓成了三地心，進入第四地的入地心了；這又是另一個層次的意根清淨，對於「三千大千世界六趣眾生，心之所行、心所動作、心所戲論」的所知就更多。就這樣子有不同層次的意根清淨，一直修到佛地才算是圓滿知之。那麼這裡說的「皆悉知之」是說，於三千大千世界的六道眾生這三個部分，也就是「心之所行、心所動作、心所戲論」全都知道；就是對於六趣眾生這三個部分全都知道，但不是圓滿知道，而是全都知道確實是六趣都有，全都瞭解。我們就來稍微瞭解一下這一段經文。

「三千大千世界六趣眾生」，雖然講的是一個三千大千世界，其實等同於函蓋十方三世一切三千大千世界。當你瞭解了這個道理，對於十方法界就不必再有別的猜測與妄想，十方世界的三界世間全都是這樣子的有情。那麼這時可以瞭解不管是哪一類的有情，他們的心都一樣，也就是說每一個高等生物類的有情，都一樣具足含藏著八識心王的功能差別；但是隨著各個有情異熟果報的差別，所以八識心王功能差別的現行，或多或少，最多不超過八個識，最少可以少到剩下三個識，不會更少了。

既然有這個情況，眾生「心之所行」自然也有所差別，所以眾生「心所動作」也會產生差別，除非眾生心是如如不動的。接著就是眾生「心所戲論」，當然更會有差別。譬如以「心之所行」而言，在人間每一個正常的人都有八識心王；假使你這一朵妙法蓮華開敷了，可以細觀八識心王的差別，那麼你會看見人們的眼識只在色塵上運行，耳識只在聲塵上運行；鼻舌身識，你會發覺鼻舌身識也都各住於一塵境界之中運行；但意識卻不一樣，意識同時函蓋了六塵，可以藉前五識而在六塵之中一一運行。

那麼既然證悟了，弄清楚了意根，了知最粗淺的意根之所行，就發覺只要一不留神，眾生就顯示意根在處處作主，可是眾生竟然完全不知。然後你就會發覺：「哎呀！原來意根是行於這樣的境界中喔！」瞧見意根只在法塵中運行，但是祂對法塵的了知智慧是很差的，卻對法塵普遍執著，然後藉由法塵而執著於一切的五塵境界，無所不包。然後你又可以看見眾生的眞實心「妙法蓮華」運行時，原來都不在六塵中了別，你也可以看得很清楚！這樣清楚照見了眾生「心之所行」，就同時了知眾生「心所動作、心所戲論」，那你就全部瞭解了，這不就是「皆悉知之」嗎？

人類如此，哪天遇見了隔壁老媽媽養的那一條狗，看見牠的八識心王亦復如是。有一天吃飯的時候，孫子正在看卡通影片，他轉來轉去，看到動物片中正在演老鼠的故事，這時候一想：「嗯！老鼠跟我們一樣欸！八識心王具足欸！」好啊！那麼既然八識心王具足，我們在幹什麼，住在我們家裡的老鼠難道不懂嗎？牠看我們講了什麼話以後，就去作什麼事，所以共住久了以後牠都聽懂欸！於是畜生道「心之所行」，你也知道了。

拉回來人間說，也許你想：「蕭老師說的我還是有點懷疑，因爲意根無形無色，又不會講話，又不會思惟什麼的，爲什麼說祂心之所行你也可以看見？」那我們可以略爲解釋一下好了。譬如說有一個人從來跟你不太和睦，不論什麼事都要跟你抬槓，而這個人是你的部屬，但是很難指揮他作事情；偏偏他背後又有個靠山，所以你動不了他。有一天你告訴他說：「今天應該作什麼事。」他馬上就跟你否定了說：「我才不作這個。」然後你就好心好意爲他解釋，爲什麼應該要作這件事。他聽了以後，嘴裡跟你說：「我知道啦！知道啦！對啦！是應該作，沒錯啦！」然後你說：「那你就去作吧！」他說：「我還是不作！」這時你就看見了他的意根運作，對不對？

他明明知道應該要作，可是就偏偏不去作，只因爲跟你是個死對頭。原來意根的所行可以看得見。然後當他跟你唱反調，就離開去作他自己的事了；你從一開始到最後結束，對他無可奈何，可是你從頭到尾都看見他的如來藏，看見他的「妙法蓮花」是那麼清淨地開敷著，是那麼清淨地運行，無所遮障，不也都是看見了嗎？所以你看「心之所行」：他眼識在看什麼、耳識在聽什麼……等；你一直看到他的第八識，全都很清楚！「皆悉知之」！

話說回來，意根如果再微細一點來說，意根是時時刻刻在作主的。大部分的學佛人與大師們都不瞭解這一點，可是你如果悟久了，你會發覺意根時時刻刻在作主。譬如你來正覺學法的目的是什麼呢？是不是要親證三乘菩提？對不對？那麼三乘法中你也知道說：「我最後要證的就是開悟明心，獲得實相般若。」對不對？（有人回答：對！）那現在換我問你：「剛才是誰點頭？」

剛才諸位對著我點頭，那是誰點頭？你意識有沒有先作個決定說：「欸！現在應該要點頭了！」然後你才點頭，有沒有？沒有！你剛才聽我這麼一問，你覺知心中有沒有說：「現在要搖頭了。」然後你才搖，有沒有？都沒有啊！意根都不說話，就算打死祂，祂也不說話。是因爲你也打不死祂，祂不怕你。所以你說：「你再不說話，我就打死你。」祂也是不說話。但是祂就一剎那間就下決定了，你沒有叫祂說應該點頭了，祂就直接下決定點頭了。你沒有叫祂說「現在應該說『對』」，祂就爲你直接答出來說：「對！」祂是不是時時刻刻都在作主？當你決定要不要點頭之前，有沒有告訴祂說：「現在不能點頭。」有沒有？都沒有啊！而祂就不點頭，祂就直接作主不要點頭，可是祂都沒有語言文字告訴你，對不對？那麼請問意根這個「心之所行」，你可不可以照見？（有人答：可以。大眾笑…）對不對？當你答「可以」的時候，你是照見了嘛！所以八識心王一一心，「心之所行，皆悉知之」。

所以意根，一般的瞭解，我們對外面也不講那麼多，就告訴他說：「以前好喜歡吃香腸喔！路上走著走著，看見人家賣香腸的小販放著大碗公，三顆骰子放在裡頭；當你看見了，意識說：『不能吃啦！現在學佛要清淨了，不能再吃眾生肉，我是菩薩啦！』意識一面在想著、想著，意根竟然直接下決定走過去了（大眾笑⋯），對不對？」就這樣子告訴他，讓他瞭解意根在幹什麼。我們這樣講的是很明顯、很粗糙的意根的作主；可是意根的作主其實是剎那剎那都在作主的，還有很微細的作主情況。剛剛講到意根那個境界，大家覺得好有趣，都笑了起來，那我問你：是誰作主要笑的？你的意識並沒有先決定要笑，意識只是覺得好笑，可是並沒有下命令要笑，那是誰下了決定笑的？（大眾回答：意根。）是意根啦！

那你如果悟了以後，你會看見說：「大家在講話、在笑，原來如來藏也在運行。」雖然祂都不在六塵裡面運行，你也都知道，不只是知道意根這個心的所行，因此說你悟後「心之所行，皆悉知之」！假使一天到晚都在貪著，當意根不清淨的時候，一天到晚想的都是世間法，就不會在這上面用心，這就是意根不清淨。意根不清淨，對這八識心王的運作就觀察不出來，因爲一天到晚想著：「我是老大，我最重要，怎麼可以把我否定了？」他認定說能思想的、能攀緣的，這才是眞正的自己；卻不曉得意根自己是遍緣諸法，卻不會去刻意產生攀緣，也不會反觀自己有沒有攀緣，只是自然任運地攀緣；

他不知這個道理，所以他的意根不清淨，那他就不可能照見眾生八識心王之運行。

可是意根初分清淨的時候，就是說你這一朵「妙法蓮華」開敷了——開悟了，般若智慧生起了；然後可以去觀察八識心王而不退轉，轉依於這八識心王「妙法蓮華」。這就是意根的初步清淨，就開始可以觀察眾生「心之所行」。這是先對自己觀察以後，有了自相智；然後去觀察別人，發覺別人都跟我一樣，因此有了共相智；這樣觀察完了，起了好奇心說：「我來看看畜生道吧！」於是從畜生道裡面，例如對狗、貓等等去看，隨著牠們的層次高低來觀察，就知道牠們原來各有不同。假使是一條狗、一隻貓，你大聲吆喝，牠們就趕快逃走了。可是低等生物呢？例如遇見了蝸牛、蚯蚓，你大聲吆喝，牠們聽不見，牠們不會溜走，那你就說：「喔！原來牠們『心之所行』是不一樣的。」

爲何不一樣？是因爲牠們八識心王或多或少而有差別，都不會超過八個識，但有的眾生少於八識啊！那你也就知道畜生道裡面也有不同的「心之所行」啊！家裡養的狗，你可以跟牠說話，命令牠作事，牠是八識心王具足的；

可是當你養了奇特的寵物，例如有人養白蝸牛，說這個好珍貴；當然也有的人養別的智慧較低的寵物，可是牠們幾乎是沒有耳識的，你跟牠講話或是大聲罵看看，有沒有辦法互相溝通呢？都不行！因爲牠的耳識不能現行，或者說雖然現行，但功能很差，你沒有辦法跟牠們溝通，那牠們的「心之所行」就大不一樣。

那麼從這樣子來觀察說畜生道是如此，差異這麼大，然後你可以再來觀察鬼神道。也許你說：「**我又看不見鬼神，我又沒有天眼，也沒有陰陽眼，我怎麼看得見呢？**」那不然，你到那些非正神的宮廟去，你到那個陰神的宮廟去，假使他們有鬼神附身降乩（假乩不算，假乩時你看到的是人在那邊裝神弄鬼），假使是眞正的鬼神降乩，那麼在乩童身上就表現出來了。那時用你的慧眼去觀察：他們有一點小小的他心通，當信眾心中在懷疑的時候，他馬上就很生氣：「**你爲什麼不信我的話？**」然後就臭罵一頓。正神不會臭罵，鬼神可會臭罵人喔！那時你就發覺他的八識心王是怎麼運作的，你會發覺八識心王運作的規則是不變的。

那鬼神界如此，餓鬼道的眾生呢？你可以用比量來觀察，也還是如此！

那麼地獄道的眾生呢？你鐵定看不見，我也看不見，可是我們就用比量去推斷，而這個比量一定不會成爲非量，一定是與事實一樣，成爲類似的現量。因爲你以這個智慧去觀察，比量推斷出來的結果是不會錯誤的。所以你知道三惡道眾生「心之所行」。也許有人想說：「那地獄眾生，他們也是八識心王都具足嗎？」其實諸位不必懷疑，因爲地獄道眾生一定八識心王具足。爲什麼一定八識心王具足？因爲要處罰他們，八識心王具足才能具足處罰他們。那麼誰來處罰他們？由因果律來處罰，不是什麼人要去處罰他們，是因果律自然會這樣實行。而他們要受極苦、遍苦，當然要八識心王具足。

假使地獄有情沒有「妙法蓮華」——沒有第八識如來藏，他就不可能出生在地獄。如果他沒有末那識——沒有意根，那他在地獄道中受苦的時候，又是誰決定說要哇哇大叫？又是誰決定要嚎啕大哭？又是誰決定要奔跑逃離痛苦，然後又被另一個苦所拘束？全都是意根在作決定。那他爲什麼會領受到地獄中的痛苦？是因爲意識知道；意識能領受五塵的種種細相，也能領受苦受的總相。那意識爲什麼能夠領受、能知道當時是苦？是因爲有前五識。眼之所見都是惡劣的環境，極不可愛；耳之所聞都是天雷巨響，巨石相擊種種不可愛的音聲等等，乃至鼻舌身面對香味觸等等覺受，一樣是八識心王具足。如果在地獄中沒有前六識，那他能受什麼苦？地獄的存在，在因果律中就沒有意義了，因此地獄有情當然要八識心王具足。這樣子，你就知道地獄眾生「**心之所行**」，一樣「**皆悉知之**」。

低等層次那邊觀察過了，回來人間這邊，也是早就看過了，再看到欲界天上去好了。董永跟七仙女愛上了，說他們好像是三世、還是七世夫妻？喔！是七世夫妻。七世夫妻其實不算什麼，大迦葉跟紫金光比丘尼是五百世夫妻。那麼你就看說他們是否也八識心具足？他們來來往往，假使下一輩子董永生到欲界天去，又跟仙女團圓了，是不是同樣也八識心王具足？那麼八識心王的運行，是否也同樣在各自八識的範疇中？不會超過嘛！好，再往上看色界天，到了初禪天已經沒有五欲了，所以只有斷離五欲的人，才能發起初禪，死後才能受生到初禪天去；那麼初禪天人不食團食，連欲界天的甘露都不吃，是以禪悅爲食，就用禪定的力量使他的色界天身維持著、增長著。既然不吃團食，就不必有舌識來嚐味道，也不需要鼻識來嗅食物的香味，所以他們少了這兩個識；那麼八識心王其餘的六個識，依舊不離那六個識原來的運行範圍；所以這樣子一看，你也能夠知道：「喔！原來色界天人，他們『心之所行』是如此啊！」你可以用自己的現量，經由自己對禪定的認知與實相般若而去比量推知；這推知出來的結論幾乎等同於現量，跟現量沒有不同，就成爲比量。

接著再往上推，推到無色界去，無色界既然無身，就不需要呼吸，當然更不必飲食；他們也不需要有身識，因爲都沒有身體了；沒有身體的時候，眼將焉附？所以也沒有眼睛；當然更不可能有眼識，因爲他根本不需看色、不需聞聲；在無色的狀態下，當然也沒有耳朵的扶塵根、勝義根，全都沒有啊！所以他也不需要聞聲，那時只剩下四空定中的法塵，完全沒有五塵，所以也沒有五識，只剩下定境中的法塵，那時是由哪個識來分別？是意識，所以他只剩下意識。意識存在時就一定有意根，因爲意根是意識的俱有依根。

可是他既然成爲無色界的天人，那個生命之所從來，依舊是從他自己的「妙法蓮華經」生出來的，所以他一樣有「妙法蓮華經」如來藏。這時他只剩下三個心：妙法蓮華第八識心、末那識、意識。那他既然住在四空定中一念不生，他的「妙法蓮華經」如來藏怎麼運行、意根怎麼運行、意識怎麼運行，你也就可以從比量上知道了！這也是瞭解無色界天「心之所行」，自然也是「皆悉知之」。

那你如果用安寧病房的心電圖儀器，來看入於四空定中的人，就會只是一條線，跟人死了一樣的顯示；因爲他在四空定中是沒有腦波、沒有心電效應顯示出來的。無色界天因爲他沒有色身，所以沒有辦法看他的心電圖；假使他有色身，你把它裝上去一看：那訊號是平直的，不懂的人一看就誤會說：「喔！他死了！」所以假使哪一天你修得四空定，打算要入定十五天，可得要先交代好：「我可不是死了喔！」不然醫生一來，把心電圖設備裝上去看了就說：「哎呀！都沒有心跳，也沒有呼吸，連腦波都沒有了，他已經死了。」就送進冰櫃裡面去冰存。等你出定的時候：「喔！這麼冷！」想出來也出不來，因爲沒有開關可以讓你出來！外面才有開關，你出不來，於是只好凍死在裡面了！因爲這三個心在色身上的運作，在四空定的境界中用心電圖來量，也就是一條直線，跟死亡的線圖一樣，那顯示出無色界天「心之所行」。

接下來說「心所動作」。在人間眼識專門幹什麼？一天到晚看來看去，分別青黃赤白，總是不停止，這不就是眼識的動作嗎？耳識呢？不斷地聞聲；一旦醒來，叫你不聞聲都很難；就算是你證得初禪了，有一天下個命令說：「我要進入二禪了，我不要聽聲音啦！」你試試看行不行？看你作不作得到？只有後腦勺給你一記悶棍才作得到，因為悶絕了。如果未到地定很好，看話頭看到忘了五塵，視而不見、聽而不聞，那才是眞正的見山不是山，那就說你未到地定的功夫很好。可是我出來弘法至今，有沒有誰跟我講過這個境界，而說他有這個經歷與實證？始終沒聽過。

所以只要一醒來，識陰都出現的時候，八識心各有不同的動作。明明是不重要的聲音，只不過是一隻貓從高處跳下來，他也要轉頭去求證一下「是不是」。所以這六識就是這樣不斷地在六塵上面作動作，沒有停過！也許有人以為說：「你這樣講不對啦！因為我雖然眼根、耳根這兩個識都在運作，但我鼻識這時沒有在運作啊！」話別說得太早，假使要說大話，哪一天我叫個人買一兩好香，看你在工作的時候，在敲電腦或者在寫書、或者寫什麼東西，故意在上風偷偷點起來，飄到你這邊來，看你轉不轉頭來尋找？看你會不會嗅一嗅？保證會！

那時你才警覺說你的鼻識有在作動作，但發覺時已經太慢了，因為異香飄過來的時候，你會特地去嗅一嗅，就表示你平常呼吸時鼻識就有在分別。如果你的鼻識都沒有在作動作，後來那個香塵飄過來的時候，你就不會覺得異常，那你怎麼會特地再嗅一下說「這是什麼味道」？所以你鼻識平常也有在作動作，沒有停止過啦！如果說：「我專心在寫書，我專心在作事情，所以我的鼻識沒有在作動作。」那叫作自欺欺人，因爲根本就是沒智慧觀察而把自己給欺騙了。

那麼舌識也是如此，舌識也不斷地在作動作，所以舌識不斷地在了別有沒有口渴或別的味道；渴到受不了或是口中味道不好的時候，你的意根就會下決定，馬上下了一個命令找水喝，這就是意根的動作：「喝水去！」雖然祂下決定時都沒有語言文字，但意識就知道確定要喝水了：「好，起來啦！喝水啦！」等到你意識知道要說「要喝水啦」，那早在意根後面好幾步了！所以你看，有哪個識沒有在動作？都有啊！

那麼接著就得說到：「那，第八識的動作呢，你還沒有講啊！」（大眾笑⋯）會啦！會講啦！第八識不斷地在作動作啊！你怎麼可以說第八識沒有在作動作？如果第八識沒有在作動作，你就不知道口渴而想要喝水；也不可能走路了，因為你根本就沒觸覺了，怎麼會走路？也就是說，第八識不斷地顯現你眼前所觸的六塵相分；例如當你正在敲電腦時，祂也把螢幕上的相分轉成內相分來顯示給你看，怎麼可以說祂沒有動作？祂同時不斷地在顯現相分聲塵給你聽，讓你覺得現在聲塵沒有異常，因此你可以繼續在電腦上工作而不會分心。既然祂不斷地在變現內相分聲塵給你，你怎麼可以說祂沒有動作？喔！乃至香塵、味塵、觸塵、法塵等等，也都一直在變現給你啊！

一直到你口渴了站起身來，走路去喝水，祂都一直不停在動作，否則你怎能看見色塵而走到飲水機那裡？祂什麼時候沒有動作？祂的動作沒有一時一刻停過。有的人聽到這裡一定會想說：「好期待你告訴我第八識作了什麼動作，怎麼你講了這些道理，我還是丈二金剛啊！」我能公開說的就是告訴你這一些，其他不能說的我還是不能說啊！因為不能公開明說的，我如果也附帶說了，坐在我後面的　瞿曇老人家可都在看著我呢！所以我告訴你：第八識一樣有動作，而且第八識的動作連續不斷，跟你這六個識、跟意根一樣是連續不斷的，沒有中止過啊！乃至你睡著以後六識心的動作中止了，第八識「妙法蓮華」與第七識意根的動作，卻依舊不曾停止過。

那麼這時你從三界六道一切眾生八識心王所作的動作來觀察，你會發覺只有或多或少的差別，沒有不同的地方，都一樣有所了別，只是了別的層面不同；因爲這八識心王各自所作的動作，都各有祂們不同的範圍或層次。例如眼識不會來作耳識所作的動作，耳識不會來作鼻識所作的動作，乃至意根不會來作如來藏「妙法蓮華經」所作的動作。那麼你從三惡道、人間、阿修羅、天道，全部都觀察完了，你說：「但這些也只不過是六道凡夫的境界啊！如果是阿羅漢、辟支佛呢？菩薩跟諸佛呢？」那你悟後再來看時，也是一樣啊！阿羅漢，你罵了他，他也會生氣欸！只是不現行而已；所以他心裡面不高興，轉頭走了，不跟你講話了！要等到下次在另一個地方與你見面時才會再跟你談話。你看他的八識心王運作，跟你身爲菩薩是一樣；那你再來看辟支佛，亦復如是。那自己身爲菩薩來看諸佛時，八識心王也是一樣有所動作；所以說「心所動作」你也看得清楚，「皆悉知之」。

接著來看「心所戲論」。當你在電腦上工作，爲的是救護眾生，爲的是正法久住，這就不是戲論了！那麼如果所作的是爲了求名聞利養，譬如未悟言悟、未證謂證，就在電腦上設法上網貼出去說：「我是證什麼、悟什麼，我可以傳授開悟的法。」想要名聞天下，想要藉此獲得利養，這就是戲論了，因為言不及義！講了一大堆而說他是開悟者，說他講的就是般若、就是解脫，其實都不是，言不及義就是戲論了！那這時候眼所見，他在螢幕上面打出來的字，這時眼的所見都是他的八識心王所作的戲論了，這時心裡面是一面在打字、一面在唸著那些文字，正是心唸心聽，這就是耳識的戲論。

然後也許他正好在談鼻識，結果講出來不符法界的實相，是他的意識在作戲論；可是因為他寫到鼻識的部分，一面寫就一面在觀察自己的鼻識，可是他其實一樣落在香塵裡面了知完成了，卻還是說：「我是聞香了了而不分別。」順便就把這些想法打上電腦，就讓它上網去了，那麼這是不是鼻識的戲論？是啊！因為他鼻識知道沒有異味，才使他不會分心，專心寫字；當他了了的時候就已經分別清楚了，不然怎麼叫作了了？有人可以了了而不知嗎？說「我都清楚，可是我不知道」，事實上沒這回事。所以他聞香了了時就不可以說沒有分別，因為他聞香了了而知的時候已經是分別完成了，才叫作了知；那可見他當時鼻識落於戲論之中，這也是「心所戲論」。

同樣的，舌識、身識亦復如是；那麼他寫了一大堆，這一大堆的法義都跟解脫道不相干，也都跟佛菩提道不相干，那就是他意識心的戲論。然後心裡面就作主：「我這篇這麼好的文章，要把它貼上網才對。」意識在戲論中作了這個結論時，意根馬上就 enter 出去了（大眾笑…）；這樣就決定了，就出去了！這就是意根的戲論。那麼如來藏呢，他的「妙法蓮華」如來藏配合得恰到好處，就把它整個戲論都完成了，所以他的如來藏也跟著他一起落在戲論中，這也是「心所戲論」。如來藏不知道自己落在戲論裡面，可是祂所顯示出來的六塵相分以及其他種種所為，跟著七轉識而全部都是戲論。

你看「心所戲論」有這麼多，那你如果依照這樣的現量觀察，哪一天你搭車在捷運上面，或者你搭乘臺鐵、高鐵時，你就故意看著某一個人（但不要讓他知道你在看他喔！免得誤會），就看他八識心王怎麼運作，是不是都在戲論裡面？保證全部都是。這樣子看得清清楚楚，是什麼原因可以讓你看得清清楚楚呢？是因為受持「妙法蓮華經」。你如果不是受持「妙法蓮華經」如來藏，絕對沒有辦法這樣看得清清楚楚。

如果你受持「此經」「妙法蓮華經」，結果退轉了，又回到離念靈知去了，那你也就看不清楚了。可是你如果受持「妙法蓮華經」「此經」不退轉，讓意根有初分的清淨，對於「心所戲論」就可以有初分的「皆悉知之」。意根有第二分的清淨時就可以有第二分的「皆悉知之」。「皆悉知之」就是說八識心王的「心之所行、心所動作、心所戲論」你都知道。不但如此，從這一個三千大千世界來看，所有的有情莫非如此。既然這個三千大千世界的有情莫非如此，放諸於十方三世——不但十方而且三世，一切三千大千世界的有情亦復如是，不外於「此」。那麼「此」是什麼？正是「妙法蓮華經」，又名如來藏、眞如，因爲這個緣故，你當然可以說自己如今「皆悉知之」。

所以 世尊接著又說：「雖未得無漏智慧，而其意根清淨如此。」假使有第一分的意根清淨，也就是說你悟後轉依於「妙法蓮華經」，所以意根已經可以安於自己目前所需要的六塵，不貪著額外的五欲六塵，這是第一分的清淨。「雖未得無漏智慧」，還沒有證得慧解脫、俱解脫，「而其意根清淨如此」，當意根可以有這第一分清淨的時候，就能夠觀察「三千大千世界六趣眾生，心之所行、心所動作、心所戲論」，不但能觀察，而且「皆悉知之」。這就是意根清淨所導致的結果，如果意根不清淨，一定會堅決地認定：「我離念靈知才是眞如佛性，我不承認有什麼第七識意根，我也不承認有第八識如來藏。你跟我講什麼『妙法蓮華』，我信都不信，那是神話。」那就表示他的意根還不清淨，因為堅決地認定五陰自己是眞實法，所以他把自己抓得緊緊的；當他抓得緊緊的時候，有時候會自我美化；怎麼美化呢：「我們學佛啊！就是要好好的當自己，要把握自己啊！」有沒有？諸位聽多了，那就是「我見、我執」的美化。想要大家把握自我，說是要當自己，那就是意根不清淨。所以意根不清淨的人，末法時代的佛教界比比皆是。

那麼意根的第一分清淨，就是你證得「此經」如來藏的時候，發覺五陰十八界全部自我都是假的。因為所謂的自我，就是意根被意識錯誤教導了以後，意根不懂得反觀自己，卻抓住意識說「意識就是我」，同時又以為識陰六個識就是自己，都是被意識給誤導了；這就是意根不清淨，既是無明，又是我見與我執。那麼如果意根有了第一分的清淨，就是說他的意識運用了前五識與色陰而修學佛菩提道，先修定力而有了功夫，然後有了正知正見，然後正式參禪了，親自體究開悟明心以後，轉依於如來藏「妙法蓮華經」，都不退轉；所以他的意根已經信受了，也接受了五陰自我都是虛假的，唯有「妙法蓮華」如來藏才是眞實法，才是諸法的本源。當意根在意識的正確實證而接受不疑時，確定唯有「妙法蓮華」才是宇宙萬有的實相，這時意根不再認定自己是眞實的，這就是意根第一分的清淨。當意根這樣子清淨的時候，當然沒有辦法像我這樣子解說的具足瞭解「心之所行、心所動作、心所戲論」，但至少可以知道局部。知道了局部以後就知道十方三世一切三千大千世界的有情莫非如此，所以也叫作「皆悉知之」啊！

像這樣的菩薩，他自然是諸佛所讚歎的，因此釋迦世尊讚歎說：「是人有所思惟籌量言說，皆是佛法，無不眞實，亦是先佛經中所說。」所以這樣的菩薩，當他有所思惟、有所籌量、有所言說時，其實都是佛法。不管他在思惟什麼事情，也都是依於八識心王作前提來作思惟，不會是只落在意識的層面來作思惟。那麼他籌量著怎麼樣利樂眾生，怎麼樣令正法久住時，也是依於八識心王作前提而去籌量，依於八識心王爲前提而去作正法久住的事業。所以他所有的籌量都是依於八識心王來作前提，那麼他這樣籌量出來的一切計畫，當然也都是佛法。

那他接著如果有所思惟、有所籌量，而爲大眾言說、闡揚，當然也是佛法。所以你想要叫這樣一位菩薩有所思量、有所籌量、有所言說，而跟佛法相違背，那是不可能的。因爲意根清淨的菩薩不會爲他一己的利益去思惟、籌量、言說。一定是爲一切有情、爲正法正教，能否在未來繼續利樂一切有情而去作思惟、籌量，而去加以言說；所以他所思惟、所籌量、所言說，全部都是佛法。

那麼這樣的佛法，都是依於他所親證的現量而照見的實相法界，來作各種「思惟籌量言說」，當然「皆是佛法，無不眞實」，所說全部都是眞實的佛法。既然全部都是眞實的佛法，當然也都是過去諸佛經中之所說；因爲前佛後佛，佛佛道同；此佛彼佛，佛佛道同。不可能前後佛所說有異，亦不可能此佛、彼佛所說有異；因爲既然同樣是眞實法，而眞實法只有一個，同樣都是「妙法蓮華」，不可能會有第二種。也就是說無始劫來直到現在，從現在再盡未來際——假使未來際可盡，到了盡未來際，實相依然永遠只有一種，不可能有兩種，更不可能有三、有四。那麼實相既然只有一種，佛佛道同，不可能先佛講一種，後佛講另外一種；也不可能說此佛講一種實相，彼佛講另一種；當然不可能我平實講一種開悟的內涵，而別人所說與我不同的開悟內涵也正確。因爲同樣是眞實法，而眞實法只有一個，就是「妙法蓮華」，就是「此經」，就是如來藏。

那麼以前有人說：「各人弘揚各人的法，佛法有八萬四千種啊！你爲什麼不許人家弘揚離念靈知呢？」以前陳履安也打電話給我說：「各人弘揚各人的法，不要互相批評嘛！」我說：「我也很想如此，你走你的陽關道，我過我的獨木橋，互不干擾，天下太平，這是我很想要的。問題是我想要這樣，人家不想這樣啊！我早期出來弘法那五年，不曾講過別人什麼錯誤，可是他們每一個人都在指責說我的法錯誤。不幸的是，了義的、究竟的正法，就只有我這裡有，那我要荷擔如來的家業，結果反而要被大家異口同聲說我錯了，我不辨正還行嗎？所以您說井水不犯河水，沒有錯啊！我這井水本來就安靜在這裡弘法，一直是一泓止水，我從來沒有侵犯到誰啊！可是他們河水不斷地要湧進來，把我井水搞渾了，我能怎麼辦？我只好湧泉以報嘛！」（大眾笑……。）

於是他們的河水只好慢慢地變清了，因爲我這個湧泉可以不斷地大量湧出來，源源不盡！因爲我這是自心裡的法，他們河水得要靠天上下雨才能維持大水流，那麼大雨沖刷下來的泥巴水當然很混濁，直到不下雨時才能稍微清淨一些；但我這個井水可以不斷地湧出來，因爲不必靠天雨，我自己有無量的井水；這無量清淨的井水湧出來，混進他們的河水裡面去，要讓他們漸漸清潔起來，是因爲他們的河水先來犯我井水。這表示什麼？表示他們的見解認爲實相可以有兩種、三種，乃至七種、八種，所以能夠主張說：「各人悟各人的，你不必要求大家所悟都必須一樣。」可是實相眞的可以有好幾種嗎？最究竟、最了義的眞實法就只有一種，既然是只有一種，一定是先佛所說不異於後佛，此佛所說同於彼佛；絕對是佛佛道同，不可能諸佛之間法道不同。那麼別人如果眞的悟了，所悟就必定要與我相同才對，不可能與我有所不同，當然就只能是悟得「妙法蓮華經」如來藏眞如心，就是第八識阿賴耶識。

所以法門容許有八萬四千，但是從不同面向的八萬四千門進來，不論是從上下左右、東西南北不同的任何一個門，不論是從哪一個門進來，只要進得這個佛法中來，就只有同一個大殿，永遠沒有兩個大殿；而這個大殿叫作「妙法蓮華經」，也就是第八識如來藏、眞如。所以，假使有兩個大善知識說法時，他們的法義正訛的可能性，第一：一個對，一個錯，因爲他們說的實證之法互相不同。第二個可能性，是兩人全部都錯！不幸的是這二個現象放諸於現在、未來、過去，一切皆準。

所以，凡所思惟、籌量、言說，前提是他的「意根清淨如此」，那麼他的思惟、籌量、言說，才可能「皆是佛法」。假使善知識濫慈悲，使他悟得太容易，退轉了回到離念靈知去，那麼雖然他嘴裡說自己是清淨的，宣稱自己是證悟者，自稱住於實相中，可是他的思惟、籌量、言說一定皆非佛法；因爲若不是超過了，就是不及，過與不及皆非佛法。因爲佛法不能夠沒有到達，而說他實證；也不能夠說他實證了，而可以超過諸佛。所以有個外道寫書說：「釋迦牟尼佛只在諸佛中的第三級，我是第一級的佛，阿彌陀佛是第二級的佛。」這就證明那個人眞是外道，有沒有這樣的外道？有！就是李洪志。因爲佛眞實，唯一無二；既然唯一無二，就沒有等級。佛佛道同，怎麼可能分等級呢？所以說，實證的人「有所思惟籌量言說，皆是佛法，無不眞實」，當然先佛諸經中所說亦復如是，不會有差別。好，今天講到這裡。

《妙法蓮華經》上週講到一百六十九頁第三行，講完了，接著今天要從第四行開始：

經文：【爾時世尊欲重宣此義，而說偈言：

是人意清淨，明利無穢濁，以此妙意根，知上中下法；
乃至聞一偈，通達無量義；次第如法說，月四月至歲。
是世界內外，一切諸眾生，若天龍及人、夜叉鬼神等，
其在六趣中，所念若干種；持「法花」之報，一時皆悉知。
十方無數佛，百福莊嚴相，為眾生說法，悉聞能受持。
思惟無量義，說法亦無量；終始不忘錯，以持「法華」故。
悉知諸法相，隨義識次第；達名字語言，如所知演說。
此人有所說，皆是先佛法；以演此法故，於眾無所畏。
持「法花經」者，意根淨若斯；雖未得無漏，先有如是相。
是人持此經，安住希有地；為一切眾生，歡喜而愛敬。
能以千萬種，善巧之語言，分別而說法，持「法花經」故。】

語譯：【前面的開示說完之後，世尊想要重新宣示這一些眞實義，便以

偈頌重新再說明了一遍：

這個人意根已經是清淨的，智慧光明銳利而沒有污濁垢穢，以這樣的智慧而能夠了知上品法、中品法與下品法；乃至於聽聞其中的一首偈，就能夠通達無量妙義；而且還能夠次第爲大眾如法演述，爲人演說一個月、四個月乃至於一年。

不論這個世界之內或之外，一切的所有眾生，或者天人、天主、龍以及人類，或者四王天的夜叉、須彌山腳下的夜叉或者鬼神等等，凡是在六趣的眾生之中，不論他們心中之所想念有若干種；這位意根清淨菩薩由於受持「法華經」的果報，他在一時之間全部都能夠了知。

十方無量無邊世界的無數諸佛，各自都有百福勝妙的莊嚴法相，諸佛爲眾說法的時候，這位意根清淨的菩薩，全部都在聽聞之後而能受持。還能夠思惟無量無邊的眞實義，他爲大眾所說的勝妙法，也是無量無邊；講到最後結束時的法義，追溯到最開始時的所說也都不會有所忘失或者錯誤，因爲他是受持「法華經」的緣故。

這位意根清淨的菩薩也全部可以知道各種法的相貌，並且能夠隨著諸法的眞實義而認知它們的次第性；自身也能夠通達種種名字和語言，依於他的所知而爲大眾演說。

這個意根清淨的人凡有所說，都是先佛所曾經說過的法；由於演述這部勝妙「法華經」的緣故，處於大眾之中也都無所畏懼。

受持這部「法花經」的人，他的意根清淨到這樣的地步；雖然還沒有得到究竟的無漏，但他已經先有這樣的相貌顯示出來。

這個人受持這部「妙法蓮華經」，安住於這種希有的境界之中；所以被包括天主、天人、龍神等一切眾生，所歡喜愛敬而感佩於他。

他也能夠以千萬種的方便善巧，藉語言來爲大家分別「妙法蓮華經」的眞實義，而爲大眾演說妙法，都是因爲他受持「法花經」的緣故。】

講義：世尊想要重新宣示這一些道理，所以用重頌再一次強調說，這位演講《妙法蓮華經》的菩薩，是因爲意根清淨的緣故，所以智慧是光明的，不幽暗的；而且他的智慧所作出來的觀察也是銳利的，不是污濁而有垢穢。依於這樣的意根，因此他能夠知道上品法、中品法以及下品法。

這到底在告訴我們什麼道理？這是說，意根的清淨很重要；假使前五根還沒有辦法清淨，至少意根要先能夠清淨。前面的長行中已經告訴我們說，意根有一千兩百功德，其實前五根的清淨也是要和意根聯結的；因爲不管哪一根的清淨，都是要依於意根的清淨而來。那麼所說前五根的清淨，其實也只是依於入手的差別而說爲五根中的某一根修行清淨；但背後其實還是由於意根相應於五根中的那個部分清淨了，因此所謂的眼根或者耳、鼻、舌、身根的清淨，依舊是由於意根清淨才能清淨，因此意根是統攝諸法的。

那麼如果意根清淨的話，前五根會隨著有多分少分清淨的差別；只是意根的清淨是偏在心相的清淨上面來修，而不是偏在五根的事相上面來修，所以這裡面有所差別。那麼意根的清淨，我們這裡就暫時先不說祂，把祂留到下一品〈常不輕菩薩品〉中再來說明，要不然這一品講得太長，內容也會太多，所以留到〈常不輕菩薩品〉裡面再選一個地方來說。

那麼意根的清淨，主要或者概略地來說，是說他不在弘法的過程上面想要去求得世間上的回報，他沒有想要取得任何世間利益的回報，就只是認爲：爲眾生演述勝妙法是自己回報三寶恩、回報眾生恩應該要作的事，因此他沒有期待於弘法的過程中獲得眾生給他世間法上的回報。也就是從最基本的條件上面來說，他已經意根清淨；而這不牽涉到習氣種子的清淨，只是在現行上面斷除意根相應的煩惱而已，以這樣清淨的層次來說他的意根清淨。

由於這樣的清淨，所以他的意根不在世間法上有所貪著；由於沒有這個貪著，使得意根所統攝的意識心的作用，顯示出來時就是智慧的光明，是言思與辨正智慧都很銳利，顯示出來他的意根在世間法上運作時，是沒有污濁、沒有垢穢的。那麼因爲這個緣故，用這個妙意根可以知道佛菩提道中的上品法、中品法、下品法等等萬法。那爲什麼這樣的清淨意根成爲勝妙的意根，然後他就可以知道上品、中品、下品諸法？其實意根的慧心所是很差的，這裡所謂的「知」講的是意識心，由於意根清淨，所以意根所攝受的這一聚法，也就是意根、法塵以及意識心，對於上品、中品、下品諸法，他就可以了知了！那爲什麼他能夠了知？是因爲意根清淨。

接著問說：爲什麼意根清淨了就能夠了知？是因爲他的意識在意根清淨的主導下，從來不在世間法上用心，都在佛菩提各種法上用心，當然他漸漸就可以了知上品、中品、下品法了，這就是其中的因果。所以這是說意根還沒有清淨以前，會導致意識在世間法上作很多的思惟、攀緣；可是當意根清淨的時候，他是一心一意在世出世間法上面，也就是在第一義諦上面去用心，當然能夠「以此妙意根，知上中下法」。

那麼這個上中下法，是怎麼樣表現出來的？一定有個徵象，一定有一個過程示現出來：就是這樣子。那就是說，聽聞了整部經典，或者聽聞了很多部經典時，或者也許只是聽聞了某一部經中的某一章、一節，或者下至只聽聞到其中的一首偈，他就可以「通達無量義」。通達，是說他對於第一義諦，也就是對世出世間各種上中下品法的位階，已經都如實知；知道它們每一個法各自是在某一個部分、某一個層次之中，才可以說他是通達的。

例如解脫而出三界生死，實證了解脫果在佛菩提道中的定位是什麼；或者說菩薩證得阿羅漢果時，在佛菩提道五十二位階中是屬於哪一個位階，這是一個總相上的了知。如果是證得初果，或是證得二果、三果、四果，這四種果位在佛菩提道中的位階是什麼，他也都能夠知道，這就是其中一部分—從解脫道衍生出別相的部分—各在佛菩提道中的層次是什麼，通達的菩薩是都已了知的。假使連這個也不知，而宣稱自己已經入地、已經是四地菩薩，便是大妄語業成就，果報可就大大不好了。

接著說，在因緣法中也是如此，乃至於佛菩提道的開悟明心稱爲眞見道，在佛菩提道中的位階是什麼，然後怎麼樣是可以通達，這一些通達的內涵各自在佛菩提道裡面的位階又是什麼，他也應該都已了知。然後接著是，通達了以後究竟屬於佛菩提道裡面的哪一個位階，以及未來二地、三地乃至於十地、等覺、妙覺，所應該修的法，所實證的法在佛菩提道中究竟是什麼樣的位階，這些都要了知。

當這一些都一一了知了，才能夠說他是通達位的菩薩了！如果沒有通達於這些諸法的位階，那就表示《阿含經》裡面說的「**是諸法性，法住法位，法爾如是。**」他並沒有了知。既沒有了知，就不能夠說他已經通達了。如果有人膽敢自稱已經入地了，或者已證四地、五地了，捨報就準備下地獄了，死後他還眞的會「入地」，是往地下走的那個「地」，不是初地以上所說境界的「地」。

我們這幾年來常常遇到有一些人自稱已經修到四地、五地了，有的人客氣一點宣稱他已經入地了。但他們其實只不過讀了我的書，或者探聽了一些密意，也就只是表相的密意，還不是眞正的密意，然後就自稱他已經是四地菩薩，就公開授記他的徒弟是初地菩薩。那麼問題跟著來了：於佛菩提道中的一切諸法——法住法位，他到底懂不懂？於某一個法在佛菩提道中，這個法是住於它所應該住的哪一個位階，他都不知道；爲什麼說他不知道？因爲他連我見都還沒有斷除，怎麼可能會知道？所以探聽到了一個般若的表相密意，似懂非懂，那根本不是大乘見道，都還是住在凡夫位！但這種現象在大陸很普遍存在，臺灣這幾年少了。

所以，經中所說的通達並不是那麼容易的。通達是要有一個函蓋面，那個函蓋面必須要夠廣大——解脫道及佛菩提道都有實證；然後所函蓋的那一些法，也都必須有一定的深度，雖不能夠說是非常地深入，至少有一個基本的深度在，那才能夠叫作通達。也就是說，解脫道中必須證得第四果不退，佛菩提道中必須有大乘眞見道的功德，還要具足相見道位的功德，也就是相見道位中的非安立諦三品心，以及安立諦的十六品心、九品心，全都必須具足，才能有意根清淨位的初分，也才是眞的通達大乘見道位應有的功德。

所以說，意根清淨的時候一定是可以通達的，怎麼通達呢？譬如有人提出一個佛法的名字叫作「涅槃」，那麼這位菩薩才聽到這麼兩個字——涅槃，他就可以通達無量義。於是他依這兩個字，首先列出四種涅槃來，然後依這四種涅槃中的第一個有餘涅槃，他就開始解說什麼叫作有餘涅槃。有餘涅槃講完了，第二個講無餘涅槃，他就開始解說無餘涅槃的境界，又應該如何實證。講完了，接著說明這還不是勝妙法，大家想：「啊？你講了好幾個月，才終於把這兩個涅槃講完了，為什麼竟然說這個還不是勝妙法？出三界的法還不能算是勝妙法，那麼到底什麼才是勝妙法？」

於是他就開始演說：「你們想要懂得勝妙法，這不容易欸！因為連阿羅漢都不懂。」他就開始講解本來自性清淨涅槃的境界。於是對這個本來自性清淨涅槃講了一大堆法：本來性、自性性、清淨性、涅槃性。然後從這裡就開始談眞如，由這個眞如又談到中道的觀行，最後告訴大眾說：這樣的中道觀行具足完成了，才算證得中道。當他把這一些法詳細講解完畢，已經是四、五個月過去了。

好，這些講完了，接著演說無住處涅槃。當初就只是涅槃兩個字，他就這麼講下去了！接著無住處涅槃是該怎麼證？它的原理是什麼、它所依的根本是什麼？然後又拉回到本來自性清淨涅槃為體，再來講這個無住處涅槃；

把這道理講清楚了之後，接著說明這無住處涅槃是應該要怎麼實修。於是他就從初地心應該修的法開始講起，那就是講十度波羅蜜道種智。最後全部都講完時說，這樣子全部修完了所以成佛，無住處涅槃終於成就了！那你想，他要不要講上一年？要啊！因爲涅槃兩個字就函蓋了三乘菩提，那就是說他可以從某一法而「通達無量義」。

那也許有人心裡面想：「如果我不問涅槃，我問眞如，這可扯不上解脫道了吧？那你是不是就少了因緣講解有餘涅槃、無餘涅槃？你還能講上一年嗎？」結果他照樣講上一年。因爲由這個眞如開始講解，然後說到：「爲什麼這個眞如實證了以後不能通達的原因，是因爲你還缺少兩種涅槃，叫作有餘涅槃、無餘涅槃。」於是拉回來又講有餘涅槃、無餘涅槃，因爲這兩種涅槃是通達初地眞如所必須具足的境界，那麼這兩種涅槃還是照樣要講上四個月。因爲這有餘涅槃跟無餘涅槃不能外於眞如，外於眞如就沒有這兩種涅槃可以實證了。所以你問眞如，他一樣跟你講一年，只是他會從不同的位階往下講、往上講，一樣把它講圓滿而已。

這就是「通達無量義」的道理，因爲對於三乘菩提他都通達，這樣才叫作「通達無量義」。如果聽眾的層次是比較低的，善根因緣是比較不成熟的，那他可能還要再多講一些。他就會告訴大眾：「你想要證有餘、無餘涅槃之前，還有事情要先作、先修；所謂施論、戒論、生天之論。」那他就得要告訴大眾布施的因果、持戒的因果、生天的因果，生天之論就是講解世界悉檀。那你想一想，他要不要再加上幾個月時間講解次法？眞要詳細講下來，當然眞要好幾個月。

也許有人說：「師父啊！您講施論等等這些法，好像跟佛法的實證無關欸！」沒想到他說：「這些全都是佛法的基礎，有這個地基先打好了，才能夠實修解脫之道。解脫之道修好了，你才有資格可以證得佛菩提道。」結果這些次法也都還是佛法。因爲佛法叫世出世間法，是函蓋一切法的。所以你問他兩個字，他就用自己所通達的無量義跟你講解很久很久，講到你已經聽不懂了，或者聽到厭了、煩了，或是開始點頭了—不是同意的點頭，而是打瞌睡的點頭—他還是講得興高采烈。也就是說，諸法雖然看來各不相同，但是法住法位——諸法各自住在什麼位階之中，他都完全瞭解。因此他可以從你所問的那一個法，往旁邊、往上下去講，一一都有關聯，然後就這樣具足爲你說完，是具足的法而不是殘缺的法。所以 世尊說「乃至聞一偈，通達無量義」，眞的沒有騙人，這是事實啊！

以前沒有人敢像我這麼說，是因爲如果人家聽完了他這樣開示，一定要問他：「師父！那您是不是聽完一首偈，就可以『通達無量義』而爲我們解說呢？」他心裡面想：「我要是把這個眞實義講出去了，人家來問我，我要怎麼答覆？不答覆，下不了臺。答覆了，不免大妄語，而且後面恐怕更會出糗。」因爲人家會提出一首偈問他：「請您爲我們闔寺僧俗四眾解說無量義。」這時候他能怎麼辦？他只有一個辦法，就是拖：「哎！今年好忙！明年再看看啦！」到了明年又說：「哎！今年比去年還要忙，可能等五年後看看。」拖到最後是怎麼樣呢？他都死了，不必講解了。

就像新竹鳳山寺日常法師一樣，宗喀巴寫出六識論的《菩提道次第廣論》，他每一次一遇到後半部止觀的部分就說：「哎！這個以後再講。」他一生都是從前面講解三士道，講了很多遍，卻都不講書中說的止觀；後來終於聽說他要講止觀了，結果就傳出說他已經死了，一樣是不必講解了。背後的原因很簡單，是因爲《菩提道次第廣論》後半部的止觀，都是隱晦地講解雙身法、推崇雙身法。那日常法師一生沒有公開講解《廣論》的止觀，就只有兩個原因：第一是他讀不懂，第二是他知道其中隱說的內容，可是不敢公開講解，怕人家指責他說：「您是出家的法師欸！怎麼在鼓吹雙身法？」所以他一生終究沒有公開解說。

因此，他們每次講《菩提道次第廣論》時，都是從頭講到應該要講解雙身法的止觀了，就停下來不講，又從頭把破壞佛法的三士道繼續講解下去。鳳山寺就這樣一遍又一遍，一遍又一遍，說那樣不斷地讀凡夫六識論的《廣論》前半部，就可以成佛。結果他們成佛是成到哪裡去了？那個佛，只能寄放在虛無飄渺中，卻又公開貶抑護持他們的信眾說：「你們在家居士都是一壺永遠煮不開的水。」公然輕視努力護持他們的善心居士們，就像這樣只能講那些言不及義的東西。

然而未來徒眾們如果有一點警覺，當然就會提出來請問：「師父啊！那我們什麼時候可以實證『菩提道』啊？因爲您這一本書的內容，是把『菩提道』作了廣泛的議論，顯然是實證的人啊！那我們應該也可以要求實證啊！請問什麼時候我們可以實證『菩提道』？」可是日常法師始終是一講、再講、三講，全都不講後半部的止觀，那麼信眾們提出要求了，時間久了以後怎麼辦？於是他們開始告訴徒眾們說：「現在末法時代，在家人是沒有辦法實證的！你們居士們都是一壺永遠燒不開的水啦！」有沒有聽過？我親耳聽過的啊！他們對信徒說：「你們居士們都是一壺永遠燒不開的水。」

那些信徒們如果夠聰明，懂得反躬自省：「我們在你鳳山寺裡修學，永遠都是燒不開的水，那我把這一壺水提到別的地方去燒，也許就燒開了。」一定是這個道理嘛！「反正你這個火爐永遠只有星星之火，燒不開我這一大壺水，我就換別的火爐來試試看；也許別的火爐火焰足夠，也燒得夠久，能把我這壺水燒開。你鳳山寺這個火爐每天只燒個一分鐘就熄了，火又太小，我當然永遠燒不開。水燒不開不是我的問題，而是你鳳山寺這個火爐有問題。」

那麼有智慧的人懂得反躬自省說：「那是不是我這一壺水放錯了火爐，我要去尋找另一個正確的火爐才行。它的火是很旺，還能連著燒上半個鐘頭，我還怕這一壺水燒不開嗎？」有智慧的人就會這樣子想。但是沒智慧的人就想：「哎！我們師父早講過了，我們這些居士都是永遠燒不開的水。」

這種人只好說是外道宿命論者，在佛菩提道中永遠無緣實證了。

那麼新竹鳳山寺，他們那些法師們的問題出在哪裡？就是因爲主事者完全不知道法，落入達賴外道所墮的六識論邪見中。先還不談「法住法位」，先還不談通達，他們連三乘菩提的根本法都不知道。因爲他們否定了根本法如來藏，怎麼可能懂得三乘菩提的根本教法？既不懂得三乘菩提都以如來藏爲根本，公開否定根本法如來藏的時候，就不可能懂得「法住法位」；不知道「法住法位」時，他們就絕對不可能通達於法；不能通達於法的時候，聞一偈時當然不可能「通達無量義」。即使給他們聽聞了無量偈以後，他們一定連一義都不能通，就別說要「通達無量義」了。

所以當他們否定根本法如來藏以後，每天讀經，縱使把經典讀爛了也沒有用，因爲一定錯會，永遠都不可能通達。因此一定要依於「此經」「妙法蓮華經」，也就是依第八識眞如—如來藏—來進修，要轉依於如來藏，依止於如來藏的妙眞如性，然後修行把三界愛斷除，經歷三賢位的過程，具足非安立諦及安立諦的實修以後，把佛菩提以及二乘菩提在佛菩提道中的內涵與相關聯處，全都弄清楚了，自然能夠瞭解「法住法位」的眞義。這時什麼法是住於佛法中的什麼位階，全都清楚了，知道「法住法位」的時候，他就是通達了，就是入地了。

既然通達了，在所有法裡面，這裡有一個譬喻說：以前印書排版時是用鉛字來排版，排版的地方有一大片，好像黑板一樣大的板格子，寬約三到四公尺，上下的高度大約一公尺半，那木板正面有很多直條而細小的一格又一格，全都放著鉛字。想要把書籍內頁排版出來印刷的時候，最早期印書是每一頁一個小木板方塊，這個方塊有很多格子；至於有多少格？就看那一頁是要印上幾個字，那一頁就會有幾格。然後就有一個人，名稱叫作「手民」，由他來排版。

現在年輕人可能聽不懂什麼叫作「手民」，以前作家如果寫書時寫了錯別字，爲了面子就推說「那是手民之錯，非我之錯」；其實是自己寫了錯別字，人家依照他的錯別字選取鉛字而印出來時，當然也就成了錯字，但他就推說是「手民之錯」，手民就是那一個用鉛字在排版的人。他就拿著那個小木板，然後有一個稿子給他，他就看現在是第幾頁，這一頁是哪些字，就拿著那個小板子，從那一大片好像黑板的大木板中，把所需要的字一一排進小板子中；每一個字在哪裡他都知道，他都不會錯亂，這一頁的鉛字放滿以後，這一頁就可以拿去印刷了，最早期的印書就是這樣印的。中國人發明的就是這種印刷術。那麼那個從大板子不斷拿鉛字來放進小板子的人，就叫作「手民」。因爲他是用手去作排版工作的民眾，所以叫作手民，他對每一頁中的每一個字應該放在何處，全都清楚。

這個手民對每一個字應該放在什麼位置都清楚，譬喻通達位的菩薩了知每一個法在佛法中的位置都清楚。也就是說，整個佛法有那麼多法，幾乎數不盡，但是當你問到某一個法，通達的人就指出來說：「喔！這一個法在整個佛法裡面，它的位階是在這裡。」那個法的高低、左右位置以及與其他諸法的聯結，他都知道。如果你問他另一個法，他說：「那一個法在最邊邊。」他也知道，然後跟其他的法的聯結他也都知道，這就是通達。所以不論裡面的哪一個法，他從這一個法都可以聯結到。由於他能夠把任何一法聯結到其他的每一個法，因此他可以把法整個具足講解圓滿。

所以不論你問什麼法，他從這一個法出發而把整個佛菩提道告訴你，所以說是完整而不是割裂的，那他當然要講上一個月、四個月、一年。可是他如果不知道諸法的「法住法位」，也不知道這一個法在整個佛菩提中是什麼位階，跟其他諸法的聯結是什麼、跟其他諸法的關聯是什麼，他全都不知道，那他就只能單單講這個法，可能他在三、五分鐘裡就講完了。可是因爲通達位的菩薩對法與次法的互相關聯全部都知道，所以他從這一個法就知道這一個法在這裡，跟其他諸法的聯結、關聯是什麼，就可以一一告訴你。

但是他講來講去其實就是佛菩提道，完整地、圓滿地告訴你，所以你給他一首偈，他聽過了就說：「這是總相智的法。總相智跟別相智的關聯是什麼，它跟道種智的關聯又是什麼，而它又跟解脱道有什麼關聯，它跟緣覺道的關聯又是什麼。」他全都知道。然後他就自己構想出來告訴你說：「從你所問的這個法，我先告訴你這個法本身，然後跟這個法比較直接關聯的部分，我就接著再告訴你；然後引申出來，這邊跟那邊的諸法與解脱道什麼關聯。」他又能再告訴你許多法。所以他爲了你所問的一法，而跟你講上一個月，那是稀鬆平常的事。如果要擴大一點講，就是講四個月，如果要講得比較圓滿一點，就講上一年了！那如果要從你所問的這一法，具足函蓋一切法來講解圓滿全部的佛法，那得要講上幾年？四十九年。對啊！世尊在人間示現，講了四十九年佛法才算講完。

所以這部經裡面說的絕對不誇大，不懂的人，例如六識論者就會誹謗說：「《法華經》中說的這些都是神話啦！怎麼可能聽聞到一首偈便可以『通達無量義』？怎麼可能聽聞到一首偈可以爲人家次第說，而且是講上一個月、四個月？這還不過分，竟然還說是要講上一年？」因爲你如果從印順法師的智慧來看，你請問他經中的一首偈，他不必半個鐘頭就講解完了，他的智慧就只有如此而已，所以他註解經文時，有時註解的文字都還不及經文原文的字數。所以說，《法華經》之所說是如實語、誠實語、不異語，而且是不二語；你沒有辦法用第二種說法來取代它，所以說這部經不容易瞭解。從字面上來看時，文字語義都很簡單，好像是在說故事一般；但是其實它背後的眞實義，很難以理解了！因爲難信，也因爲如實知的人太少，眞義就被淹沒不彰了。

所以只要你通達一切世間、出世間法，那麼接著你就通達了世出世間法，因爲世間法是三界六道之法，屬於世界悉檀，這個部分，佛弟子們也不該跳過去；所以布施之論、持戒之論、生天之論等等次法也得要懂。這些都懂了，才有資格修學出世間法。譬如說，布施爲什麼後世得福？後世得福也會因爲布施的差別而有差別，又是爲什麼？如果有人想要求解脫，想要出三界生死苦，但他不相信布施的因果，那他根本不可能實證，因爲那個人一定是對我所的執著很深厚，也是不能深信修行因果的人，那他怎麼可能修學解脫道？他的解脫道一定是：「**我要帶著好大好大的福德，出離三界去過快樂的生活。**」他的想法會是這樣的，那等於是期待出三界以後還有一個三界給他安住。

再講一個世間法——持戒的因果；持戒有什麼因果？最明顯的是保住人身。可是爲什麼持戒能保住人身？爲什麼可以得這個福德？他也不信。不信的原因多半是懷疑說：「**後世眞實有嗎？我不確定。**」他連後世都不確定是眞實有，當你告訴他說：「**修解脫道出三界，是滅掉自己。**」他能信嗎？不會信的。再說世界悉檀——生天之論。天有哪幾種？欲界天、色界天、無色界天；這些天界的種種差別，是爲什麼而會產生差別？種種不同的境界——有欲的境界、無欲的境界、無色的境界，是爲什麼如此？把這個原因爲他講解了，他也不信。換句話說，眞的有三界差別而他都不相信；竟說他想要出離三界生死，你爲他說明以後他能信嗎？他不會相信，還會反駁你，因爲他認爲：「色界境界並不存在啊！爲什麼你叫我要超越色界？而無色界境界也不可信，爲什麼你叫我要超越無色界？」那他連生天之論都不信了，你跟他講解脫道有用嗎？

所以這樣子，從這個法聯結到聲聞菩提，又聯結到世間法了，是不是「法住法位」？你知道了這個層次差別，知道世間法——這些世界悉檀等法跟二乘菩提的關聯，而這個二乘菩提跟人家問你的眞如的關聯又是什麼，你就這樣衍生出去而爲人解說；那你用什麼來衍生出去？用眞如啊！這個眞如「妙法蓮華經」根本心就是你要說的主軸，用這個主軸貫串到二乘菩提，再貫串到世間法來演說。這就是說，你一定要懂世間法與眞如「妙法蓮華經」的關係，也一定要懂出世間法、二乘菩提與眞如「妙法蓮華經」的關係。

世間法講完了，聲聞菩提也講完了，然後你從這裡再拉回來演說；因爲想要成佛並不是只要實證這些法，還得要證緣覺菩提啊！「爲什麼佛世的大阿羅漢們又叫作緣覺？緣覺所證的菩提道，跟你所問的這個眞如又是什麼關聯？」你就先開始爲他解說這個部分。然後說到眞如，而眞如一名之所從來究竟是什麼？然後說明眞如其實就是如來藏心「妙法蓮華經」。而這個眞如心爲什麼跟緣覺法相關？因爲你如果不信有這個第八識眞如心，你就不可能證得緣覺法，然後你就開始講解緣覺法。

也許對方這時還不相信，你就告訴他：「請稍安勿躁，我講到一半，你就知道爲什麼是有關聯的。」於是從老病死往上推究是由於有生，生往上推是有，就這樣一直往前推，推到什麼呢？名色。而名色之所從來就是識，那個識爲什麼不是意識？你還要講上一堆法呢。你眞的還要講解一堆法義他才聽得懂，不然，他會跟你爭執說「那個識就是意識、就是第六識」。那你還要再告訴他意識是含攝在「名」之中，名色的「名」就含攝意識了，而十因緣法中說「名色從識生」，能生名色的那個識，當然不是意識或識陰。然後你告訴他：「名色從這個識生，推究到這個識爲止，過去就沒有一法可得了，所以世尊說：『齊識而還，不能過彼。』那麼那個『識』應該叫作什麼？便叫作眞如，就是你問的這個『眞如』。」於是他問的這個眞如，跟這裡的緣覺菩提就聯結了，再告訴他：「假使不是十因緣法所說的這個第八識，入涅槃就成爲斷滅空了，就同於斷見外道。」

這個緣覺菩提演講以後他聽懂了，可是到底正確不正確？你還要爲他講回來檢查一遍，要讓他可以在心中印證確定；所以從這個「識，名色；名色，六入；六入，觸；」就這樣順著推衍下來，到最後正是有生老病死，就這樣檢驗確定出來了。結論就是「對嘛！沒有錯嘛！」於是他怎麼樣呢？眞的瞭解了：「原來我所問的這個眞如，跟因緣法是有這個關聯。」然後你告訴他說：「那你接著要藉因緣法斷除我見、我執啊！」該怎麼斷？就告訴他：「用十二因緣法啊！」十二因緣有白品法，也有黑品法，那就先告訴他黑品法——流轉法，讓他理解無明是什麼；接著告訴他白品法——就是逆觀之法，當他這樣觀完了就懂得：「啊！眞是如此，何必再流轉生死了？」於是他才願意斷我執啊！

可是斷盡我執之後，入了無餘涅槃裡面究竟是什麼？還是這個眞如。所以三句不離本行，因爲他問的是眞如啊！你不管講什麼，最後都要歸結到這個眞如！所以緣覺法也要歸結到第八識眞如心來，這就是「法住法位」。你知道眞如這個法於世間法中是什麼關聯，對不對？剛剛世間法還沒有談到說世間法跟眞如有什麼關聯，那你如果再把它拉回去說明一下：「剛剛我忘了講這個喔！我現在回頭來跟你講，這個眞如與世間法有什麼關聯。」你看，這樣可以演講多久？

這些都講完了，對方問：「那麼佛菩提呢？眞如跟佛菩提的關聯還沒有講到啊！」你說：「佛菩提喔！比這個要複雜很多很多倍。」然後就開始講解說：「佛菩提道五十二個階位的內涵，你該怎麼修。」講解爲什麼眞如跟五十二個階位有關聯，祂跟十信位的關聯是什麼？所以就講十信位的種性地；十信位的種性地講完了，再講三賢位的勝解行住，就這樣開始講起。每一個位階跟這個眞如有什麼關聯，你終於講到第七住位的證眞如了，「好極了！」他終於鬆了一口氣，你告訴他說：「你別鬆這麼一口氣，因爲太早了。證眞如之後，到達佛位還有很多內涵。」也許他心裡面想：「完了！我要聽到什麼時候？」

所以說，「通達無量義」的人就是懂得「法住法位」。在四阿含中常常有說「法爾如是」，有時則說是「諸法本母」；可是被結集在四阿含中，阿羅漢們沒有辦法很詳細地說明，只有迴小向大的阿羅漢們才有辦法說。而《妙法蓮華經》中開頭第二品〈方便品〉中也告訴我們說：「是法住法位，世間相常住。」正是這個道理。你看現代佛門那些六識論者，特別是應成派中觀師，他們弘法一直講「法住法位」，結果講出什麼名堂來？沒有！依舊是外道見。但我們藉 世尊說的「乃至聞一偈，通達無量義」，來講解這個「法住法位」，這樣大家就很容易瞭解了。

接著你也許爲他演說：「這個眞如的實證以前，你要先有菩薩種性的發起。」菩薩種性要怎麼培養？培養起來爲什麼有的人要一劫，有的人要一萬大劫？這跟眞如有什麼關聯？很簡單啊：「如果不是有眞如，你這個種性就培養不起來！你的菩薩種性也無法增長、無法具足圓滿嘛！那你一世修完了，不就完蛋了嗎？來世又重新開始一無所有，都沒有往世所修證的種子留存著，只好重新再修了。可是不會如此，因爲有眞如，所以你這個種性的培養可以是一劫，乃至修習一萬大劫，最後還是可以成滿。」所以這個種性住跟眞如有什麼關聯，你就一一講上來了。

接著是三賢位的勝解行住，就從布施開始說起了。你從初住位開始講起，這樣每一個層次的佛法都帶到眞如來說，講到最後無住處涅槃當然一樣也帶到眞如來說，這樣才算成佛之道全部講完，已經一年過去了。這樣才叫作「無量義」。這才是《阿含經》說的「法爾如是，諸法本母」的眞實義，才能說是眞正的通達了。可是「法住法位」、「法爾如是」這個內涵是沒有辦法被改變的，誰都無法演變它；如果有誰說佛法是怎麼演變或說是如何演變的，那個人一定是凡夫；且不說他有沒有通達，首先就可以確定他必然是個凡夫。因爲他對於「法爾如是」都無所知。世尊早就講過了，「法住法位」一定是「法爾如是」的，它本來就是這個樣子，你沒有辦法去移動它在諸法中的位置。排版的人還可以自行去移動，他只要記住每一個鉛字的位置在哪裡就行；但是世出世間法，諸法所住的那個位置，它是不可被移動的，因爲永遠都是那樣，所以法住法位後面就緊接著四個字「法爾如是」。

所以你看《法華經》講的「乃至聞一偈，通達無量義」，這眞是如實語。我們藉由這個道理爲大家說明了，大家就可以信之爲眞；這也是因爲有許多人實證了，我這麼一講，大家都可以把悟後跟著我修了十年、十五年的這一些智慧，作一個整體的綜合觀察，看看是不是如此？你們也只好認同說「眞的是如此」。所以後面這兩句當然沒問題啦：「次第如法說，月四月至歲。」因爲你講解某一個法時，當那個法，人家要求你用那個法作主題來說，那你依於這個法所住的「法位」，來為大家說明佛菩提時，自然也就能夠函蓋二乘菩提，也函蓋了世間法；那麼因為你知道「法住法位」的緣故，知道這其實是世間的常住相，你當然可以次第說、如法說。

假使沒有在「法住法位」上有如實證、如實知，就沒有辦法次第說，也沒有辦法如法說；既不能依次第，那他所能夠說的就只是一個局部。因為「次第」的意涵在告訴我們有前後次序，表示所說的佛法應該是一連串而互有關聯的，不是只有一個片段。「如法說」是指你說法時的函蓋面，具足函蓋了佛菩提，全部都歸結到當事人所問的這一個法來，才能叫作「如法說」。假使人家問你一個涅槃，你對這個「涅槃」講解了佛菩提，可是他聽到迷迷糊糊，常常在問你：「師父！您告訴我這一些法，跟我問的涅槃到底有什麼關係？」那就表示這位大師沒有眞懂「法住法位」，不是實證者，至少不是通達者。

如果眞的懂了「法住法位」，你每說一個法就聯結到他所問的涅槃來，最後總結說「為什麼這就是涅槃」，就有所聯結，他聽了就會懂：「原來這樣就是涅槃，原來這些法是互有關聯的！」你就可以為他說明清楚。假使哪一天有人問你說：「師父！眞如跟涅槃這有什麼關係？」喔！那你又有一個新題目可以說法了，那麼眞如在佛法中定位是在這裡，涅槃的定位則是在那裡，它們之間的關聯如何，它們周邊的法又是什麼，你就可以依次第說。把眞如在佛法中的次第、涅槃的次第都說完了，聯結起來「如法說」，也可以啊！可是你如果沒有通達，也就是說，還不懂得「法住法位」，那麼說法時就會有困難。

就像以前我跟諸位說過的，十幾年前有幾位同修邀請我去中壢看一個寺院，叫作圓光寺（他們還不知道我早就去過了），它是建在農田裡面的，四邊都是農田，現在不曉得環境改變得怎麼樣了；十幾年前，大概十六、七年，或者十七、八年都有了。那座大殿不大，供了釋迦牟尼佛，那尊像倒是蠻大的；當時身旁不是供著文殊、普賢，而是大迦葉跟阿難。並且那兩尊聖像是烏漆墨黑的黑底色，沒有貼金或粉彩。正要進去寺裡時，在農田靠馬路那一邊有個山門，山門總共有三個入口，中間是個大門，兩旁各有一個小門，一邊上方寫著「菩提」，另一邊上方寫著「涅槃」。那時有人問我說：「菩提、涅槃，到底是一個法還是兩個法？有沒有關聯？」

我回答說：「菩提就是涅槃，涅槃就是菩提，你怎麼會這樣問？你問得好奇怪！」他的耳根有一點燙起來了，因爲我看見他的耳根有一點紅紅的，這就表示他是沒有通達才會問出這個問題；所以後來他也是離開同修會了。當人家問出這兩個問題：「一個菩提，一個涅槃，那麼菩提與涅槃是有什麼關聯？是不是同一個？」其實就是同一個，因爲菩提在這裡，涅槃也在這裡，看來似乎不同，可是全都在這一大塊排版裡面；把位置指出來說明，這兩個法的位置就在這裡，互相有什麼關聯，你都很清楚！所以我當場就說明了一下，菩提爲什麼是涅槃，涅槃爲什麼也是菩提。「喔！原來如此！」可是依我看，他應該叫作原來如彼；因爲他如果眞的懂了，後來也就不該會退轉回識陰裡去，弄到後來竟然還信受一個「證得八地」的凡夫老人，還繼續主張說眞如只在頭部，這樣的荒謬說法他也會信！

所以佛菩提道的通達與否眞的很重要，如果你受持《妙法蓮華經》不退轉，並且有善知識攝受，遲早都要通達的。你不通達還不行，因爲善知識不跟你罷休，他就是要你通達，所以會不斷地把這個如何通達的道理告訴你；那你熏習久了以後，自然就會通達了。這一世若不通達，你下一世也得要通達；下一世不通達，十世後也得要通達；總之善知識就是要你通達，這是正覺同修會的所有會員們未來不能避免的宿命。在別的道場，就算是（我說「就算是」）眞的證眞如了，我告訴你們：一百世以後也無法通達。但是在正覺裡面，至少這一世在見地上面就要讓你把「**法住法位**」通達。

實證上作不作得到，那是另一回事，可是在見地上面（我說的不是知見，而是見地），在見地上面就是要你通達。所以在正覺裡面悟了以後還要修學很多法，學了以後要能夠在見地上面通達。至於如何能夠在實證上去通達它，那就是看諸位怎麼去努力了。而我們要的是至少能在見地上通達，因爲只有很多人在見地上通達了，才能有摧邪顯正、護持正法於不墜的能力，然後才能救護廣大眾生。你若沒有通達，就無法隨力救護佛弟子們。因爲沒有通達的人，你救護眾生時去摧邪顯正，說到最後跟別人、跟凡夫們成爲各說各話。可是你見地如果通達了，雖然實證上作不到，那沒關係，至少見地上通達了，那你條分縷析出來以後，對方縱使口中不服，其實心中也服了，那麼雙方就不會各說各話，你救護眾生時才能達到眞正的成效，所以通達很重要。

可是實證上的通達，那得要意根清淨，但我不能這樣要求諸位。我可以抓著你、從嘴巴一直灌給你，現在就是從你們的耳朵一直灌入勝妙法，至少要你見地上通達。只有很多、很多的人在見地上通達了，才都不會退轉，也才能救護眾生，這就是諸位來同修會所能獲得的功德，也是所應該擔負的義務。因爲正法命脈走到今天猶如懸絲，就好像一根蜘蛛絲垂到地獄裡面去，一不小心就會被拉斷了，但你想要讓很多人爬上來，該怎麼辦？當然得要把這根絲變得越來越粗，使它越來越強韌；那就是這一根絲的每一分子都要很行，所以這是諸位可以獲得的功德，也是諸位要承擔的義務。好在這二十年來，這一根蜘蛛絲有點像麻繩了，但是也還不夠粗壯，還得要繼續增強它，要讓它像拔河的粗繩一樣才可以。

這就是說，你只要意根清淨了，聽聞一首偈而可以通達無量義；當你能夠這樣子的時候——這個智慧通達時，對你而言，「次第如法說，月四月至歲」，就不是難事了。所以假使你有一天接受邀請，人家要求你談一個主題，他提出來說：「每天來爲我們講三個鐘頭，你要爲我們講一年。」那你就提出條件來說：「可是講到一年，如果我還沒有講完，你們得繼續聽。你們如果答應，我就爲你們講。」因爲保證你到時候講不完，眞的是如此啊！所以說，受持「**此經**」是最重要的事。

如果能夠受持「**此經**」，你繼續修學下去，遲早可以在見地上通達；見地上通達以後，就反過來影響意根，不在世間法上用心了，專門在世出世間法這個佛菩提道上用心，就會變成另外一種修法了。往昔我們大家都是跟著佛陀走過來的，是修行清淨意根以後來通達諸法；現在我反過來，要諸位先在見地上通達諸法，當你通達諸法以後，在世間法上會覺得說：「**不必用心那麼多啦！這一世過完了，我所有的財產、身分、權勢又帶不到未來世去。我在世間法上用心那麼多，幹嘛呀？**」那麼你就會分一半的心思到第一義諦上面來，那麼意根就開始少分清淨、多分清淨、大部分清淨，就能夠一步一步來清淨意根，速度就可以漸漸加快。用智慧來轉變意根是比較快的，這就是我希望諸位要走的路。

接下來這八句：「**是世界內外，一切諸眾生，若天龍及人、夜叉鬼神等，其在六趣中，所念若干種；持『法花』之報，一時皆悉知。**」當你通達了諸法的時候，「**法住法位**」、「**法爾如是**」的境界你已經實證的時候，這一個三千大千世界內的一切諸眾生，也包括這個三千大千世界外其他世界的一切眾生，不管他是天主、天龍、人類，以及住在須彌山腳下的夜叉或者鬼神等等，凡是生存在五趣六道中的一切眾生有情，他們心中所念不管有多少種，你因為受持「法華經」的這個果報，你一動念就知道了。

也許這時有人想：「眞的嗎？眞的嗎？」也許有人反應慢一點，智慧不夠利，心想：「我被你印證開悟三年了，我為什麼還不知道？」那我就說：「你該打！」因為你的意根不清淨！所以先不要質疑，誰現在心裡面質疑，就已經被我打了喔！那我講解了其中的道理，即使你現在意根不清淨，你也可以馬上知道其中的密意了。

這一個三千大千世界內眾生已經是無量無邊了，至於這三千大千世界之外的無量無邊世界，那眾生當然就更多了。然而所有的世界，不論怎麼樣區分，無非就是天主、天人，無非就是天龍或者四種龍，無非就是金翅鳥等等，以及人類、夜叉、畜生道、餓鬼道、地獄道等有情；無非就是這六趣，都逃不過這六趣！可是這一些眾生心裡面的所念，一定都有總念與別念；總念是什麼呢？第一個生起的念頭，譬如晚上睡覺後第一次醒來時，有一個總念，大家都忽略了，那個總念叫作「我」，雖然並沒有語言文字。

眾生所念的都是「我」，可是大家都沒有注意，都只注意到「我所」。譬如剛剛醒來時，其實是從什麼地方延續才醒過來的，那時是半睡半醒的；半睡半醒時是在想什麼？因爲昨天牽掛著一件事情，所以當他即將要清醒過來時想起那個事情：「**我今天要趕到臺中去，那件事情很重要。**」他想到這件事情時突然間醒過來。請問：他醒來第一個時候是想到那件事情還是「我」？大家都說是那件事情。問題是誰想到那件事情？是「我」啊！「我」是一切有情的總念。可是這個總念，其實是緣於眞如心而有。

大家都不知道眞如心是怎麼回事，等到有一天他悟了以後恍然大悟（重新再悟了一次，但不是明心或過重關那個悟），說：「**原來大家心心念念所念著的其實都是眞如心，不是『我』啦！**」可是緣何如此？等你悟了就知道，現在別問我。所以眾生心之所念，有表面上的心之所念，也有實際上的心之所念。現在講的還只是總念，可是別念呢？譬如某甲想：「**我今天要去臺中，那件事情很重要。**」某乙想：「**我今天要趕快來正覺講堂，有一件義工，我今天一定要去作完。**」那有的人想：「**我今天要去美國，我女兒在美國生了個兒子哩！我今天當爺爺了，不去不行。**」這就是別念呀！

別念全都是在我所上面，總念可都是在自我上面。可是這個我，包括內我，也包括外我。內法的我叫作眞如，外法的我，叫作五蘊、十二處、十八界，而眾生總是誤把眞如當作自內我。當你「通達無量義」的時候，你想「我明心了！這點一定能通才對啊！」我這麼講，你就一定懂了！眾生第一個念頭是什麼？就是我。這個我，一般所知道的是蘊處界的我，但證悟明心了就知道那蘊處界我所執著的，其實還是不離眞如，還是執著眞如那個無我之眞我。

至於其他的種種別念，你就隨著三界六道不同的有情，依他們所住的世界生活上的依報，去設想就知道他們在想的是什麼，他們心中的所念，你就知道了，這就不勞一一詳敘。可是話說回頭，爲什麼「是世界內外，一切諸眾生」，這些有情「所念若干種」，你一時之間就能全部都知道？因爲這是受持《法華經》「妙法蓮華」眞如心的果報，所以「一時皆悉知」，無有不知者。

因此不要依文解義說：「啊！那個眾生在想著要怎麼樣去賺到人生的第一桶金。但他在心裡面想著，沒說出來，我怎麼可能知道？」其實不是講這個。而是依於「妙法蓮華」來說知道眾生心之所念。那麼請問諸位：被我印證三年以後，以前都不知道眾生「所念若干種」，請問現在你是不是「一時皆悉知」？是嘛！正是這麼簡單啊！有什麼困難？可是落到文字上面依文解義時，可就永遠想不懂啊！就只好說：「啊！這個大概成佛以後才會知道啦！」其實不是這個道理！而是說，其實眾生心之所念，不外乎世間法以及自我，可是自我卻有眞實之我，叫作本來面目；也有蘊處界之我，叫作外我。至於別念呢？那就是我所之法了，眾生個個所想各有不同。

但是，你們之所以一時間就能夠全部知道，正是因爲這一朵「妙法蓮華」！爲什麼說祂是「蓮華」？是因爲從欲界污泥中出生而卻清淨無染，你永遠無法染污祂。爲什麼是「妙法」？因爲三界內外一切萬法都從祂所生，依祂而有，不能離於祂而施設任何一法，所以祂叫作「妙法蓮華」；那「妙法蓮華」究竟是什麼呢？別名如來藏。你如果覺得這個名稱不夠好聽，不然就說祂又名眞如。眞如是不是好聽多了？好聽嘛！所以覺得說：「嗯！眞如好聽，意義又好，那我下一個孫子就命名眞如。我姓蕭，這個孫子生下來了便叫他蕭眞如。」以後人家說：「哎呀！你這個孫子眞盧！」（閩南語：糾纏不休、無理取鬧之意。）（大眾笑…）有一天他哭哭啼啼回來了，你告訴他：「欸！

不是盧啦！他們不懂什麼叫作眞如啦！」（大眾笑…）

然後你就告訴他，叫他記住，第二天去告訴人家什麼叫作眞如：「因為你有一個本來面目永遠跟著你，永遠不離開你，打也打不走，罵也罵不走，你要殺又殺不死祂，祂一天到晚跟你如在一起，不叫眞如嗎？」（大眾笑…）「啊？有這麼一個東西喔？誰告訴你的？」「我爺爺告訴我的啊！」於是明天可能電話來了：「欸！我們的老爸老媽要來拜訪你爺爺，請他解釋什麼叫眞如。」對啊！那表示什麼？那一群要來拜訪你的人，他們的心之所念，這時你也是「一時皆悉知」。你才一聽就知道：「喔！他們想要知道自己的本來面目了。」這時他們心之所念就是這個，你難道會不知道嗎？當然知道！可是你為什麼能知道？也是因為受持《法花》之報。

所以這樣看起來，「妙法蓮華」是什麼也就懂了。就知道說，如果以這一部經的語言文字來解釋《妙法蓮華經》，一定不通；那他一面為大眾講解，另一面在自己心裡面懷疑：「眞的嗎？眞的嗎？眞的嗎？」每講一次便懷疑一次，講到最後自己都不太敢講解了。可是你如果知道「妙法蓮華」是什麼，而且也實證了，自己親自來檢查證實「妙法蓮華」就是眞如，就是第八識如來藏，那你很清楚知道說，原來祂是萬法之所從來啊！三界宇宙萬有一切萬法都從祂而來，那麼三界中一切有情心之所念，你當然就知道了！那你就從眞如心，稱之爲「妙法蓮華」來講解這一部經，你就通達了。

由於通達的緣故，所以你越是解說，心中對這部《法華經》就越發地信服，再也沒有絲毫的懷疑，所以你就更願意爲大家解說《妙法蓮華經》。因爲你這樣解說，可以利益無量無邊的眾生，當你利益眾生時，其實就是正在攝受自己的佛土。不要小看這件事情，釋迦如來往昔以來攝受佛土也是這樣的。有時在這個世界攝受一些人，有時在那個世界攝受一些人，這樣不斷地去攝受；當大家實證的因緣成熟了，祂觀察因緣說，有哪個地方因緣成熟了，就來這裡示現受生，示現成佛。

例如兩千五百多年前來到地球示現八相成道，然後大家的道業成就了，留一些人下來繼續住持正法，其他的大菩薩們就跟著祂，又到另一個星球再重新來演一遍八相成道，又利益一大批有緣人。可是這一些被攝受的有情們，其實都是無量無數劫前就一一被攝受了；即使來這個地球示現的時候，不也是三個、五個、六個、十個人，這樣去攝受出來的嗎？道理一樣，所以不要小看這個事情。因此你能夠接引什麼樣的人，你所接引的這些人，其實就是你所攝受的佛土。但是你要攝受佛土前，得要設法在見地上通達；自己若無法通達，就追隨善知識來設法通達。這樣可以加速自己的意根清淨，然後通達的速度就會因爲意根的一分清淨而更加快一分，那麼你的見地夠了，又會促使意根再清淨一分，那你的見地就會反過來更圓滿一分，兩者是互爲表裡的。

接下來說：「十方無數佛，百福莊嚴相，爲眾生說法，悉聞能受持。」接下來又說：「思惟無量義，說法亦無量；終始不忘錯，以持『法華』故。」還是歸結到「法華」來。剛才說三界之有情心中之所念，你因爲受持「妙法蓮華」的緣故，「一時皆悉知」啊！現在往另一個層面來說，不在世間法上來說了，而是說到出世間法了。

十方的無數諸佛各有百福莊嚴之相，都在爲眾生說法，而你也全部都能夠聽聞而受持。既然十方虛空無有窮盡，當然就有無數的佛世界；既然有無數的佛世界，必然就有無數的諸佛在利樂眾生！有六識論的大師說：「釋迦牟尼佛已經過去了，不存在了！所以佛弟子們爲了紀念祂，創造了大乘經典，這些大乘經典就是弟子們對佛陀永恆的懷念。」我不知道他懂不懂語意學。創造大乘經典是爲了對 佛陀的永恆懷念？依他的見解，佛陀尚且會過去，而創造大乘經典的人會不會過去？會！所創造的大乘經典將來會不會滅失？也會。那麼這樣的懷念能叫作永恆嗎？不知道他們懂不懂得語意學。

然後，我們檢查他們宣稱已經成佛的人——包括釋印順、宇宙大覺者在內，連阿羅漢之法尚且是他們所不懂的，何況是阿羅漢所不懂的大乘諸經中所說的妙法？連大阿羅漢都不能創造大乘經典，後代的凡夫菩薩，一向以凡夫的菩薩行來修行菩薩道，竟然能創造出大阿羅漢們所不懂的大乘經典，這是什麼邏輯啊？所以我說釋印順他們也眞是笨到無以復加，因爲那個邏輯根本講不通！

現在回到這裡來說了，佛陀在無量無邊百千萬億那由他劫前就已成佛了；佛陀成佛之前，既然已先在成佛前的兩大無數劫前發了十無盡願，這十種無盡願是說：虛空無窮無盡，所以我願無盡！回過頭來說，假使有一天虛空眞的盡了，我這個願也還是無盡！既然發了十大無盡願，永遠利樂眾生而永無止盡，那祂成佛以後，示現入了涅槃之後會是灰飛煙滅嗎？那祂不是違背了十無盡願嗎？那能說是成的什麼佛？既然成佛了，一定不違背因地所發的十無盡願！就表示祂示現涅槃之後，一定會到另一個小世界繼續示現八相成道，繼續利樂有情。

兩千五百多年來，如果一世以百歲爲計，祂已經到過多少世界示現八相成道了？至少有二十五個世界了，祂怎麼會是灰飛煙滅呢？又何需要六識論的聲聞凡夫或證悟的菩薩弟子們，創造大乘經典來對祂作永恆的懷念？所以我說他們都是腦袋壞掉了，釋印順一定是出家前有一次感冒發燒（大眾笑…），燒壞了腦袋。這眞是一個笑話，所以大家哈哈大笑。爲什麼是一個笑話？因爲醫師說，不管怎麼發燒，腦袋都不會燒壞，一定是病變才會壞掉。不過他的腦袋一定是壞掉了，才會亂講；只能說他是胡言亂語，所以釋印順應該改姓爲胡印順。

現在回頭來說，十方無數佛，經由剛才那樣解釋，大家可以信之爲眞。既然我們可以一世又一世無量無邊地轉生延續到這一世來，那麼成佛以後得要履行在因地時所發的十種無盡願；既然其願無盡，當然利樂眾生也就永無窮盡，否則就是逃避，也是違背誓言。既然釋迦如來是如此，其他佛世界的諸佛如來當然亦復如是，因此可以證實十方無量無邊世界之中，必然有無量無數諸佛。

接著來說「百福莊嚴相」。諸佛都有百福之莊嚴相，我們增上班《瑜伽師地論》中，最近也講解了三十二種大人相、八十種隨形好，說明是哪三十二種、是哪八十種？它們之所從來又是爲何？其實都是修福而得。那這裡說「百福莊嚴相」，是說三十二種大人相中的每一相各有百福，可是這裡面的差別還有很多，眞的一言難以道盡。譬如說，把三千大千世界一切有情所擁有的福德，合聚爲一個福德，這個福德還不足以比喻究竟佛地隨形好中的一毛孔福德，即使再擴大到一百倍，也無法相等於究竟佛地隨形好中的一毛孔福德。

可是這一個隨形好要多少福德才能修集成功？那一個大人相又要多少福德？甚至於好幾個大人相才抵得過其中一個大人相的福德，那你說，修了一世的福德就能夠嫌自己修得太多嗎？你修了一世的福德，能賺得一個地球嗎？可是整個三千大千世界眾生所有的福德，擴大一百倍也還不能相等於究竟佛隨形好中一毛孔的福德，那你想，成佛須要多少福德？怎麼可以說：「我這一世修了這麼多的福德，夠了！夠了！」如果他這樣就覺得夠了，表示他的成佛之道一定要帶著一隻很會叫的公雞，每天在跟他叫：「咕、咕、咕——！」（閩南語諧音：久、久、久——！）因爲他眞的要很久才能成佛！福德不夠怎麼能成佛？

所以諸佛的「百福莊嚴相」，眾生很難了知；但是這個道理，我還是要稍微說明一下：爲什麼有百福莊嚴之相？每一種大人相就是一種相，怎麼可能會有百福之相？意思在告訴我們說，每一個大人相都是由百福所成就的，所以每一個大人相都同樣有百福。那麼百福是怎麼來的？也就是說，你有一百種思，才會有一百福。凡是作善業之前都要先作思惟，每一件善業去作的時候，要先思惟五個法相，作完之後再去思惟另五個法相，所以每一件善業造作完成時就各有十個法相。那麼十善業的一一善業各有十個應當思惟的法相，所以十種善業造作的前後，十乘十就得一百，也就有百福了。

那諸位也許想：「修善就修善，爲什麼要思惟？修善就修善，爲什麼每一種善業都要作十種思惟？那麼囉唆幹什麼？」因爲有的人喜歡簡單，愛單純！可是我說，不能那樣單純去作；因爲那樣單純去作的人，我們就說他修來的福德華而不實。我們就說他叫作頭腦簡單四肢發達，懂得作而不懂得讓它更好。同樣的修福，這樣作可以更好，爲什麼不要？所以假使你在每一件善業上面去實行之前，先作五種思惟；經由這五種思惟，你可以使這件善業更好，達成的善果更高也更廣大，而且更清淨。

所以善業在實行之前要先作五種思惟，這五種思惟的完成後你就會檢討，是還沒有作就先檢討：「**我如果沒有經由這五種的思惟，我作出來的善業是如何？那我能達到的效果是如何？我未來世得到的福果是如何？**」你就會先瞭解了。思惟完了，你就知道應該怎麼樣去作。等到作完了，再作五種思惟；這眞的是事後檢討，思惟完了再作個迴向。這樣子，你事前有五個思惟，事後也有五個思惟，那麼這一件善事就有十個思惟了，這就是十福。那麼身三業、口四業、意三業，總共是十個善業，每造作一件善業時，都同樣有身三、口四、意三的業，所以每一個善業都有十個思惟；造作了十個善業就有一百個思惟。因爲是經由這一百個思惟而在很長時間的修福中，完成了一個大人相，因此這一個大人相就具足百福；不管你的大人相成就了幾分，你所成就的每一種大人相各個都有百福；所以每一相都有百福，就叫作「百福莊嚴相」。至於這十個思惟：善業實行前的五個思惟，以及善業實行後的五個思惟，是什麼內涵，就等下週再爲大家說明。

《妙法蓮華經》上週講到一百六十九頁重頌的第五行，已經講了兩句。上週說到的最後一句是十方無數佛的「百福莊嚴相」。百福莊嚴是說，十方無數一切諸佛所修得的三十二種大人相，以及八十種隨形好，一一相都各有百福。這意思是說，十方如來在因地所思、所說、所行，每一件事都經過前後各五種的思惟，所以身口意三行的十種業，都能夠臻於至善至美，因此每一業各有前五思、後五思，每一業就各有十種思惟。這十種思惟因爲有十種業：身三業、口四業、意三業，所以總共有十種善業；每一種善業各有十種思惟及十種善淨業行，所以合爲百思。這一百種思惟，使諸佛在因地的身口意行，一一都能臻於至善至美，因此諸佛經由十種善業而修成的大人相，一一各有百福，就稱爲「百福莊嚴相」。

那麼百福之所從來，就正好是這百種思惟；百種思惟區分爲身三、口四、意三等十種善業，一一善業各有十種思惟；這十種思惟分成前思惟、後思惟各五種。也就是說，例如以口業爲例，每一件口所成就的善業，要有五種思惟爲先，然後去造作；造作之後完成了這件善業，還得要再藉後五種思惟而作檢討，以後加以改善。這樣一個口的善業，例如不妄語這個善業，一樣得有前五種思惟，後面再有五種思惟，總共十個思惟，這樣就說不妄語這個口善業的十思，那就有十個福德。

那麼要怎麼樣來作這個思惟呢？譬如口有四種善業、惡業，這四種善惡業中的第一種善業叫作不妄語，特別是在道業修證上面的不妄語。所以在宣說自己所證的境界相時，不論是禪定的境界相，或者智慧的境界相，或者發起智慧以後心得決定的三昧智慧相，爲人解說時的這些都屬於口的善業。只要所說如實，不是加油添醋，也不是妄想創造，就是口善業中的不妄語善業的十種思；由這十種思而使不妄語的善業臻於至善至美，這就有十種福德。

例如在爲人演述佛法時，假使有人提出來質疑：「你悟了沒有？」那麼你應當如何說？嗄？你應當如何說？大概沒想過會遇到這個問題呵？一般人大約會客氣地說：「沒有啦！我沒有開悟啦！那不算什麼啦！」（大眾笑…）這樣直截的反應出來，這是中國人謙虛的習慣，因爲謙虛是美德。但問題接著顯現出來了，你爲什麼說「不算什麼」？當你說「不算什麼」的時候，是不是表示已經開悟了？才敢說「不算什麼」。可是當你說「不算什麼」的時候，已經有過失了，表示你沒有先經過五種思惟。這五個思惟，我唸給諸位聽聽：離殺、勸道、讚美、隨喜、迴向。

也就是說，當你要回答之前，應該先具足這五種思：第一、當我答覆人家提出的這個質問時，我這個答覆是不是離開口業中的殺業？口業也有殺業的，譬如你口裡說：「那個人該殺！」那你的口業中就有殺業了！又譬如某一個惡人被判死刑而被槍決了，然後公布出來，你心裡想：「欸！槍決了。」然後你開口說：「死得好！」那你就有口業上的殺業。這表示，你這時口中的這個業已經不善。從世間法上看來可能是善業，因為這等於是讚同為世間除害；但是在菩薩道中就不適合這樣講出來，是因為這個口業之中有殺業了！這正是隨喜殺。所以第一，你要答覆之前是不是有離殺的答覆思惟。

第二、你要思惟這是不是附帶有勸道的功德，有沒有勸人家修學佛道的作用，要先考慮這一點。如果沒有勸道的功德，那麼你講出來說：「對啊！我開悟了！這沒什麼啊！」人家會覺得怎麼樣？會想：「開悟了竟然這麼傲慢，竟然敢說開悟沒什麼。喔！他這麼傲慢。」那對方聽了以後會感覺怎麼樣：「我還是不要開悟算了，悟了竟然這麼傲慢。」那你這麼一答，就沒有勸道的功德，反而阻止他進入佛道之中。所以答覆的時候不能隨便答，你要事先曾經思惟：「我這麼答，有沒有勸道的功德？如果我答了以後有勸他進入佛道的功德，我這樣答就是對的。」這樣有兩個思惟了，有這兩個思惟就會有兩個福氣，成就兩個福德。

第三、勸道之後還要有讚美：這一句話答覆了之後是不是讚美？所以你答覆的時候如果向對方答覆說：「啊！眞的是，算我有福報啦！得到了這個法。眞的可以證眞如，證眞如之後般若諸經背後的眞實義，就讓我讀出來了，眼力可以透過經文的紙背。」這就是對佛法及實證的一個讚歎。這個讚歎既是離殺，又有勸道的功德，對方聽了說：「喔！這麼好！」對方就認爲你是讚美證悟這件事。所以千萬不要用輕蔑的口吻說：「對啊！我已經得到了，那沒什麼！」不能這麼講，一定要有讚美，也一定要有勸道的功德。

那麼這樣就有三個福德了，第四個是要隨喜；千萬不要答覆了以後，也就是前面答覆得很好，在後面卻加上一個註腳：「我覺得我這麼一悟，比那位某某人好，特別比蕭平實更好。」千萬別這樣作比較，因爲萬一作了這個比較以後，對別人—對其他證悟者—就失掉了隨喜的功德。對其他的證悟者，你也得要有隨喜，因爲同樣是家裡人，而且同樣是 佛陀的弟子。

除非他未悟言悟，那就例外。這時你爲了救他以及他的門徒，不得不加以破斥；因爲你已經好言爲他講了很多，都沒有用，只好破斥了，這叫作針砭。可是你對另外一個人，因爲他對你很好奇；他學佛二十年了沒個入處，聽說你來正覺學佛才五年，才一對話就發覺：「什麼！他已經開悟兩年了？現在說起法來不同凡響、迴異昔日呵！人家說士別三日刮目相看，我還眞的要對他刮目相看！」所以你講解佛法的時候不要拿別人來比較說：「我比他行！」但是也不要說：「可是我覺得我悟了還是太差。」那就沒有勸道的功德了！因此你應該說：「因爲這個緣故，所以我現在知道諸大祖師爲什麼終其一生不會退轉！」那你就有隨喜功德了。

那麼如果當代也有眞悟的大善知識，你就可以比如說：「哎！我現在終於知道了我們蕭老師爲什麼法喜充滿了！」這就是隨喜功德。這樣就有四個福德了。最後則是要迴向，一定要迴向。對方問你這個問題，你答到這裡爲止，接著後面要附帶：「我願以證悟的功德，迴向老兄您數年以後一樣可以開悟。」這一來，他是不是心窩裡滿滿的溫暖？然後可能會對你有信受，因為他想：「這個人去正覺開悟了以後講話得體，不狂、不傲，眞不簡單！」所以你這一席話具足了這五個法了：離殺、勸道、讚美、隨喜以及迴向。

在你答話之前要先有這個作意，就是說，你平常就要先思惟這個部分，你平常已經先有這樣的作意，那麼人家問你說：「聽說你去正覺開悟了，眞的、假的？」你就這麼六、七句話與他對答，他才一聽完就想：「哎呀！好感動！」就說：「那拜託你，你下回去上課時，是不是能幫我拿一張報名表回來？」這時候要怎麼辦？你就說：「好啊！我專程去替你拿回來。」不是等下回上課，而是當面說：「我專程去替你拿回來啦！你眞是有智慧啊！將來要是悟了一定比我更行！」他聽了滿心歡喜，其實他是被你攝受了。他覺得你推崇他，其實是你攝受了他。那麼這就有五個福德了。

這一件口業的善業作完，事後分手了，到了晚上你還要再作五種思，這五思便叫作：加行淨、根本淨、後起淨、離尋伺之害（編案：又名非尋伺所害），以及念攝受（若是來不及抄寫，沒關係，我會再一一講解的）。第一個「加行淨」，也就是說，你答覆了他，成就了一件口的善業；這件口的善業，你回家以後再思索一下：「我有什麼地方講得不夠好？」這就是作加行。把這個部分再加行、思考一下：「下回如果還有人這麼問我，我應當怎麼答會更好？會更清淨、沒有染污？」事後你要再作這個思索，思索完了就知道：「我下回應該怎麼答會更好。」這就是加行清淨了，由於這個加行清淨，又會增加一個福德。

當這個加行清淨作完了，接著還要檢討一下「根本淨」，因爲每一件善業都是先有根本，然後有方便，最後才有成已；而每一件惡業也是如此。那麼根本是什麼？在心中起念檢討：「說這些話之目的是什麼？動機是什麼？」這叫作根本。這時就檢討：「我早上跟某人說的那一席話，我的動機有沒有不清淨？我那時有沒有想要得到他的好感？」如果有，就說：「啊！那我當時還不夠清淨。我當時如果純粹只是爲了攝受他、幫助他在佛菩提道中可以快速進道，那我才是完全利他之心，我的根本才是眞正清淨的。」所以檢討以後，就使根本改變爲清淨的。又再思惟：「我當時稍微思索了一下而回答，如果根本是清淨的，那麼當時所作的方便與成已就都是清淨啦！」要這樣去思索。

「我當時動機是不是純粹爲他？如果當時有起一個作意，雖然沒語言文字，但那個作意怎麼想的呢？『等你進來正覺學法了，你就知道我的厲害！』那我就是根本不淨了！」這就是根本不淨，就失去另一個福德。所以要再檢查：「我那時跟他講的那一席話的根本——也就是動機，清不清淨？」如果檢查了以後發覺：「嗯！我當時確實沒有不好的動機，那我當時的根本是清淨的。」這叫作根本淨，這樣又增加一個福德了。雖然早上已經作完了，事後可以再來增加福德；這又是另一個福德。

第三個是「後起淨」，也就是檢討說：「我跟他講了那一席話以後，接著我作了什麼？事後我所作的事情是不是清淨的？是不是有帶著染污心去作？我如果純粹只是爲了幫助他，對他沒有任何的希求，也不是爲了諂媚他、巴結他，只是純粹爲他的道業著想，我就是後起淨。」所以第二天專程爲他去正覺拿報名表，都沒有考量到自己，完全是爲他，以此爲證，那麼這樣子你就可以說：「我的後起所作是清淨的。」這後起所作既然是清淨的，都沒有問題，你又經過這個思惟檢查以後確定了，這樣有八個福德了，早上作的福德現在還在增加！也許你從另一層面又想：「我明天要去幫他拿報名表，明天要去幫他作，我這個心態是不是爲了諂媚他？如果不是，那我的後起也是清淨的。」這也是增加福德。

再來是「離尋伺害」（非尋伺所害）。你現在要思索的是：「當我爲他說這些法的時候，是不是轉依於如來藏而爲他說？我早上爲他講的時候，我是不是落在五蘊裡面來爲他說？譬如正在爲他講法的時候起了一個念說：『其實你還得要學好幾年。』那就表示自己的作意已經落在五蘊裡面，這時就是落在覺觀之中，不離尋伺；有尋有伺就會被尋伺所害——就會被覺觀所害，就是已經輪轉於覺觀之中了。」輪轉於覺觀之中的意思是說什麼？是說會繼續在三界六道之中輪迴。所以當時自己的作意有沒有離尋伺之害，這個也要檢查。包括明天爲他去拿報名表的事：「我明天爲他去拿報名表，是不是爲了覺觀中的受樂？譬如想要獲得他的滿心歡喜、讚歎、感激？」如果不是，純粹只是爲了利益他，就表示沒有祈求覺觀之中的喜樂，不落在五陰之中，這就是離尋伺害。確定已離尋伺之害，已經確定了，又多了一個福德，就有九個福德了。

最後一個「念攝受」，是要攝受對方的意念。念就是憶念、想念，想念著要攝受對方；攝受對方並不是把他拉作自己的眷屬，而是要幫助他，讓他得利，同入正法中；然後他的心中就有那個種子存在，這一世乃至未來世見了你就滿心歡喜，因爲是你攝受他進入了義正法中；那麼你的佛道越來越進步，他也會因爲親近你而跟著越來越進步，這就是念攝受。所以「攝受」的意思要先瞭解，不是把他拉在自己身邊，讓他永遠跟著你。攝受的意思是說：「我是不是利益了他？果眞是利益了他，就是攝受了他。」而不是把他拉作自己的眷屬，這不是念攝受，反而損福德。人家會跟隨你，並不是因爲你用手段讓他跟隨你；凡是用手段讓別人跟隨你，就不叫作攝受，要叫作拉眷屬；拉眷屬就是世間心，就會讓自己的道業退步，也損了福德。

你若純粹是利益對方，沒有想到要拉對方作眷屬；而對方並不是白癡，自然很清楚知道你只是爲了利益他，對他全無所求，並不是想要拉他當眷屬。你沒有想要拉他當眷屬，他自然就想要成爲你的眷屬，菩薩道中攝受有情是應當如此，是應當心無所求的。所以應該以攝受的意念來爲他作事，而不是想要拉關係讓他離不開你，這樣才眞的叫作念攝受。念就是記住、記持著要攝受對方，攝受對方的意思其實就是幫助對方。譬如諸佛攝受眾生，從來沒有想過說：「我幫助了他以後，他只能跟著我，不能再想到別的佛，不能再憶念別的佛，只能念著我。」都沒有這回事。這就叫作念攝受，就是你心中是有攝受對方的作意，那個意念不消失，若有因緣時你就幫助對方，這就是念攝受，這就是第十個福德。

所以，當時你向對方講了那麼六、七句話，在講話之前要先作五種思惟，獲得五個福德；講完之後或者一小時，或者二小時以後得再思惟一下五件事；或者一直忙，忙到晚上有空時思惟一下這五件事；那麼這樣子再作這五個思惟以後，同一件事又讓你得到五個福德。事事都這樣子去作，習慣了以後，你的福德增長就非常快速；當你的福德增長很快的時候，你的智慧之船是不是就往上升了？水漲船高啊！智慧的實證都是要依靠福德來支撐的，福德很低的時候，他所能得到的智慧最多只是表相的智慧，實證的智慧就不可能有；即使有，層次也是很低。

所以說，每一件善業造作前都應該有前五種的思惟，造作之後要再檢討，看看還有哪些缺失，若有缺失就改過來，下一回同樣的事情發生時就可以更圓滿，那麼事後又增加五個福德。這樣子時間久了成為習慣，你說話一定不會酸溜溜的，也不會有諂媚的語氣，更不會有嫉妒的味道，心中純粹是爲了攝受對方，完全不爲自己著想。這樣子行之日久，而說你的道業進步很慢，我才不相信。因爲像這樣子福德增長非常快的人，不必滿兩年，當人家一說到你「某甲」，大家都舉起大拇指說：「**他眞是菩薩！**」大家都讚歎啊！那麼修道過程中就沒有種種惡緣了。

像這樣子一世又一世修行，菩薩道的進展就會非常快速。所以，假使作一件事的時候起心動念的根本、方便、成已，若是違背前五種思；事後又沒有去加以檢查，又違背了後五種思，那麼像這樣子作了一件善業，結果只有一個小小的世間福德，談不上十福了！那如果造作之前有前五思，具足了五福；造作之後再去思惟檢討，又有後五思，又具足另五福；那麼你把一件善業造作了，所得福德就跟人家不一樣，因爲你有十種福德，人家獲得的只是世間善法的福德，結果你還加上佛法中十種福德。

那身三業、口四業、意三業，這十種善業的每一業都各有十種思；這十善業合起來總共就有一百種思，就是有一百個福德。這樣子修菩薩道的成就過程就會很快速，諸位得要學習然後去實行，未來在菩薩道的修學過程中進展就會很快；特別是諸位！你們證了如來藏以後，現前觀察說：「原來自己的五蘊—也就是身口意行—全部都在如來藏中，不外於如來藏啊！」那麼這一切的業造作了以後，不論善業、惡業，這一切業落謝成爲種子以後，都不會外於自己的如來藏，全都存在自己的如來藏中，就想：「既然如此，爲什麼我不把這個善業變得更好？如果是一般人修善業，他們善業的種子就只有那麼一點福德；可是我先作了前五思，事後又作後五思；成爲習慣以後，每一件善業都各有十思，因此我每一件善業除了世間福德以外，又增加十個福德，何樂而不爲呢？」所以這個百福之思，不但會增長福德，也會使性障的消除非常快速，這對諸位是有切身利害關係的，因此諸位應該要學一學。

由於這百福修學習慣了以後，最後終於成佛了，每一種大人相，全都各具百福。所以說，當　如來伸手爲菩薩摩頂時，菩薩們就說：「如來伸金色百福臂，摩菩薩頂。」因爲　如來把右手伸出來時，眞的是百福之手臂。其實你眞要說起來，還不只百福；因爲如來一伸出手，單單一手之上就有多少的隨形好？你想不到吧？如來有八十種隨形好，八十種隨形好之中又各有一一好相，每一個微小的好相其實也都各有福德相隨。那究竟是多少福？所以不要小看這件事情。如來伸出手有大人相，叫作手足網縵相，這也是大人相；這一個大人相又有幾福？一樣也是百福啊！除了如此以外，如來足下的千輻輪相也是百福；所以你眞要講起來，世尊伸出手來是很多的百福。

因此，爲了快速增長福德，菩薩對每一件事情就這樣去作前五思、後五思；前後五種思惟都去作過了以後再檢查：「我作這件事情是身業，我講這一句話是口業，我想到這麼一件事情是意業，那我想了，或者我作了、或者我說了以後，這件事情的身三、口四、意三等十種業的前五思有沒有圓滿？後五思我有沒有作？我有沒有檢討？我的後五思有沒有圓滿？」當你變成一個習慣以後，再也不是暴戾之人了！有的人暴戾之氣很重，一看見他，大家都想：「這個人就是性情粗暴，戾氣深重。」有沒有呢？有。爲什麼會這樣？因爲他看來殺氣騰騰，看起來又非常粗魯。

你們看那些江湖老大不就是這樣子？殺氣騰騰、戾氣很重啊！你如果能夠有前五思、後五思，這些可都不會存在了；那麼大家來親近你的時候，都不會覺得你這個人不好親近，大家跟隨在你身旁時都覺得很安祥，不會有驚懼之心，因爲知道你不會有害心，更不會實際上傷害他。大家知道你連意業都很小心，何況是口業與身業？所以這種百福之業，你只要修習久了，一定是改頭換面，跟以前完全不同，那你的福德不大大增長才怪呢！

以前我們說了很多的法，也說要除性障等等，說得非常多了，都是增長福德之法；如果諸位再配合這個百福的修法，那個「達摩易筋經」就不夠瞧了，眞的不夠看了。你們練過「達摩易筋經」沒有？先站好，就以雙手這麼努力練啊！有沒有？我年輕時就開始努力練了，可是都只在表相上練；到現在都不練，已經幾十年了，但現在才知道什麼叫作「達摩易筋經」，其實就是換骨易髓！得要懂得用眞如心來練，才眞的可以換骨易髓。可是你如果懂得修這百福，「達摩易筋經」也就不足道哉；因爲這時你的性障修除是非常快速的，這一生取證三果就「不爲難事」！未來 彌勒尊佛來人間的時候呢，被授記入地亦不爲難，就看自己有沒有確實作到。

如果這段時間不趕快修這百福之妙，那麼未來世 彌勒菩薩來人間的時候，大家都一樣是阿羅漢了，可是眼看有不少人被授記將來什麼時候成佛，想想自己也是阿羅漢，爲什麼竟沒有被明確授記成佛？那就很難過了呵！因爲一樣是同學，差異竟然會這麼大。可是差異這麼大的原因在哪裡呢？就在於自己有沒有好好伏除更微細的性障，以及修學這百福而使福德大大增長。如果眞的能夠伏除更微細的性障，也勤修這百福之業，未來世 彌勒尊佛成佛來度你的時候，你將來被授記時絕對不止通達位，可能已經滿初地心，也可能已經到二地、三地了，那時授記成佛的內涵就非常完整了。

這百福的修行之所以重要就在這裡，因爲它會使你換骨易髓，從裡到外換一個人；完全改變爲另一個人，那你的道業進展就會非常神速。人家在地面上行走，你是坐著噴射機在天上飛過去；人家在地面每一秒鐘，就算他用跑的前進，他每一秒鐘跑兩步、三步，這已經夠快了；可是你乘著噴射機，一秒鐘已經飛多遠了？你要想到這一點。所以這百福的重要性，我特地要提出來告訴大家。

那麼因爲有百福伴隨著，所以諸佛的大人相與轉輪聖王的大人相就完全不同；也因爲有這百福伴隨著，所以諸佛即使是隨形好中的每一好，都同樣代表著百福中的某個部分，這就完全不同。剛入地菩薩的大人相有很少分、很少分，談不上具足百福；隨形好也是很少分、很少分，也談不上百福。可是諸佛都有三十二大人相，有八十隨形好，一一相都各有百福。這是在因地就應該建立起來的，然後就要開始努力去作。

這個百福的道理拿到別的地方去談就沒有意義，就只是一個名詞；可是在這裡與諸位談就有意義，因爲跟諸位有切身的關聯；你已經找到如來藏了，證得眞如「法華經」這個心了，那你這時就要用所證的眞如、所找到的「法華經」如來藏配合，來作這個百福的思惟；這樣就不只是以前講的是否具足福田勝、施主勝、財物勝的問題了。所以當你去布施時，你布施到一個好福田，這是福田勝；你自己已經證眞如了，這是施主勝；你又至心誠意作這個最恰當的、時節因緣也正好的布施，不管你作的是義工的布施、財物的布施，都作得恰到好處；加上布施作完了後面再來作五個思惟，你這個福德不可限量啊！所以這個百福的道理要講給諸位聽。

但是我不會去外面講這些道理，因爲講了沒有用，跟他們沒有切身利害關係。而他們也會覺得說：「你跟我講這個有什麼用？我如今認爲自己連佛法都不懂。學佛號稱是三十年的老修行人，但我什麼都不懂，我聽你說了有什麼用？」他會這麼想。可是對諸位而言是不一樣的，所以我得要講給諸位聽。

那麼十善業的一一業各有十種思，一一思都有一種福，所以十善業總共就有百思，百思即有百福。這樣，每一善業增長的福德就非常快速。如果往昔多劫以來惡業幹慣了，今天進了正覺學法，就用這百思來作思惟，那些不好的習性也會很快消滅掉。有很多人修了福德，期待滿滿地存進如來藏心中，可是存入時往往損失了十之八、九，自己卻不知道。如果你懂得這百福的道理，這每一個善業的前五思、後五思都弄清楚，十分的功德、十分的福德修成以後，那就是十分的具足，都不會流失了，未來世的果報實現時是不一樣的。

佛子們修集的那些福德與功德，若是夾帶有不善的，未來世實現福德、實現功德時，就會同樣有不善果報的夾帶。修集福德時夾帶功德的時候，未來世在福德實現時就是會有道業可以實證，但是過程是多麼困難，障礙重重，因爲夾帶著不善業。福德當然也會實現，可就是會被七折八扣，或是被人家分走，因爲夾帶不善業的果報要同時實現。那你如果能夠把這十思都作好，將來功德成就都不受干擾，福德成就也很順利，沒有人可以拿走你的福德。所以這業行前後總共十思，諸位要懂得學習。

這裡的重頌說：「十方無數佛，百福莊嚴相，爲眾生說法，悉聞能受持。」這也在顯示說，十方諸佛世界、諸佛淨土中，無量無數諸佛爲眾生說法，祂所示現的三十二大人相，一一相都各有百福，還有八十種隨形好；諸佛以這樣的「百福莊嚴相」攝受眾生，因此眾生很容易被攝受。諸佛以這樣的莊嚴相和各各百福的功德來攝受眾生時，所說的種種法，眾生聽聞了之後就能夠受持。如果沒有「百福莊嚴相」來爲眾生說法，眾生不一定會受持。就算你說的法義，他從頭聽到尾「悉聞」，全部都聽完了，也可能不會受持，只是當作增長知識而聽一聽，因爲他對你沒有信受之心。可是你如果有「百福莊嚴相」，他不知不覺之間就會信受你，那你所說的法，從頭到尾他都會信受，於是能夠奉行，能夠受持，這就是諸佛的出世間法運用在世間法中來利樂眾生。

接著說：「思惟無量義，說法亦無量；終始不忘錯，以持『法華』故。」諸佛於一一法都可以「思惟無量義」！上週或上上週，我也跟諸位說明「法住法位、法爾如是」的道理了，那麼我們在因地只要通達了，就可以有一分作到這個地步；而諸佛是十分圓滿，可以具足作到這個境界。因此說，進入通達位以後，從一一法都可以「思惟無量義」；既然可以「思惟無量義」，當然「說法亦無量」！在佛法中修學是否通達，這很重要，可是有一件事情比通達更重要，就是眞見道；這是說，通達可以使你把見地全部顯發出來；可是有這個通達的功德之所從來，卻是因爲眞見道才能開始的；如果沒有眞見道作基礎，就沒有通達可說了。

那麼眞見道是什麼？就是證得如來藏以後，現前觀察你所證的第八識如來藏—妙法蓮華經—所具有的眞實性與如如性；當你證實「妙法蓮華經」如來藏確實存在，因爲現觀如來藏是眞實與如如的，所以確實有眞如，於是你證得眞如了。對一般學佛人來講，《般若經》讀到快爛了，每天一直讀，一頁又一頁不停地閱讀、思惟，閱讀思惟了五十年以後，那一部《大般若經》的邊都起毛了，可是什麼叫作眞如，依舊不知道，只能想像，因此最後只好自己想一想說：「我想大概就是這樣吧，當我每天打坐都不動轉身體時，心中如如不動，這就是眞如了。」只好這樣想像啊！可是當善知識一說明什麼叫眞如時，又聽不懂了。

這意思就是說，證眞如這個眞見道是最重要的，因爲悟後所修的相見道位及通達位的功德，都是要藉眞見道證眞如以後才能開始修證的。眞見道所證的智慧名爲根本無分別智，眞見道之後，雖然這個眞見道的智慧還很差，可是經由這個眞見道的智慧繼續悟後進修，就會使你進入相見道位裡面，然後把見地中所應該有的種種法相都通達了，就是相見道位完成，那時你就通達而可以入地了。

到了通達位的時候，「**法住法位**」與「**法爾如是**」，你就概略知道了。當人家問到某一個法，你就指點出來說：「**喔！這個法在這裡！**」跟其他法的關聯是怎麼樣，你就知道了。人家再從另一方面又問另一個法，「**這個法在另一個位置。**」這個法跟其他諸法的關聯怎麼樣，你也知道，你就有智慧可以自己思惟。從任何一個法去作思惟，但是都不離眞如，都以眞如而作聯結，於是這時你眞的可以「**思惟無量義**」；所以當人家問你一個法，你就可以說出很多的法，並且你不是故意造作出來的，是自然而然就這麼說明出來了。

當你這樣通達了，習慣了一世又一世這樣子去弘法、自度度他，每一世都這個樣子；後來有一世你會被人家私底下笑你，那個「人家」是誰呢？是你的徒弟，他私底下笑你：「**師父眞好騙，你請問他一個法，他就答你三個**

法，有時候還不止，講到十個法都有。」你就會被你的徒弟這樣笑。那你知道以後可不要覺得難過，應該慶幸說：「原來我也有今天！」因為這是正面的，你應該想：「原來我也有被徒弟說我有這種好習性的一天！」這表示你已經通達了，也是眞得解脫了。

這也是諸位將來要親自體驗的過程，但是我先把這個道理告訴諸位，諸位先種在心田裡面，如今你的如來藏中已有這個種子了；因為你今天聽進心裡去了，你沒有排斥這個說法，那種子就會在；將來也許 彌勒佛來人間成佛時，也許再下一尊佛來降生的時候，然後到了像法時期、末法時期該你出來弘法了，有一天被弟子們這麼說，你會知道說：「啊！原來他們學佛以來還算是很短。」但是你絕對不會因此產生一個不好的念頭說：「哼！我講這麼多法給你，你還在背後笑我！」你絕對不會起這個念頭。但這個種子要留著，現在不要抗拒這個說法。

那麼既然能夠從一一法「思惟無量義」，當然你說法時也就同樣可以無量，這就是「說法亦無量」。記得我初學佛那幾年，看到人家善知識說法時，我總是心裡想：「好厲害欸！人家問一個問題，他竟然能夠講出這麼多法！

而且都是不打草稿的喔！」如果都是寫好了以後，一句一句照稿子唸的，那眞不算什麼。「可是人家沒有打草稿，當場回答的，這個人厲害！」可是等到我自己破參了，過了幾年以後，重新看人家說了法以後整理成的書本，或者錄音下來製成錄音帶流通，重新讀了、聽了以後說：「唉！處處都是錯誤。」可是當時並不知道，完全不曉得啊！現在卻是全都逃不過我的法眼，這就是通達的功德。

你只要通達了，才一聽就知道了，不必全部聽完或讀完，因爲你已經知對方不懂「法住法位」的眞義了！當他在爲人家解釋「法住法位，法爾如是」的時候，你心裡面會覺得好笑說：「爲何能夠錯得這麼離譜！」你馬上知道他不懂。他是用意識思惟理解去解說的，那麼你一聽當下就知道這是什麼法，在三乘菩提歸結爲唯一佛乘的時候，那些菩提之道的一切法是各自在哪一個位置，它跟其他諸法的關聯又如何，你全都知道。當然這時候人家問你一個法，如果你沒什麼時間，就引生出來爲他講三、四個法義；如果正好有時間，工作也作到累了，覺得聊一聊佛法也不錯，藉此來引生法樂，所以你就繼續爲他講下去，也許整整講了一個鐘頭，結果不是多講了十個法，而是從他所問的這個法，爲他講解了二、三十個法。

第二天，弟子展轉傳出來說：「某甲弟子說師父您好笨，他來跟您挖寶，本來只是想要挖一個寶，沒想到您送他三十個寶，師父您眞的很好騙。」你聽了以後應該說：「好！原來我也有今天！」這就是無私而又有道種智的境界。所以我說通達很重要，而通達的根本是源於眞見道的證眞如；眞見道位證眞如以後，依這個根本無分別智繼續進入相見道位修學，開始發起後得無分別智，最後終於通達了，你自己就有能力「思惟無量義」，爲人說法時自然就是「說法亦無量」。接著就要追究爲什麼能夠這樣？因爲是「終始不忘錯」，也就是自始至終都不忘、不錯啊！這是你顯示出來的功德，而原因就是「以持『法華』故」，「法華經」就是第八識眞如心，又名如來藏、阿賴耶識。

我們正覺弘法以來，一直都有人放話說要找出正覺法義前後矛盾之處；不但一直都有這種人，而且當年可以說是所在多有，不是個位數；但是到最後除了一些不懂佛法的附佛外道密宗人士以外，正統佛門中沒有人敢寫正式書籍或文章來評論正覺的法錯在什麼地方，最多只是寫個文章化名而在網路上亂貼，但是也要被我們的同修所破！那麼附佛法外道，那就不必談。所謂附佛法外道是指什麼？正是密宗人士。

那麼正統佛教的法師居士們想要評破正覺的法義，結果是最後發覺自己收集正覺的資料十年、十五年，作了好多的筆記下來，把正覺所說各種的法全部拿出來，一一比對出來的結果，卻發覺前後沒有矛盾。他們想方設法把正覺所說的法義建立矛盾以後，卻發覺不成立，沒有矛盾可以成立；套句大陸的話說：「**沒有辦法搞正覺的矛盾。**」甚至有許多人因此而信受正覺的法義了。但這是為什麼？是因為我們有個通達的功德，所以產生了另一個功德，叫作「**終始不忘錯**」；因此演說佛法到最後時，再把它追溯到最前面所說，前後比對起來都不會錯誤，都沒有矛盾，都不會自相衝突。為什麼不會矛盾與衝突？因為說法的時候不會忘記，也不會錯說，因為都是實證而依現觀所說的緣故。

你們有很多人知道我記憶很差，但我為什麼不會忘記佛法？因為是實證的。由於實證，所以我可以一面現觀，一面把它講出來。例如你為人家說明一樣以前沒見過的東西，那你在電話上告訴人家的時候，一面看著那個東西一面講解，把它反轉過來上下左右來看，一面告訴對方，而對方會告訴你說：「對啊、對啊！你講的沒錯。」因爲他手裡也有一個。可是你如果是看過以後忘了，或是不曾看過，那你來跟對方講，對方會說：「不！你講的不對，這個不對，那個也不對。」因爲你忘記了，或者只是想像的。可是你現前有實物，看著實際上存在的物品，一面看著一面講，當然不會有錯誤，因爲你根本不可能忘記。

同理，當你證得眞如、證得般若以後，你現前看著實相法界、看著眞如，你就去爲人講解。這個「妙法蓮華」現前瞧著，你怎麼會忘記有關祂的各種面向？所以這樣子講下來，你講到最後再拉回來最前面所講的內容聯結在一起，大家把你所說的前後內容一比對，就會發覺沒有衝突、沒有矛盾。這就是正覺的法。

所以，以前佛教界很多人一直在等著要看正覺的笑話：好！你講了禪，我再看你講別的，再來比對、來破斥你。我們一開始是講禪，對不對？大家都說：「老師啊！你講禪，我們都聽不懂。」既然聽不懂，我就暫停三週時間，先來講無相念佛；大家修學無相念佛，學會了，我接著教看話頭功夫；

看話頭功夫學會了，我再回來講《博山和尚參禪警語》；喔！大家聽懂了。可是我的第一本書《無相念佛》，也得寫出來利益佛教界；然後我們就一本又一本接著出版了：有念佛的，有參禪的，有一切種智唯識學的，有密宗的，還有阿含與中觀。然後藉著法難作法義辨正，我們也有增加一些唯識種智的書籍，像那些免費公開流通的書籍，例如《識蘊眞義》等等。

我們寫了那麼多書，種類又是那麼多，如果不是依於所現觀的法去講解，當你講阿含時一定會跟般若衝突；當你講般若跟唯識時，一定兩個也會衝突；那你講密宗的時候，你說出來的法義又會跟般若衝突，也會跟唯識種智衝突。總之就是衝突過來又衝突過去，總是以己之矛攻己之盾，會不斷地刺到自己；不是實證的人，書籍寫得越多就把自己刺得越多。如果你是依同一個根本法眞如「妙法蓮華經」來講密宗，來講中觀般若，來講唯識種智，來講人天善法，來講世界悉檀乃至講禪宗等等，你都是依同一法而說，所以你講出來的法義都是依於現觀所說，不是想像或思惟所說出來的，那麼當然不會忘記也不會自相矛盾。演說到一百年、五百年後（假使你可以活上五百歲），當你講到五百年後，再回到第一年所說的來對照，也還是不矛盾，這叫作「終始不忘錯」。因爲你是現觀所說，怎麼可能忘記、錯誤呢？

如果你不是親證的，就會忘記，演說出來時就會錯誤。什麼叫作不是親證而想像的？或者說是證錯了？譬如修學禪宗的大道場，每年至少辦兩次禪七，有時也許辦很多次，但是每次都沒有一個中心主旨，就只是自己施設一個什麼叫作開悟的內容，然後就搖擺不定而改來改去。舉一個大山頭爲例子好了，我們現在盡量不要指名道姓；他們以前都說打禪七時專修數息法，說要數到「數而不數」。爲什麼叫作「數到數而不數」？其實是數到忘了。（大眾笑……）忘了以後有點瞌睡，誤以爲是心中沒有雜念了，然後突然間醒過來就想：「欸！好高興，我剛才都沒有雜念。」其實只是無記，也與定境不相應，然後心中好高興，誤認爲是開悟了，因爲他們認爲心中無念就是開悟的境界。

「好高興」，不是有一句話叫作心花朵朵開嗎？就說：「哎呀！這就是見性了！」說這樣叫作開悟見性了。可是過一段時間人家說：「師父！我坐到心花朵朵開，師父您說我是見性了，可是我請出大乘經典來，還是讀不懂，我依舊有好多煩惱，我光是禪宗公案就越讀越煩惱，全都讀不懂。」然後他就改口說了：「我們要消融自我，不要老是想著有我，因此不要跟別人計較什麼。」過一段時間又說：「我們什麼都要放下！一切都要放下！什麼都不要管，只管打坐就好。」可是一切都放下只管打坐，後來也被人家批評說依舊是意識境界。因此他不再講只管打坐了，就改口說：「放下！放下！放下！放下！當你全部都放下，心中都沒有煩惱了，就是開悟了。」

可是才說不到兩三年，又改了：「我們修行啊！一定要當自己，要把握自己，所以時時刻刻要清楚分明，要知道自己很清楚存在，不能無記。所以在禪七的時候要特別注意，過堂的時候吃到了某一種食物，它是某一種食物，你要清楚分明，但是不要起貪著。這樣永遠清楚分明地存在，才是能夠把握自己，這就是開悟了！」好了！後來說要把握自己、當自己，那後來正覺又說話啦：「自己就是五蘊，是落在五蘊裡面，這是還沒有斷我見，仍是凡夫。」於是又不講這個了，後來又改變。就這樣一改再改，而且不只是再改而已，如今已經三改、四改了。這個就是說，因爲他沒有一個實證的、永遠不變的主體可以現觀，而且他們的所觀全都不出於五陰的範疇之外，及不上第一義諦。

但是我們正覺不這樣，我們一開始就是弘揚這個眞如與佛性，始終都是第八識眞如心和祂所顯示出來的佛性；從來不改，從一開始就是這樣，到現在二十年整了，亦復如是。以前有人毀謗說：「哎！正覺？只是一個新興宗教啦！」新興宗教，意思是說：「大家等著看啦！正覺十五年後就關門了。」因爲他們認爲抵不過正統佛教的評論。可是正覺今天二十年了，不但沒關門，還在繼續利樂眾生，而且證明正覺才是眞正的正統佛教！因爲我們弘揚的正是正統佛教禪宗祖師所悟的第八識如來藏！也正是正統佛教玄奘菩薩所弘揚的第八識妙法！與三乘菩提諸經中的法義完全相符相契。

這就是說，我們爲什麼「終始不忘錯」呢？因爲有一個主體是實證的，所以永遠不會忘記，也不會錯誤。因爲這個第八識主體是永遠存在的，你只要悟了就看見祂永遠存在，不可能悟了以後祂又消失了！他們所謂的退失是什麼？是說那個一念不生或不生起煩惱的「悟境」消失了。可是正覺所謂的悟是什麼？是親證第八識心如來藏。即使有人否定說他所證的這個第八識不是如來藏，然而他所證的這個第八識依舊會繼續存在，永遠都不會失掉，是可以自始至終永遠現觀的。那你永遠看著祂來爲人演講，怎麼會忘記？怎麼會錯誤？當然是「終始不忘錯」。

所以　世尊為我們追究這個「終始不忘錯」的根源，說是什麼呢？「以持『法華』故」！因為「妙法蓮花」就是第八識真如心，就是第八識如來藏啊！除此以外再也沒有「法華」可以實證和現觀了。因為世出世間萬法之中，能夠稱為清淨蓮華的就只有如來藏心，祂永遠不被染污；一切世出世間法中能夠出生萬法的妙法，永遠只能證實就是這一個如來藏，再也沒有別的，所以只有祂能稱為「妙法」。因此當你受持了第八識如來藏的時候，你就是受持「妙法蓮花經」！那你受持了如來藏，如來藏永遠在你眼前，當你說法的時候一面觀察祂，一面為大家演說出來，那還可能錯誤嗎？除非是自己沒有觀察到的部分，硬要去渲染，那就變成想像而說，不是現觀而言，當然會有忘與錯的時候。

所以受持「妙法蓮花經」的重要性就在這裡，因為只有第八識如來藏這一朵「妙法蓮花」才能出生一切萬法，當然就包括三乘菩提以及一切世間法在內；那麼這樣的話，當你受持了「妙法蓮花」，依於「妙法蓮花」的現觀而為大眾演述；依這個「妙法蓮花」為主體來說解脫之道，來演說般若中觀，來演說十地成佛之道，來檢驗附佛法外道密宗，來檢驗一切外道宗教，以及從自己的實證來觀察自己現在的位階，然後把諸法放到這朵「妙法蓮花」裡面，來察看諸法是怎麼互相關聯的，你就全部一目了然，這時你來為大眾說法，當然講到最後再往前追溯到最早開始講的時候，都不會有矛盾衝突之處。所以會外那些想要推翻正覺的人，不論是學術界或附佛外道的密宗，或是哪個大山頭，全都等不到正覺關門的時候，最後反而只能私下裡認定正覺才是眞正的佛教實證者。

所以受持「妙法蓮華經」如來藏是最重要的，因此進到正覺以後首要之務是什麼？就是親證如來藏。所以在證如來藏之前所應該作的事情，就得趕快把它作完。因為進來正覺的首要之務就是親證如來藏，可是證如來藏之前有一些必要的條件啊！這些條件要趕快把它作好。就好像說，想要安立家庭可以永久住居的首要之務是什麼？要先蓋房子啊！把自己的家趕快蓋起來。可是你要蓋這個家屋之前都不必先打地基嗎？當然要先把地基作好，然後才能再蓋二樓、三樓，使全家人都可以住進來，這一些事情是諸位所必須瞭解的。那麼這樣歸結到「妙法蓮花」這件事情，大家都瞭解了。當然，這部經中所說的「妙法蓮花」絕對不是密宗講的蓮花。

接著說：「悉知諸法相，隨義識次第；達名字語言，如所知演說。」這是說，這位意根清淨的菩薩在出世間法的一個小結論；也就是說，這位意根清淨的菩薩因爲受持《妙法蓮華經》，漸次修行而使意根清淨的緣故，他已經全部知道種種的法相。他只要從經論中讀過了這個法相是什麼內涵，隨即知道其中的意涵，而不是像別人依文解義、望文思義所知道的，所以說他全部都知道諸法的法相。

隨著其中所說的眞實義，也能夠瞭解這一些法相的前後次第關聯是什麼，這是不容易的。諸法之間都有前後次第，不可以跳躍修習，在修學熏習佛法時一定要依照次第來；若是沒有依照次第而說他證得第幾住、第幾地的某一個法，我們就說他是吹牛皮。因爲諸法的實證一定都有過程，如果沒有那個過程而說他懂那個法，正是吹牛；繼續吹下去，有一天會自己吹爆的，不然就是會有菩薩出來把它戳破。這是說，諸法因爲「法住法位」，而這個「法住法位」是實相法界、現象法界中的事實，不是誰可以去轉變它們的；所以三乘菩提諸法的次第與位階，永遠都沒有辦法加以改變。

如果有人主張說：「解脫道是怎麼演變出來的，般若中觀是怎麼演變出來的，成佛之道與唯識學是怎麼演變出來的。」這已經表示他是一個凡夫愚人。因此，如果有人主張說：「大乘法是因爲部派佛教的演變而成立的。」那就表示他連部派佛教的聲聞凡夫都還不如。因爲佛法──不但是佛法──即使是佛法局部所攝的聲聞法，也都仍然是「法住法位，法爾如是」。諸法的次第性以及位階都是不可改變的，那又怎麼可能被演變出來呢？所以唯有「悉知諸法相」以後，才可能「隨義識次第」。如果對於諸法法相沒有全部瞭解，讀了以後都是望文生義，表示他不是如實現觀親證的，必然不是眞正的理解，就不可能「隨義識次第」，因爲他連「隨義」都辦不到。

即使讓他讀了證悟菩薩註解的那一些論著以後，他也還是無法「隨義」，因爲他誤會菩薩註解中的意思！既然連「隨義」都不可能，又如何能夠「識次第」呢？

所以說，佛法的修證必須要有一個實證的主體，這個實證的主體是你現前可以觀察的，然後依於這個主體來演述一切諸法；那麼你把三乘菩提都依這個主體演述清楚以後，最後歸結到《法華經》來成爲唯一佛乘，這才是眞正的收圓；才是眞的把三乘菩提以及一切人天善法，全部收攝圓滿在《妙法蓮華經》說的這個實相心裡面，才是眞的收圓。那麼諸位來看看這一段重頌所說的內涵，是不是收圓？正是收圓啊！是把一切法收攝圓滿在「此經」中！能夠這樣子，那麼你講經說法三十年、五十年以後，也沒有人可以說你的法義自相矛盾。只除了一種例外：讀不懂你的書，讀了就誤會的人。

那麼到這個時候，你就是「達名字語言，如所知演說」。當你能夠通達世間法的名字語文，能夠拿來運用在你所知的諸法法相，以及你「隨義」所知的諸法次第上面來爲人演說時，這時你的演說並不是隨於想像而演說，而是如你的現觀所知而演說的；因爲這是你的親證境界，是你的自心現量，是你的現觀智慧衍生出來的慈悲和證量；所以這時一定是「如所知演說」，不是憑想像而說。因爲你既然知道諸法的位階、諸法的次第了，那你「隨義」而知以後，當你爲人家演說時，一定是有所了知的，絕對不會是想像而說，當然是「如所知演說」的。

那麼這一首重頌，從總說世間法，又說完出世間法，接著要歸結到意根上面來。因爲這一段長行和這一段重頌所說的，是意根清淨菩薩的功德；所以重頌最後當然也要歸結到意根來說，因此接著說：「此人有所說，皆是先佛法；以演此法故，於眾無所畏。持『法花經』者，意根淨若斯；雖未得無漏，先有如是相。」

這是說，已經修到這個地步的人，凡有所說都是過去諸佛所曾經講過的法。那麼諸位想一想看，既然他悟了以後繼續修學這麼久了，然後有所說法時，竟然都是過去諸佛已經說過的法。這是什麼道理？這在告訴我們什麼意思？這是在告訴我們說，佛學學術界所最推崇的佛學創見，在眞正的佛法中是不被承認的。假使過去諸佛已經說過的法，你現在演說的時候，竟然又創造了另一個新的說法，是過去諸佛沒講過的新佛法；這在世間學術界中說是「創見」，學術界最推崇創見了，可是諸佛就會指責說：「他在法上走岔了！」意思是說他走偏了，走上岔路去了。

這是因為諸佛之所以成佛，都是已經圓滿一切世出世間法了。既然全都圓滿了，祂們所說過的法，你就不可能超過，你將來成佛時所證的一切佛法都只能與祂們所證相同，不多也不少，「佛佛道同」；因此你修學菩薩道而求證佛法時，所能夠求得的就是與諸佛一樣的圓滿。如果你還能夠超越於諸佛，就表示諸佛的所證還不圓滿，不圓滿就不是眞的成佛。可是祂們明明都叫作佛，既然祂們已經成佛，諸法都已經圓滿，現在有一個某甲出來說的法，竟然宣稱是超越諸佛的，說是諸佛都沒講過的佛法，那就表示他一定是外道，同時也一定是個凡夫！

這樣子先拉到學術界裡面來講，稍後再拉到密宗來說。我們先拉到學術界來講，假使有人作佛學學術研究，研究過好幾年以後而說出來的佛學，是正覺沒有講過的，他的佛法是不是比正覺更厲害？是不是？（有人回答：不是。）爲什麼不是？是因爲他一定沒有實證佛法。凡是實證的法一定是法界實相，都不可能被推翻，而他竟然說可以推翻正覺，所以他那個創見一定是一文不值。如果他把那個創見要送給我，說他要再補貼我一億美元，讓我接受他的創見，我也不樂意接受。也許有人會這樣說：「你是不是嫌一億美金太少？不然給你一百億美金好了！」我卻說：「給我一千億美金我也不接受。」因爲他那個創見臭死了，我拿他那一千億美金回家幹什麼？那美金都是跟著臭。何況現在美金已經不是美金了，對不對？對啊！

我講個題外話。爲什麼以前可以叫作美金？是因爲一美元可以兌換一盎斯黃金，二者是相等的；所以那一塊錢美元就得叫它為美金，因為它可以兌換一盎斯黃金啊！一盎斯是幾兩？嗄？不管它啦！（有人笑…）反正拿一盎斯黃金去賣就是一塊錢美元，當年是把一塊錢美金鈔票隨時拿到銀行去，你說：「我要換黃金。」美國那時的銀行立即換給你一盎斯黃金。那現在一盎斯黃金賣多少錢？最高曾經漲到一千八百多塊美元，現在聽說回跌到一千六百多塊美元了。那麼以最早一盎斯黃金兌換一美元來比較，如今美元貶值幾倍了？貶值幾倍？一千多倍啦！但為什麼會貶值？是因為他們很早就廢棄金本位而不給人換等值的黃金了，後來又一直印鈔票；所以我說他們還算聰明，QE3 沒有繼續實行下去，否則還會繼續再貶值下去。這個是題外話。這就是說，學術界的佛學創見好比現在的美金一樣沒有那個實質，當他把那個創見送給我，附帶一千億美元給我，我也不想要。因為那一千億美元既不是美金，而且又帶著很臭的邪說味道，我受不了，我不接受！更何況沒有人願意為那個邪見附帶送上錢財來，所以那個創見一文不值。

現在轉過學術界，我們再拉進密宗來說。密宗他們創造了一個東西，叫作金剛持佛，然後藉這個虛構的佛而廣傳了雙身法。這表示什麼呢？這證明密宗的法根本就不是 釋迦牟尼佛所說、所傳的，就不是佛教。這已經很清楚顯示出來了。因爲它不是 釋迦牟尼佛講的法，這表示他們就是外道。諸佛所證的世出世間法，全都是圓滿具足的，當然諸佛都很清楚知道成佛之道的內涵與次第是什麼。假使成佛之道的內涵之中，是有一個雙身法可以使人即身成佛的，爲什麼諸佛那麼吝嗇而不肯講？這眞沒道理！

人天至尊願意下生人間來領受那樣的辛苦，只爲了要利益咱們，竟是教導我們要修特別辛苦的法，那麼慈悲的 世尊竟然不教我們修學最快速成佛的法，這還能說是大慈大悲嗎？這眞是豈有此理？眞的沒這個道理！所以他們不敢說外道譚崔雙身法是 釋迦牟尼佛講的。也因爲三乘經典如今俱在，他們無法一夜之間全部修改變造！而且三乘經典所說都跟他們的雙身法行門與境界互相衝突、矛盾，也全部都在破斥他們的欲界境界，所以他們只好自己創造一個金剛持佛，騙人說即身成佛外道法是金剛持佛傳給他們的。

可是檢驗那個金剛持佛其實是什麼？不過是個四天王天的夜叉，住在須彌山的山腳下，所住的境界是男女處處交合的淫慾境界，是沈淪之法而與佛法的修證全然無關。正是假冒了諸佛的影像或名器來傳那個雙身法，目的只是爲了那些喇嘛們與女信徒交合以後洩精了，就可以供養那些貪淫夜叉們最愛吸食的精氣。所以密宗興盛了，那些夜叉們現在好快樂。但是快樂沒幾年，因爲正覺正在破斥他們，正在把他們假佛教的面具逐漸拆穿中。這意思告訴我們什麼呢？是說，凡是意根清淨的菩薩所說的法，都是先佛曾說之法，不可能有先佛未曾說過之法。所以 釋迦牟尼佛所說的經典中沒有的法，就不是佛法。

同理，菩薩所說的法，如果不是繼承 釋迦牟尼佛諸經所說的法，也就不是佛法。這兩句頌就是在告訴我們這個道理，所以這位意根清淨的菩薩凡有所說的一切出世間法，都是先佛已曾宣說之法。因爲他宣演「妙法蓮華」第八識的緣故，把《妙法蓮華經》之中的一切妙法爲大眾演說時，他雖然處於大眾之中，也都無所畏懼！眞的可以無所畏懼，就怕沒有通達。你如果眞的通達了，隨時隨地立一個宗旨（也有現成的可以用，你就用玄奘菩薩的「眞唯識量」四個字就夠了），不管誰來挑戰，你都無所畏懼！無遮大會公告出去：歡迎任何人前來跟我討論「眞唯識量」這個道理。不論誰說他證得唯識境了，說是眞實的，其實都不會是第八識的證境，才會上臺來跟你挑戰；那你把他的證境一一拆解出來說：你這個叫作「假唯識境」，非唯識量。就可以全部都把他們破盡了。

因爲你可以從五位百法一一法去破他，不只是從眞見道位的眞如法相破他而已。假使有人不知天高地厚；爲什麼我說他不知天高地厚？因爲你既然通達了，不但是解脫天，同時也是第一義天；你這個天是人間最高的天，連世間天—國王—來到你面前也不敢跟你論法呀！至於「生天」—諸天天人—來了也不敢跟你論法。連解脫天—阿羅漢們—也都不敢來跟你論法，所以你不但是解脫天，也是第一義天，你這個天的層次眞高，而他都不知道你這個天的層次有多高，當然說他不知天高。

地厚兩個字怎麼解釋呢？因爲你所證的那個智慧境界——「地」就是境界，你所證的那個智慧境界是非常深厚的，而他完全不知道，正是不知地厚的愚癡人。所以我說他不知道天高地厚，哪一天竟然敢來跟你挑戰，他開口說：「你這個眞唯識量講解錯了！」那你就要求他：「好！那你就提出你的宗旨來講解看看！」他也許提出來「即身成佛」，而說成佛不必依靠唯識性的實證與具足，當時你心裡面一定會生起一個念頭，雖然沒有語言文字：「還好我現在不是正在吃飯。」因爲那眞的叫作不知天高地厚，你聽了不免要噴飯，表示那是完全不懂三乘菩提的凡夫。所以你根本無所畏懼，不管來了多少大師級的人物，你處於大眾中都不必害怕什麼。

你看佛教界一千多年以來，且不談天竺，只談中國就好了，有多少人敢被動接受法義辨正無遮大會？但我們竟無所畏懼在書中持續不斷地印出來，接受諸方大師前來辨正第一義諦，如果他們對第一義諦的見解與我不同而想要辯論時。所以，當你通達以後，其實你不需要去考慮辯論輸了以後的果報，爲什麼呢？因爲一方面你是弘護正教，另一方面則是釣——大——魚。假使哪一天有人眞的能把你扳倒，你就知道這個人是可以快速提升你道業與果位的人，那當然不是你能釣的，人家是慈悲自動送上門來，那你何樂不爲？也就當下趕快禮拜作師父，以後就抓緊著他不放手了！

那麼好的機會，我爲什麼要溜走而不拜師呢？所以這法義辨正無遮大會，其實沒什麼好恐怖的。當你作了這件事情，就使得你所弘揚的八識論正法、三乘菩提正法，立於不敗之地，學佛大眾對這個法便能具足信心，你就有護持正法、弘揚正法的大功德了，那你怕什麼呢？假使哪一天突然有一個人來，他可以說得你完全信服，那正是你要尋找的大菩薩師父，打著燈籠天下難找，那你還怕他來找你？你是想要作什麼？你應該要趕快認他作師父，還怕什麼面子、不面子啊！

面子剁下來，秤一秤也不到一兩重，賣不到一文錢，但是你跟著他大有好處啊！因爲你既然通達了，就知道那個人的證量大約在什麼地方，一定是高過你很多的大菩薩呀！當然是你要追隨的人啊！你爲什麼要放過呢？所以這樣一來，有人來辨正法義而勝過自己，這是大好事欸！怕什麼呢？可是很多人老想不通，老是怕：「**我要是提出無遮大會的邀請，萬一哪一天被人家把我扳倒了，怎麼辦？**」可是我的想法不一樣，我是認爲被扳倒了才好啊！那我們就找到了可以快速提升道業的大師父了。有一句俗話說「**踏破鐵鞋無覓處**」，你眞的沒地方尋找出這種善知識，他主動送上門來，眞是「**得來全不費功夫**」啊！這是佔盡便宜的好事，爲什麼不敢作？所以進退都能得利，正是應該作的事情。我作這個買賣，大賺錢啦！何樂不爲？

也就是說，因爲你演述的是實體法，不是想像法，這個實體法當然就是法界的實相！這個是實相法，而且有憑有據，可以一面現觀一面宣演；然後你又通達了「**法住法位，法爾如是**」，你都已經摸清楚了，所以你就知道自己所說全都不外於先佛已說之法；那麼這時普觀天下大師，他們的落處都在你的眼裡鑑照著，沒有一個人可以逃得過你的眼皮底下。

這時，假使有一天須要你大庭廣眾上座說法時，你心中還需要畏懼嗎？當然不需要！因爲你知道：即使哪天有大菩薩—上位菩薩—來了，也只能幫助你講得更好而已，他們沒辦法推翻你的，因爲都是同一種實證，所以世尊說：「**以演此法故，於眾無所畏。**」反過來就是：「**非演此法故，於眾大畏懼。**」所以自從正覺出來弘法以後，有的大師心中很害怕說：「**萬一正覺有人來聞法而當場提出質疑時，我怎麼辦？**」就是這樣子啊！

因爲我們正覺會中有好多金毛獅子，雖然金毛獅子出世以後才不過五歲、六歲，大家就都害怕死了。但是你如果是宣演這「**妙法蓮華**」的緣故，於大眾中都可以無所畏懼。假使你正在宣演，哪一天蕭平實聽說而前來了，你就說：「**請上座！**」我便坐上法座旁的明顯位子聞法隨喜，也就沒事了。難道我要當場破斥你演說的「**妙法蓮華**」嗎？我不可能破斥的，因爲我證的跟你是一樣的法；我若是把你推翻了，不就是推翻我自己嗎？所以我來了，你也無所謂，只需備個椅子讓我上座聞法就行了；我就在那個座位上坐下，當眾護持你說法就是了。

所以說，如果他自稱所講的是大乘法，竟然不是宣演「妙法蓮華經」眞如心，那他所說的法就有問題，他心中就會有所畏懼；因爲他的腳底下浮逼逼地，心中不落實，在法上還沒有腳踏實地，禪宗裡叫作腳跟不穩。那你如果是親證「此經」而宣演此法，也就沒有這些問題。好，今天講到這裡。咱們留下來迴向，讓今天的聞法功德成就了迴向施，因爲你們心中是一開始就決定要留下來迴向的。那，諸位今天聞法有幾多功德？有沒有身業功德？（有人回答：有。）有沒有口業功德？（有人回答：有。）有沒有意業功德？（有人回答：有。）這樣有多少福？（有人回答：百福。）這樣瞭解了呵？好！接著我們迴向。

《妙法蓮華經》上週講到一百六十九頁倒數第四行，已經說完了，今天要從倒數第三行開始：「**持『法花經』者，意根淨若斯；雖未得無漏，先有如是相。**」先談這四句。其實這四句應該並同前面那四句一起來說的，但因上週時間到了，就留在今天來講。

那麼上週說過這位受持「法華經」——受持如來藏妙法的菩薩，凡有所說都是過去諸佛所曾說法，沒有一法是過去現在諸佛所不曾說的。那麼上週最後也為大家說明：由這兩句聖教來說，凡是所說不符合 釋迦牟尼佛所說的法，都不是佛法；都要與以往諸佛所說的法全部相符合，才是佛法。接著說，由於能夠演繹《法華經》如來藏妙義的緣故，這位菩薩於大眾之中說法都無所畏懼，不怕任何人來挑戰。

今天接著是從接下來的四句開始說，受持《妙法蓮華經》，也就是受持「此經」如來藏的菩薩，意根的清淨就像是這個樣子。那麼究竟是什麼樣子？也就是說這樣的菩薩，是已經通達了三乘菩提而攝歸於唯一佛乘，所以他在見地上已經通達了。見地的通達是說，他至少得要證得最上品的三果解脫——至少是由慧解脫起惑潤生，世世受生於人間行菩薩道的人；並且在般若的實相智慧上面已經通達了，這樣的人是可以出離三界生死的，但是他因為大悲願的緣故，因為十無盡願所持的緣故，因為菩提願所持的緣故，所以他世世起惑潤生而不入無餘涅槃，繼續受生於人間，都不畏懼胎昧所障，而願意繼續在人間受苦難，來自度度他，這就是意根清淨。

因爲他的意根清淨已經到這個地步，雖然他還沒有到達習氣種子清淨的無漏地步，但是先有上面說過的這些勝妙法相（那些勝妙的法相，我們就不再重複），也就是說，一定是受持《法華經》—妙法蓮華—如來藏的緣故，所以他通達了，意根清淨到這個地步時，雖然還沒有得到八地的三界愛有漏習氣種子斷盡的清淨地步，但他先有這樣表現在外的法相，所以「於眾無所畏」。

接下來是八句：「是人持此經，安住希有地；爲一切眾生，歡喜而愛敬。能以千萬種，善巧之語言，分別而說法，持『法花經』故。」這八句是作一個結論。前面講了那麼多，雖然就只是這麼一段經文、一段重頌，我們講解了幾次？一二三四五六，今天是第七講。雖然這只有一段經文加上一段重頌，我們到今天已是第七次來宣講，才能把它講完。這還只是略說，不是像文殊菩薩在大菩薩眾中，已經講解了好幾劫，還是在講《法華經》，因爲我們大家在人間也沒那麼長的壽命，所以我們算是略說。

雖然只是略說這一段經文跟這一段重頌，也已經講了六次，今天是講第七次了。講了那麼多的六根清淨等功德，世尊作個結論說，依舊是因爲受持

「法華經」，才能有這些功德啊！如果不是受持《法華經》如來藏，就不可能擁有這些功德。換句話說，能夠受持「法華經」的人，他一世又一世不斷地延續下去，只要正法快要滅沒了，爲了正法的久遠流傳，爲了末法時代大眾的法身慧命著想，他可以拚了命召開法義辨正無遮大會，誰要來論法都歡迎；但他爲什麼能夠這樣，因爲他沒有考慮個人的死生，也沒有考慮個人的名聞利養，願意爲法、爲眾生而付出一切。

但是世尊作下的結論是：因爲受持「此經」如來藏—妙法蓮花—的緣故，才能夠有這樣的功德；所以受持了此經如來藏，才能夠安住在「希有地」。也許有人心裡面打了個問號：「你說的是眞的嗎？」但我的答覆是說：這不是我說的，而是 如來說的。第二個答覆說，我的經驗證明 如來所說都是眞實的。

如來說「是人持此經，安住希有地」，爲什麼 如來這樣說？一定是有憑有據的。諸位來到正覺同修會證了「此經」如來藏——也就是證了《金剛經》以後，你把四大部阿含總共二千多部經典請出來閱讀，會發覺說，原來阿含部諸經說的解脫道，也是依於《妙法蓮華經》如來藏來解說的解脫生死之道。

再把第二轉法輪般若諸經請了出來，研究的結果發覺原來所謂眞如，以及所謂的佛道通達，全都是依於「妙法蓮華經」如來藏而演說的。最後再把第三轉法輪方廣唯識的種智諸經請了出來閱讀，一一比對後說，原來第三轉法輪說的次第之道，全部在講「法華經」如來藏。

然後到了《妙法蓮華經》所說的「唯一佛乘」，原來還是講「此經」如來藏；那麼這樣顯然就瞭解了：三乘菩提分開來爲不同根器的眾生演說，最後攝歸唯一佛乘，而爲大眾所說終於可以次第成就佛道，究竟成佛，原來還是依「此經」如來藏而說的。這樣就證明：因爲受持「此經」如來藏的緣故，所以智慧勝妙，通達成佛之道。這樣的人，他的智慧世間無人可以挑戰，所以不管誰來談到解脫之道，或者談到成佛之道，都必須要聽他的；除非來的人是上地菩薩或者諸佛，否則都得聽他的。

所以說，他能夠「安住希有地」，是從 佛陀的聖教、從成佛之道的理上，作出這樣的說明；但是從另一方面，依我個人的體驗來說明時也是如此，眞的是因爲受持「此經」如來藏——因爲受持「妙法蓮花」的緣故，才能夠「安住希有地」。

先不談別的，先談談諸位爲什麼來到正覺講堂？咱們正覺講堂的堂頭和尚並不是捨家棄子的出家法師，諸位爲什麼肯來聽我講經、來追隨學法？「原因無他，**因爲這裡可以幫助我證得此經如來藏**」。那麼想想看，有好多人學佛三十幾年，始終弄不清楚佛法的內涵及入手之處，更不要說佛法的次第之道；進了正覺同修會一年多、兩年，終於摸清楚了。原因在哪裡呢？原因是咱們正覺把成佛次第之道的內涵顯示出來，也把成佛之道修證的根本法顯示出來，那就是「**此經**」如來藏。

那麼再從我個人二十年弘法的經歷來說，我在二十年前把別人教的法全部丟棄，自己思索，於是引出往世所證的內涵；從那時開始，我演述「**妙法蓮花**」第八識如來藏。剛開始咱們講禪，沒有什麼人信；第一本《公案拈提》寫了出來，我想：「**這麼好的書，是可以幫人家實證的書，不是依文解義，書價訂個五百塊錢不過分吧？**」因爲，只要依照書中所說努力修行實證了，就算是三千大千世界要來跟我換這個開悟，我也不換。我想，人家密宗隨隨便便一本書，不過是無病呻吟、無關佛法，也沒有幾個字，能賣五百塊、一千塊錢；我這是可以生生世世利樂自他永無窮盡的書，賣五百塊錢不貴。

當時我想，印五千冊應該半年就賣光，沒想到賣了整整兩年，才賣一千來冊。爲什麼呢？因爲當時我沒什麼名氣，人家不信說：「這是個名不見經傳的人。」其實他們不瞭解，我的大名在經傳裡面是有的，但不是今世這個名稱。然而這一世這個名稱蕭平實，剛出道當年還眞的「名不見經傳」，所以大家都瞧不起：罵的罵，毀謗的毀謗。然後我們接著演說念佛法門時，證明我們念佛法門也通；你只要證得「妙法蓮花」，你看見這一朵能生五陰身心與世界的「妙法蓮花」，祂能出生宇宙萬有；這個智慧生出來以後，講禪當然不是問題啊！所以我敢言前人之所不曾言，敢寫前人之所不敢寫，都是因爲受持「妙法蓮華經」如來藏心的緣故。

當年有人想：「你蕭平實懂禪，不一定懂念佛啦！淨土法門那麼深，你怎麼可能也懂？」沒想到咱們講的念佛法門，還眞的能夠幫人家一心不亂；只要學會無相念佛，具備了三福淨業，也熏習了不少正確的第一義諦妙理，雖然還沒有開悟，就一定能上品中生往生極樂世界，因此終於又有一些人信受正覺了。可是這個念佛法門，我們從有相念佛、無相念佛、體究念佛，直到實相念佛親證自性彌陀，究竟是依什麼而講解出來的？也還是依「此經」

如來藏。接著還是有很多人不信，但總算是念佛人中有一小部分信受了；那咱們就繼續講、接著寫，所以《公案拈提》繼續寫，漸漸的也有一些唯識的書籍寫出來，然後又有關於密宗的書籍也寫了。

後來又寫了阿含部的法義，因爲他們都說：「這阿含的法義，你一定不懂啦！因爲你只懂禪，怎麼會懂阿含？」不曉得我剛開始學佛，《阿含經》中二千多部是最先讀完的，他們都不曉得。可是當我們寫阿含的書、寫了唯識的書，又把「妙法蓮花」如來藏拿來講這一些法的時候，大家一看就說：「這個他怎麼也通？好奇怪！」可是我覺得都不奇怪，因爲 佛所說的一切法，都是依「妙法蓮花」如來藏而演說的。所以本來想要把般若系列留給某法師來講，沒想到他沒意願講，等了很多年，那我就自己來講了，所以我就講了《金剛經宗通》、《實相經宗通》。

最後想一想，這部《妙法蓮華經》這麼好，不講可惜呀！也該是宣講的時節了，因爲前面講過的那一些經典，已經把學佛人應該學的基礎都圓滿成就了，正好現在可以講《法華經》。如果是在十年前講《法華經》，而不是依文解義的方式，可能諸位心裡面聽完了都會打個好大的問號。但現在我如實宣講出來，諸位不會生疑；眞的是如此，諸位已經瞭解了。可是從我弘法的過程來看，我這樣子各宗各派所推崇的法一一講下來，而且還整理成文字、印成書流通出去，不怕人家拈提，不怕人家前來踢館；而我也還沒有修到無漏的八地階段，但是爲什麼沒有人能夠依理或者依佛法正義來反駁我？原因無他，正因爲我受持「妙法蓮花」此經如來藏。

對於臺灣佛教界來講，有一些道場一開始是極力打壓；後來漸漸發覺自己作錯了，就閉嘴不說了，也曾經有人問我要不要去他們道場出家。佛教界總算是漸漸地在改變，因爲如果不改變，他就會被新時代的佛教淘汰。新時代的佛教是指什麼？指「妙法蓮花」如來藏妙心。雖然名爲新時代的佛教，其實還是「先佛所說法」，無有一法不是先佛所已說過的。這就證實了：我個人出來弘法，是依於此經「妙法蓮花」而演說三乘菩提。甚至於一千多年來沒有人敢去動的密宗邪教，我也把他拈提了；總共五十六萬字的《狂密與眞密》，我不過三個半月就寫完了，有誰能評論密宗像我這麼快？這麼深入？

我決定動手要寫的時候，用一個晚上把大綱擬出來，寄給余老師看，因爲我這一世不曾學密，他這一世學密已經很久也很深入了；但他一看就說：

「怎麼會這麼完整？」因為當年他來正覺之前學密都已經十幾年了。可是我把他們給我的那些密宗書籍兩百多冊，一目兩行這樣看過去，一個月就全部看完了，卻把往世的種子引了出來，我就決定要怎麼寫，一個晚上就把整套書的大綱擬好了。他一看就說：「哇！這麼完整。」然而那時我剛剛學會打字，我打無蝦米蠻快的，三個半月就把《狂密與眞密》寫完了。

當然，我每天寫十二個鐘頭，寫到這雙手都腫起來，夜晚要套著兩層襪子睡覺保暖。有一天聽到打字行老闆說：「怎麼可能？五十六萬字，這是我們打字行專門打字的小姐，一年所打的份量。」但我那三個半月，連打字也自己包辦，全部都把它作完。但我為什麼能夠這樣作？敢去動密宗？這個大馬蜂窩，從來沒有人敢去碰它而我敢碰，正是世尊所說的：「是人持此經，安住希有地；」換一句話來問：為什麼敢這樣作？是因為佛菩提道已經在心中圓滿呈現了，接下來只是怎麼樣去一一實證而已；至少見地上已經通達了，所以敢這樣作。

密宗是個一千多年來的超大號馬蜂窩，一向沒有人敢捅，就只有我敢去捅。當然捅了以後一定會有一大群大馬蜂來叮我，所以你們上網去搜尋一下蕭平實三個字，聽說罵我的密宗道場或上師們一大堆，我還聽說他們罵得很低俗。可是問題是，他們對我叮了又叮，我既沒有腫包，也沒有死，究竟是爲什麼？因爲：「是人持此經，安住希有地。」所以不管誰來攻擊我，全都只能編造莫須有的罪名來作人身攻擊，都沒有辦法從佛教的法義上面，或者從法界的實相上面來作批判。

這是因爲我所受持的是「妙法蓮花」如來藏，而如來藏是成佛之道的眞相，過去無量諸佛、現在十方無邊世界佛土的無量諸佛，以及未來包括諸位在內的無量無邊諸佛，都同樣要依此經「妙法蓮花」第八識如來藏來成就佛道；你只要實證了「妙法蓮花」如來藏，將來不愁不能成佛。這就是說：之所以能夠「安住希有地」，令一切天魔外道不能反駁、不能推翻，原因就是此道希有、此智勝妙，無與倫比啊！因爲你所證的是十方三世一切有情生命的眞相。這是一個眞相而不是理論或思想，一切凡夫與阿羅漢愚人們都不懂，當然是最希有的境地。

親證生命的眞相以後，你必然要探究說：「一切有情的生命，要到什麼境界才是最究竟？」你必然要探究這一點，所以當你證得「妙法蓮花」如來藏以後，現觀《華嚴經》說的三界唯心、萬法唯識，知道現在這個境界你已經親證了，然後接著就要探究說：「爲什麼現在還不是佛？雖然我這麼有智慧，大師們看見了我，全都沒辦法跟我對話，而我現在是在什麼位階呢？從佛菩提道五十二個位階來看，我現在是第七住位，離初地還遠著，可是大師們已經都無法跟我對話了。」

你遲早會發覺這一點，然後你再來看：「那我什麼時候才能成佛？我接著要進修什麼？」你必須要去探究。探究到最後通達了，你就入地了！入地時成佛之道都在你的眼前，已經鋪陳出來了，剩下的是你如何一一實踐。可是你爲什麼能夠安住於這種非常希有的智慧境界中呢？爲什麼你通達般若之後可以出離三界生死，而且同時通達了二乘菩提呢？都因爲你受持「妙法蓮花」如來藏心；正因爲受持此經如來藏的緣故，所以能夠「安住希有地」。

那麼從聖教量上面來說，從諸位爲什麼要來到正覺同修會學法，不理會說「蕭平實並不是燙了戒疤、剃頭著染衣的出家法師」，也願意跟隨修學。再從我個人二十年弘法的歷程來看（編案：這是二〇一二年七月所說），莫說那一些沒有實證的大師們不能推翻「妙法蓮花」，就算是我們會中前後退轉的那三批人，已經實證了「妙法蓮花」以後依舊無法推翻，那你就知道說：原來這「妙法蓮花」能生宇宙萬有，包括山河世界都是由此經「妙法蓮花」所生，實證之後智慧開始不斷地泉湧而出，漸漸能通三乘菩提，而且還能夠兼通人乘、天乘等等世間法。那你從這裡來看，就證明此經「妙法蓮花」非常希有；於是你繼續依照所探究出來的佛道次第一一修學、一一實證，最後你也一樣能「安住希有地」。當你受持「此經」如來藏心，後來「安住希有地」的時候，一定就是你要出世弘法利樂眾生的時候了；可是歸結到最根本來，還是要從你所證的「妙法蓮花」—「此經」—如來藏開始發生的。

所以你看 世尊開示這兩句話，沒有一絲一毫的誑語：「是人持此經，安住希有地；」不論從聖教上面來證明，從諸位願意來正覺講堂這麼辛苦修學來證明，從我個人二十年弘法的歷程來證明，都確實如此。有很多人不敢來正覺講堂修學，因爲聽說去正覺講堂學法非常辛苦。原來正覺這個名聲流傳在外，在別的道場學佛從來沒有這麼辛苦，週日聽師父講一場演講回家以後又繼續吃喝玩樂；但在正覺不但週二要聽經，每週還要上課一晚，其餘時間還要作義工；回到家裡不只如此，還要作功夫、還要讀書。什麼休閒時間都沒了，好辛苦、好辛苦。正覺這個名聲已經流傳在外，所以來正覺學法不輕鬆，拚了命就對了！

所以很多人怕這一點而不敢來，諸位好膽走進來，這表示諸位就是菩薩；若不是為法、為正教的長遠久住，沒有誰願意付出這麼大的勞力和精神，進正覺這麼辛苦地拼命。話再說回來，為什麼諸位要這麼辛苦在正覺拼命修學？因為想要達到 佛說的這兩句話，想要成為「是人」。佛說「是人持此經，安住希有地；」「此經」就是「妙法蓮華」如來藏心，假使你成為這個人，又能夠「安住希有地」，佛就讚歎你：「為一切眾生，歡喜而愛敬。」

凡是說理的眾生——不是不可理喻的眾生，他們知道你的智慧，一定對你生起歡喜心而願意親近你，一定是很愛護你而且很尊敬你啊！如果是不可理喻的人，是什麼樣的有情不可理喻？有兩種有情：第一種有情，不論你怎麼說，他都聽不懂。譬如你哪一天想一想說：「唉！我的眷屬，包括我家那一條狗，我也好愛牠。」那你就為牠演說《妙法蓮華經》，看牠聽懂不懂？牠靜靜看著你，沒有反應；到最後眼皮開始沉重，睡著啦！你說：「也許這個法太深了，不然我就講淺一點的好啦！」為牠講《如來藏經》，結果也是不懂。你再演說更淺一點的，講《金剛經》，結果牠也是不懂，還是睡著了。那你要跟牠論什麼理呢？你對牠或是牠對你而言，都是不可理喻的。不幸的是，人類之中就有這樣的人。

第二種有情是他聽懂你在說什麼，可是永遠都不服氣。不服氣的原因是：「我本來好好一個大山頭，好好的堂頭和尚，本是證悟的聖人，被你這麼一說：『我沒有證如來藏。』那我就變成凡夫了，所以我不跟你說理，我永遠要說你的法不對，反正你就是不對。」而這兩種有情，在人中都有，所以前面講的你家寵物都聽不懂，那種有情，在人中也一直都有啊！只有這兩種有情，對你「安住希有地」的勝妙智慧，一點都不歡喜，因爲完全不懂嘛！都不知道你所證的法是什麼處勝妙，也因爲你出世弘法時必然會影響到他們的名聞與利養，所以對你不歡喜，當然更不可能愛敬於你。

除了這兩類有情以外，一切有心親證佛法的有情只要可以理喻，只要不顧慮名聞利養，他對你一定是如 佛所說「歡喜而愛敬」的。爲什麼對你能夠歡喜而愛敬呢？因爲你有表現於外的本質，那個本質就是接下來這四句中的前三句：「能以千萬種，善巧之語言，分別而說法」。當你通達的時候，面對大眾而演說勝妙之法，可是你看到大眾一臉茫然無有反應，就知道說：「原來大眾聽不懂。」當大眾聽不懂的時候你該怎麼辦？你應該施設種種譬喻，運用種種不同的言語方便，爲大家條分縷析，也就是作出各種分別而詳細地說出來。

如果你不這樣作，大家聽不懂啊！所以說法時必須由淺而深，並且必須要施設種種方便譬喻，大眾才能夠領受，才能夠進步，接著才能夠實證。就好像我們最早期說法講禪，我講了幾個月大家聽不懂，其實那時他們也不知道我有什麼證量；他們邀請我去講禪就只有一個原因：看見以前在某寺的禪坐會中，人家上座以後，才一聽到引磬聲，就是沒有尿，也要去上廁所、喝口水，因爲腿痠腳痛啊！但他們看我一上座三個鐘頭以後才下座，心想：「喔！這個人功夫好好。」可是他們不知道這個功夫其實不算什麼，眞正有什麼的是智慧而不是功夫，所以我一開講，大家耳朵拉得長長的，怎麼聽就是聽不懂：「爲什麼能講這麼深的法？」

所以講到後來，那時我在三個地方說法，每一個地方都有二、三十個人，多的地方有五十人。其中有一個地方，本來有四十幾個人，我講到最後只剩下六個人，因爲聽不懂啊！後來反應上來說他們聽不懂，我說：「啊！那你們就是沒有參禪的功夫，原來你們以前講的什麼參禪功夫，都是虛有其表。」我就停下來、不講禪了，單爲他們講無相念佛的功夫，一一指導怎麼樣去抓到憶佛的念，怎麼樣去作功夫；我一面講，大家回到家就一面禮佛作功夫。我講完了三週以後，他們過完那三週，功夫上手了，我在第四週回來講禪，大家就稍微聽懂了！於是聞法時開始有一點反應，不再是默不回應了。於是人數又開始回復，又回到原來的人數。

這就是說，你要有各種方便去教導；那麼對於佛教界的大師與學人們，我們要一一幫忙他們提升佛法知見的水平。如果整個佛教界的佛法知見水平普遍提升以後，正法的未來就非常光明，而且前途無量無盡的久住，這就是我們要作的事啊！我們在電視上弘法，每年要花好幾百萬元，而我們又不接受觀眾任何的捐助，所以我們在節目中打出來的字幕，是請觀眾護持法界衛星電視臺，不是請觀眾捐款護持我們。我們跟其他的節目都不一樣，其他所有的節目，最後會打出字幕來，請求護持他們某某山、某某講堂或者某某道場；但我們沒有隨俗，因爲我們不是要藉那個節目去吸收成員或是收錢，我們目的是義務付出我們的時間、金錢、勞力，要全面提升佛教界的知見水平，不是爲正覺同修會的利益，那麼這也是一種方便善巧啊！

所以開新班時問問大家說：「你們是怎麼樣來正覺的？」這一回開新班，好像只有一位是看電視節目來的吧？好像只有一位。兩年多之前，準備要開始電視弘法節目的時候我就告訴大家：大家都不能對這一件事有期待，因爲我們作這個節目的定位是純粹付出，不是想要藉這個節目去吸收成員或護持款；這是因爲我們的法太深、太深了，所以諸位老師在上面說法的時候，不能講深的法。我就要求大家要講得很粗淺易懂，因爲目的是在提升整個佛教界的知見水平，不是要藉這個節目來吸收新的學員。這是當初一開始我就跟諸位老師聲明的。這也是爲了正教的久遠流傳，利樂眾生而作的方便善巧。

那麼現在臺灣佛教界不是很普遍的提升知見水平了嗎？以前還有很多人在罵：「如來藏是外道神我，正覺同修會是阿賴耶外道。」現在誰敢再罵「阿賴耶外道」？誰一旦罵了，人家就說：「原來你完全是門外漢。」正是因爲現在佛教界的水平普遍提升了！我們弘法不必爲自己團體的利益著想，所以我們每年花幾百萬元製作電視節目；現在花更多，現在變成一個小時的節目，並且都不接受捐助，同修會的存款當然會減少。但我們每年多花幾百萬元成就的功德卻是諸位共有的，因爲是諸位護持了，所以我們大家每個人都參與了這個功德，這也是開闢福田的方便善巧啊！

當我把這個道理告訴諸位的時候，諸位對於「妙法蓮花」此經如來藏的道理就會更加明白；因爲你護持的每一筆錢造成的功德，都不會外於你的如來藏啊！因爲你的五陰都在你自己的如來藏裡面，從來不在如來藏外面，所以你造作的一切善法功德，全都在你自己的「妙法蓮花」如來藏心裡面；但是我得要施設方便善巧，開闢出這個福田，由這個福田來增長諸位的福德資糧，再來幫助諸位撐起你的道業，在實證的路上就越來越容易。

然後又施設了講經法會，從更廣的方面、更深的層面，來爲大家演述「妙法蓮花」；那麼這要靠勝妙的智慧以及善巧之言語，加上常常引述現實的例子或者譬喻，來爲大家說明，這便是 世尊說的「分別而說法」。如果不加以條分縷析，不加以分別，那麼諸位只會知道一個籠統的概念，不能夠很清晰地瞭解，所以我必須要爲諸位廣作「分別」；但是所有一切「分別」，全都依於這個「妙法蓮花」如來藏心而演述出來，所以不論橫說豎說、長說短說、前說後說現在說，全都不會自相矛盾，因爲萬法都從此經如來藏而生，而如來藏清淨，猶如蓮花出淤泥而不染，是一切法的根源，所以這朵蓮花就稱爲能生萬有的「妙法蓮華」。

世尊說了「能以千萬種，善巧之語言，分別而說法」以後，作了一個總結說：「持『法花經』故。」都因爲受持「法華經」如來藏的緣故，才能夠以各種方便善巧而爲人演說妙法。否則那些鑽研佛經的大師與學術專家們，應該各個都能爲人演說深妙法了，但爲何他們如今都辦不到呢？全都是因爲他們沒有找到「法華經」如來藏心而無法受持的緣故。因此，《無量義經》說，世尊以一義演述無量義，以一法開演無量法，其實是把「此經」如來藏妙心加以開演出去，以一個如來藏妙法來成就無量義；在《無量義經》說完之後便隨即開演《妙法蓮華經》，也就是把開演出去的一切佛法，全部攝歸於唯一佛乘；而唯一佛乘就是《妙法蓮華經》，《妙法蓮華經》就是如來藏妙眞如心，就是收歸於《無量義經》所說的「一法」如來藏心。這樣子，以「此經」如來藏心開合自如而成就一切法和成佛之道。

所以總結而說，修學佛法之前，在十信位累積了信道的資糧，對佛法僧三寶具足了信仰；然後進入初住位開始修學六度直到第六住位，熏習及實修了六度波羅蜜，目的只是爲了實證此經「妙法蓮花」作準備。這樣次第修學，終於證得此經「**妙法蓮花**」，現觀眞如了，改入內門廣修六度萬行，繼續悟後起修的過程，觀察一切法不離「**妙法蓮花**」如來藏心；再接著次第修學十度波羅蜜，完成了佛道之後還是要歸結到此經「**妙法蓮花**」，這時「**此經**」第八識便改名爲無垢識，依舊是「**妙法蓮花**」。所以一切法的演述，來到最後一部經典，就是攝歸於《法華經》。諸位聽了我演說《法華經》這麼多年而聽到現在，佛陀爲諸位作了總結：一切佛法就是「**此經**」，此經就是「妙法蓮花」，妙法蓮花就是如來藏阿賴耶識；而菩薩「**能以千萬種，善巧之語言，分別而說法**」的原因，則是「**持『法花經』故**」，也就是受持第八識如來藏妙眞如心，才能辦得到。

這一段經文跟重頌講到這裡演說完了，我們還得要來作一個綜合的說明。在前面宣說，眼根清淨的人有好多的功德，而那個眼根清淨的人，所展現出來利樂眾生的那些功德，都是因爲受持《妙法蓮華經》的緣故。世尊接著又說耳根清淨有許多功德，而他的耳根清淨的根本原因，也是因爲受持《妙法蓮華經》的緣故；乃至繼續演述鼻、舌、身根，講到最後這一段，說的是意根清淨所展現出來的這些功德，依舊是受持《妙法蓮華經》的緣故。而佛陀在這部經中說，《妙法蓮華經》就是如來藏妙眞如心。

那麼接著有人也許會想到一個問題，是因爲《楞嚴經講記》說得很清楚：六根清淨位的圓滿是佛地的事，因爲行陰、識陰已盡了！但我們講到這裡，既然六根清淨了，到這一品經文講完時，能夠作得到的菩薩是否就是等覺、妙覺菩薩、就是成佛了？不見得！這樣的菩薩可以是等覺，可以是十地，也可以是八、七、五、四、三地乃至初地。因爲清淨位，有見地的清淨位，也有入地後實修的清淨位。而且《楞嚴經》裡面也告訴我們：「**理則頓悟，乘悟併銷；事非頓除，因次第盡。**」世尊是開示說：圓滿具足的六根清淨位並不是一時間就全部同時清淨的，而是一根清淨以後再清淨另一根，是次第清淨而漸次具足成功的。

爲什麼我這裡要把這道理講一下？因爲《楞嚴經講記》剛開始那五、六輯的銷路很好，到後來銷路開始不很好了，甚至有幾輯只能印到第二刷或第三刷，這是爲什麼呢？是因爲後面的法義太深奧了，很多人都說看不懂。連證悟以後的增上班同修都會說：「啊！眞的看不懂。」那麼外面那些大師們、學眾們又該怎麼辦？那根本就不用讀了。所以我發覺有很多同修，那後面的部分沒有買，當然也就沒有閱讀。那麼後面經文中說的「解結因次第，六解一亦亡」的開示，以及我所解說出來的道理，大家也就沒有讀到了。於是有些人不免繼續信受邪師所說「捨識用根修行」的邪說，或是企圖一次同時解開六個結，那就會走偏而誤入歧途了。

因此我這裡就得拿出來說：六根本身是無法修行的，修行是要由六識透過六根來修行的。只有由六識透過六根才能修行，但是六識修行以後會使六根轉變清淨，那麼如來藏中含藏的種子就跟著清淨。可是《楞嚴經》中說眞如、說佛性，是既說眞如也說佛性，所以前面那五、六輯有很多人好喜歡說：「終於演說眞如又說佛性了！搞不好我讀過了以後也可以實證眞如、佛性。」所以銷路還蠻不錯！可是讀了以後發覺竟然依舊沒有辦法實證，因爲眞如與佛性都是教外別傳的範疇，我得要留到禪三時才可以幫人家實證的，當然不能在書上公然明白寫出來，否則我就違背 世尊的咐囑了。因此我在書中都是烘雲托月來說，可是外面那些學人讀了以後，全都只看見烏雲而沒看見月亮；其實我把烏雲都弄好了以後，明月已經顯現在那裏，只是他們都看不見；甚至於連第二月都看不見，就別說是影月了，那我也無可奈何。

當　世尊說完六根的法義之後，阿難尊者不是又上來問了嗎？說這六根清淨的修行是一時頓淨呢？還是次第清淨的呢？爲了解開大家的疑惑，所以世尊開示說：「**理則頓悟，乘悟併銷；**」這就是說，理上的實證，跟理上實證以後的事修，這是兩個層次。理是什麼？是說眞如之理，你應該要如何實證；這個理的實證是頓悟的，當你開悟的時候是一剎那間找到了如來藏，或是在一剎那間看見了佛性，這二者都是「**頓悟**」。所以如果有人說開悟是只有漸悟而沒有頓悟的，或是主張開悟可以有頓悟與漸悟兩種，因此主張漸悟時要先看到如來藏大白牛的腳跡，知道牠怎麼走過去的，再順著腳跡往前去找，又找到了牛尾巴，然後再摸索到牠的屁股，再摸索大腿、肚子、胸背、前腳、脖子、牛角……，然後入廛垂手接引眾生；我說那都叫作渾話！因爲是渾人說的話，所以叫作渾話。

什麼樣的人叫作渾人？就是大老粗一個，什麼都不懂，偏又自認爲什麼都懂，別人都得要聽他的，明理的秀才最怕遇見這種人。世尊明明說「**理則**

頓悟」，當你證悟般若時，就是一念之間突然找到了如來藏，現觀祂的眞實與如如體性——證眞如，也現觀祂眞實不壞的金剛性，然後你就開始出生了實相般若智慧，但這種理是只有頓悟而沒有漸悟的。親眼看見佛性時也是一樣的道理，當你悟了如來藏而可以看見自己的如來藏，一定也可以看見別人身上的如來藏，但是你沒有辦法從山河大地上看見自己或別人的如來藏；可是眼見佛性的時候，不但可以從自己身上看見佛性，從別人身上也看見人家的佛性，還可以從別人身上看見自己的佛性，你說怪不怪？但是明心以後，你依舊沒辦法從別人身上看見自己的如來藏啊！可是見性呢，也可以從別人身上看見自己的佛性，怪不怪？所有眼見佛性的菩薩都是同一所證、同一所見，這已經證明：明心跟見性不一樣，這才是 佛在《大般涅槃經》中說的「眼見佛性」啊！這可不是禪宗絕大多數祖師所說的「看見如來藏能使人成佛的自性」。

然後也許有人不信，繼續認爲明心即是見性，那我再告訴諸位：山河大地不是無情嗎？你看見佛性的時候，卻可以從一切無情上面看見你自己的佛性。如果有人硬要主張如來藏就是佛性，明心就是見性。那你明心以後，你能不能從山河大地看見你自己的如來藏？你撐破了眼睛也看不見啦！話說回來，這是在告訴我們什麼道理？是說，不論是見性或開悟明心，其實都只是一剎那間的事，沒有先後，沒有次第，沒有階梯，全都是一悟就解決的，因此經中才說開悟是「一念慧相應」；而最後究竟成佛時也是「一念慧相應」，因此經中說佛地成就一切種智時的智慧，叫作「一念相應慧」，都是一念相應的，沒有漸悟這回事。

那你證得如來藏的時候，就知道法界的實相；不管是六凡法界、四聖法界，不管是物質世間的法界，一樣都不離於這個實相。你看見這個實相，產生了實相的智慧，是因為悟得如來藏「妙法蓮花」而來；可是你悟得「妙法蓮花」如來藏時，是一剎那間就悟得的。假使哪一天有誰來告訴你說：「我找到如來藏了，但我怎麼找的呢？我是先看到祂的邊邊，然後看到祂的左邊，看到祂的右邊，最後我才看到祂的整體……。」你就一棒打過去，不必客氣，因為他所知的如來藏一定是想像的，他只是個凡夫，打了他也無過失。

那如果有人告訴你說：「我也有證得如來藏，但我是修行好久才證得的，我怎麼證的呢：『我先觀想有一條中脈，然後我觀想中脈裡面有明點，那個明點就是如來藏啊！』」你就學古時候禪師說的粗魯話回他：「放屁！」因爲他說的不是話，只是臭屁；也因爲進得佛門來怎麼說話，都有佛門的規矩，不能隨便拿來東湊西湊；所說之法、所證之法，都必須符合 世尊的所說。因此說，凡是證悟佛菩提的人，沒有「漸悟」這回事；而《楞嚴經》講的如來藏妙眞如心，正是三乘菩提中的不傳之密，必須是有緣的菩薩才能實證。

即使是俱解脫阿羅漢、三明六通大阿羅漢，若是不肯迴心大乘發願永遠行菩薩道，永遠不取證無餘涅槃，大慈大悲的 佛陀都不肯傳授給他，單單要傳給菩薩，所以這是不傳之妙法。可是這妙法的實證，全都只有頓悟而沒有漸悟這回事，因此 世尊說：「理則頓悟。」當你證得如來藏的時候，三乘菩提之理你就漸漸可以會通了，而證得如來藏時只是一念相應，不是久修悟境來累積成功的，所以 世尊說「理則頓悟」。也就因爲這麼一悟，乘著這一個開悟所得的智慧，於三乘菩提中的種種迷惑就一併開始消除了，因此 世尊接著說：「乘悟併銷。」

你們以前對於三乘菩提有好多的迷惑：這個也不懂，那個也不懂。可是經由這麼一悟，再把《金剛經》請出來一讀：「啊！原來在講這個心！」那時往後腦勺一拍：「我眞笨！以前怎麼讀都讀不懂，原來是在講這個眞如心。」這下子懂了。爲什麼懂？是因爲一念相應而找到「妙法蓮花」如來藏。所以世尊說「理則頓悟，乘悟併銷」，這一下就知道什麼叫作般若了，也懂得什麼才是眞正的中道觀行。所以有人主張說：「禪宗跟般若無關，禪宗跟中觀無關。」那他就是個門外漢。那麼在三乘菩提不傳之密的《楞嚴經》裡面，由於《楞嚴經》所說最祕密的勝妙法就是第八識如來藏；然後從如來藏的妙眞如性運作而有佛性，是從眞如演繹出佛性妙義來，法界的實相就分明看見了，全都是頓悟而無漸悟這回事。所以那不傳之祕、祕中之密的《楞嚴經》，就已經告訴我們「理則頓悟，乘悟併銷」，當然沒有古今凡夫大師們說的漸悟這回事。

可是悟了以後是不是已經成佛了呢？還早啦！所以有些不懂的附佛法外道罵說：「蕭平實說他開悟了，那他就是成佛了！但他又說自己尚未成佛，這當然是騙人的。」後面又罵上一堆言語，結果都罵錯了。既然罵錯了，後果當然他們得要自己承受！因爲我說的開悟才只有第七住位，連入地都還沒有，怎麼會是成佛？因此阿難尊者爲大家提出來問，世尊就開示了：「理上是頓悟的，藉著頓悟所引生的智慧，以前那些開悟的迷雲就全部消失了。」這就是「乘悟併銷」。

以前佛教界都不知道開悟是悟個什麼，悟後是在什麼階位？悟後又應該如何進修成佛？直到我出來弘法以前，大家都在說開悟、開悟……，可是到底開悟時是要悟個什麼？始終沒有人講得清楚，更不曾有人說得明白。那我就直接出來講：開悟的內涵就是證第八識如來藏，如來藏就是第八識阿賴耶識，又名眞如心。這是正覺出來弘法以後，近代佛教中第一次有人提出來說明，以前並沒有人講過。那麼在正覺弘法之前也曾經有古人講過，是禪宗祖師說的，我就寫在《鈍鳥與靈龜》裡面，也證明我的說法正確。

可是悟了以後在菩薩道的五十二個位階中，也才只有第七住位，只得根本無分別智，都還沒有具足後得無分別智，就別說是道種智了；由此也證明悟後想要通達而入地，還有一段好長、好長的路要走，並不是悟了就能入地。所以很多人都不懂而亂說法，結果造成大妄語業，自己都還不知道，還害慘四眾弟子跟著犯下大妄語業。因此 佛陀接著說：在理上的見地上六根固然清淨了，可是在事修的實修上面六根還沒有清淨啊！所以悟後起修是要在事相上來實修，不是單單只在智慧的理上進修的。

你先開悟而證得那個理體以後，接著要從事相上次第進修，所以 世尊說「事非頓除」，一定要在事相上次第進修而使八識心王漸漸清淨。但悟後起修的事修上面沒有一步登天的事，不是像開悟見道時一剎那就看見了；所以有的人在我的幫助下證得如來藏以後，還在打妄想說：「欸！那我悟後要成佛，應該也是一悟就成佛的。」所以二〇〇三年初的楊先生等人，才會傻到宣稱他們已證得所謂的「佛地眞如」，結果原來只是一場天大的妄想（編案：詳見《眞假開悟、假如來藏、識蘊眞義、辨唯識性相、燈影》等書的論證）。

可見當年我演講《楞嚴經》的時候，他們都沒好好地聽懂。在《楞嚴經》中 世尊已經告訴大家正理，當年我也有詳細解釋 世尊開示的這四句話。其中的後兩句「事非頓除，因次第盡」，我也都詳細解釋過的啊！這是說，在事修上面是要次第去修除淨盡的，不可能悟一下正理就一步達成的。得要「因爲次第進修才能夠把習氣種子以及無始無明塵沙惑全部滅盡」，所以叫作「因次第盡」，是要因爲悟後的次第進修才能夠滅盡，而不是再來一悟就可以全部清淨的。

當年　佛陀怕大家沒有聽清楚，還特地移動祂的紫金身，把身旁那個七寶几拉過來；七寶几上面有一條夜摩天供養的劫波羅巾，祂就拿起來開始打結，前後次第打了六個結，然後當眾問阿難尊者：「你們看，這六個結，我是一次就打成的嗎？」大眾當然回答：「是次第打成的。」世尊又把打成六結的寶巾拿在右手搖動，又從右手移到左手搖動，然後問：「那麼我用單手這樣甩過來、甩過去，就可以用右手打開這些結嗎？」大家都說：「不行。」「那我換左手甩過來、甩過去，能不能打開？」也不行。然後　佛陀開示說：一定要兩手，從打結的地方來打開，否則一定解不開那個結。你再怎麼甩，那個結還是存在，無法打開啊！這就是說，一定要用正確的方法才能打開那個結，只有愚癡人才會單手一直甩，而想要把結甩開。

然後　佛陀又問：「這六個結，當我用兩隻手來把它解開的時候，可不可以一次同時解開六個結？」大家都說：「不行。」必須要把第一個結解開以後，再解第二個結，對不對？我們佛龕供奉的這一尊　釋迦牟尼佛的手印是什麼？（大眾答：解結。）對嘛！就是解開那個結的手印，這就是楞嚴手印。選擇佛像時眞的要很小心，可別選到密宗供的那個大日如來手印的佛像，那是以單身佛像來暗示他們那道場是密宗道場，是暗地裡修雙身法的道場，所以使用那個手印。東密日本的寺院，大部分是供那種手印的佛像，其中的意思，諸位不思而知，我就不必說了。

言歸正傳，佛陀解說完了，就用重頌講了這四句：「**解結因次第，六解一亦亡；根選擇圓通，入流成正覺。**」這是說既然無始劫以來，眼根打了結而打不開，耳根打了結而打不開，乃至於意根也打了結也打不開；現在「**理則頓悟、乘悟併銷**」使無明消除了，瞭解這六個結（六根不淨）的存在以及寶巾（如來藏妙眞如性）的存在了，可是無明除掉以後的事修部分你還得要一一來面對！所以你要解開這六根的結，得要依於次第一個一個來解開，不是一時之間就六結同時解開的；而解結時還得用正確的方法，得要兩手合作同時去解；也就是說，你必須要藉「**根與識**」共同來修行，「**識**」才能轉變，因爲「**結**」就打在「**塵**」境界上面。

以前有的祖師亂講什麼「**捨識用根**」修行，捨識用根還能修行嗎？我倒是要問他：「**你用眼根修行而不用眼識，請你修修看！**」如果不用眼識，單用眼根就可以修行，就應該只用意根而不必用意識修行，那他睡覺時當然也可以好好修行！那麼只要每天睡覺，睡久了也就開悟啦！都不必參禪也不必聞法，因爲睡覺時六識都中斷了，而六根都在睡覺時修行著，對不對？（眾答：不對。）當然不對！所以一定要藉著六根配合而以六識來修行，六根之結才能解開。這就是說，單手是不能解結的，一定要雙手共同配合來作。

有雙手—根與識—共同配合來作，可以解開根的結了，可是你要解開這六根的結，還得要因著六根而選擇先後次第來解開，不可以想要一次同時解開六個結，因此　世尊說「解結因次第」。你已經從理上頓悟了，接著悟後在事修上面，要從六根之中某一根先選擇出來進行開解，然後才解開第二根的結；要有次第一根又一根，一個一個先後去解開；當你把六根所打出來的結全部都解開以後，所謂的「結」也就不存在了！所以　世尊說「六解一亦亡」。你把眼耳鼻舌身意六根的結都打開以後，所謂的結就不存在了；所以六個結解開以後，六結中被人指稱爲「結」的這「一」個法也就跟著消失了，只剩下完好的、很好使用的劫波羅巾，而沒有一一打成的結來限制寶巾原有功能的使用了；換句話說，六結都解開以後，就是只剩下一個原來具有大用的如來藏妙眞如性，便可以不受六根的限制而發起大用了。

但是從六根入手，不論是悟前聞熏或悟後起修，都得要先選擇其一，才好下手實修；或者說，你應該要怎麼修學佛法？也得要從聞熏開始，因此說「根選擇圓通」，這時你從六根之中去選擇其中一根，要先看哪一根的功德是最具足圓滿的？而且是可以使你圓滿通達的。結果 佛陀示意 文殊師利告訴我們說，應該像 觀世音菩薩教我們的那樣，要選擇耳根圓通法門來入手。

（〈法師功德品〉未完，詳續第十九輯解說。）

佛菩提二主要道次第概要表——二道並修，以外無別佛法

佛菩提道——大菩提道

遠波羅蜜多

資糧位

- 十信位修集信心——一劫乃至一萬劫
- 初住位修集布施功德（以財施爲主）。
- 二住位修集持戒功德。
- 三住位修集忍辱功德。
- 四住位修集精進功德。
- 五住位修集禪定功德。
- 六住位修集般若功德（熏習般若中觀及斷我見，加行位也）。

外門廣修六度萬行

見道位

- 七住位明心般若正觀現前，親證本來自性清淨涅槃。
- 八住位起於一切法現觀般若中道。漸除性障。
- 十住位眼見佛性，世界如幻觀成就。
- 一至十行位，於廣行六度萬行中，依般若中道慧，現觀陰處界猶如陽焰，至第十行滿心位，陽焰觀成就。
- 一至十迴向位熏習一切種智；修除性障，唯留最後一分思惑不斷。第十迴向滿心位成就菩薩道如夢觀。

內門廣修六度萬行

- 初地：第十迴向位滿心時，成就道種智一分（八識心王一一親證後，領受五法、三自性、七種第一義、七種性自性、二種無我法）復由勇發十無盡願，成通達位菩薩。復又永伏性障而不具斷，能證慧解脫而不取證，由大願故留惑潤生。此地主修法施波羅蜜多及百法明門。證「猶如鏡像」現觀，故滿初地心。
- 二地：初地功德滿足以後，再成就道種智一分而入二地；主修戒波羅蜜多及一切種智。滿心位成就「猶如光影」現觀，戒行自然清淨。

解脫道：二乘菩提

→ 斷三縛結，成初果解脫

→ 薄貪瞋癡，成二果解脫

→ 斷五下分結，成三果解脫

入地前的四加行令煩惱障現行悉斷，成四果解脫，留惑潤生。分段生死已斷，煩惱障習氣種子開始斷除，兼斷無始無明上煩惱。

近波羅蜜多　大波羅蜜多　圓滿波羅蜜多

修道位　究竟位

三地：二地滿心再證道種智一分，故入三地。此地主修忍波羅蜜多及四禪八定、四無量心、五神通。能成就俱解脫果而不取證，留惑潤生。滿心位成就「猶如谷響」現觀及無漏妙定意生身。

四地：由三地再證道種智一分故入四地。主修精進波羅蜜多，於此土及他方世界廣度有緣，無有疲倦。進修一切種智，滿心位成就「如水中月」現觀。

五地：由四地再證道種智一分故入五地。主修禪定波羅蜜多及一切種智，斷除下乘涅槃貪。滿心位成就「變化所成」現觀。

六地：由五地再證道種智一分故入六地。此地主修般若波羅蜜多——依道種智現觀十二因緣一一有支及意生身化身，皆自心眞如變化所現，「非有似有」，成就細相觀，不由加行而自然證得滅盡定，成俱解脫大乘無學。

七地：由六地「非有似有」現觀，再證道種智一分故入七地。此地主修一切種智及方便波羅蜜多，由重觀十二有支一一支中之流轉門及還滅門一切細相，成就方便善巧，念念隨入滅盡定。滿心位證得「如犍闥婆城」現觀。

八地：由七地極細相觀成就故再證道種智一分而入八地。此地主修一切種智及願波羅蜜多。至滿心位純無相觀任運恆起，故於相土自在，滿心位復證「如實覺知諸法相意生身」故。

九地：由八地再證道種智一分故入九地。主修力波羅蜜多及一切種智，成就四無礙，滿心位證得「種類俱生無行作意生身」。

十地：由九地再證道種智一分故入此地。此地主修一切種智——智波羅蜜多。滿心位起大法智雲，及現起大法智雲所含藏種種功德，成受職菩薩。

等覺：由十地道種智成就故入此地。此地應修一切種智，圓滿等覺地無生法忍；於百劫中修集極廣大福德，以之圓滿三十二大人相及無量隨形好。

妙覺：示現受生人間已斷盡煩惱障一切習氣種子，並斷盡所知障一切隨眠，永斷變易生死無明，成就大般涅槃，四智圓明。人間捨壽後，報身常住色究竟天利樂十方地上菩薩；以諸化身利樂有情，永無盡期，成就究竟佛道。

七地滿心斷除故意保留之最後一分思惑時，煩惱障所攝色、受、想三陰有漏習氣種子全部斷盡。

←

煩惱障所攝行、識二陰無漏習氣種子任運漸斷，所知障所攝上煩惱任運漸斷。

←

斷盡變易生死
成就大般涅槃

圓滿成就究竟佛果

佛子蕭平實 謹製
（二〇〇九、〇二 修訂）
（二〇一二、〇二 增補）

佛教正覺同修會〈修學佛道次第表〉

第一階段
* 以憶佛及拜佛方式修習動中定力。
* 學第一義佛法及禪法知見。
* 無相拜佛功夫成就。
* 具備一念相續功夫—動靜中皆能看話頭。
* 努力培植福德資糧，勤修三福淨業。

第二階段
* 參話頭，參公案。
* 開悟明心，一片悟境。
* 鍛鍊功夫求見佛性。
* 眼見佛性〈餘五根亦如是〉親見世界如幻，成就如幻觀。
* 學習禪門差別智。
* 深入第一義經典。
* 修除性障及隨分修學禪定。
* 修證十行位陽焰觀。

第三階段
* 學一切種智真實正理—楞伽經、解深密經、成唯識論…。
* 參究末後句。
* 解悟末後句。
* 透牢關—親自體驗所悟末後句境界，親見實相，無得無失。
* 救護一切眾生迴向正道。護持了義正法，修證十迴向位如夢觀。
* 發十無盡願，修習百法明門，親證猶如鏡像現觀。
* 修除五蓋，發起禪定。持一切善法戒。親證猶如光影現觀。
* 進修四禪八定、四無量心、五神通。進修大乘種智，求證猶如谷響現觀。

佛教正覺同修會 共修現況 及 招生公告　2023/03/28

一、共修現況：（請在共修時間來電，以免無人接聽。）

台北正覺講堂 103 台北市承德路三段 277 號九樓 捷運淡水線圓山站旁 Tel..總機 02-25957295（晚上）（**分機：九樓**辦公室 10、11；知客櫃檯 12、13。 **十樓**知客櫃檯 15、16；書局櫃檯 14。 **五樓**辦公室 18；知客櫃檯 19。**二樓**辦公室 20；知客櫃檯 21。）Fax..25954493

第一講堂　台北市承德路三段 277 號九樓

禪淨班：週一晚班、週三晚班、週四晚班、週五晚班、週六下午班、週六上午班（共修期間二年半，全程免費。皆須報名建立學籍後始可參加共修，欲報名者詳見本公告末頁。）

增上班：**成唯識論釋**：單週六晚班。雙週六晚班（重播班）。17.50～20.50。平實導師講解，2022 年 2 月末開講，預定六年內講完，僅限已明心之會員參加。

禪門差別智：每月第一週日全天　平實導師主講（事冗暫停）。

解深密經詳解　本經從六度波羅蜜多談到八識心王，再詳論大乘見道所證眞如，然後論及悟後進修的相見道位所觀七眞如，以及入地後的十地所修，乃至成佛時的四智圓明一切種智境界，皆是可修可證之法，流傳至今依舊可證，顯示佛法眞是義學而非玄談或思想，都是淺深次第皆所論及之第一義諦妙義。已於 2021 年三月下旬起開講，由平實導師詳解。每逢週二晚上開講，第一至第七講堂都可同時聽聞，歡迎菩薩種性學人，攜眷共同參與此殊勝法會現場聞法，不限制聽講資格。本會學員憑上課證進入第一至第四、第七講堂聽講，會外學人請以身分證件換證進入聽講（此爲大樓管理處安全管理規定之要求，敬請諒解）；第五及第六講堂（B1、B2）對外開放，不需出示任何證件，請由大樓側門直接進入。

第二講堂　台北市承德路三段 267 號十樓。

禪淨班：週一晚班。

進階班：週三晚班、週四晚班、週五晚班、週六早班、週六下午班。禪淨班結業後轉入共修。

增上班：**成唯識論釋**：單週六晚班，影音同步傳播。雙週六晚班（重播班）

解深密經詳解：平實導師講解。每週二 18.50~20.50 影像音聲即時傳輸。

第三講堂　台北市承德路三段 277 號五樓。

禪淨班：週六下午班。

增上班：**成唯識論釋**：單週六晚班，影音同步傳播。雙週六晚班（重播班）

進階班：週一晚班、週三晚班、週四晚班、週五晚班。

解深密經詳解：平實導師講解。每週二 18.50~20.50 影像音聲即時傳輸。

第四講堂　台北市承德路三段 267 號二樓。

進階班：週一晚班、週三晚班、週四晚班（禪淨班結業後轉入共修）。
解深密經詳解：平實導師講解。每週二 18.50~20.50 影像音聲即時傳輸。

第五、第六講堂
念佛班　每週日晚上，第六講堂共修（B2），一切求生極樂世界的三寶弟子皆可參加，不限制共修資格。
進階班：週一晚班、週三晚班、週四晚班。
解深密經詳解：平實導師講解。每週二 18.50~20.50 影像音聲即時傳輸。
第五、第六講堂爲**開放式講堂**，不需以身分證件換證即可進入聽講，台北市承德路三段 267 號地下一樓、地下二樓。每逢週二晚上講經時段開放給會外人士自由聽經，請由大樓側面梯階逕行進入聽講。**聽講者請尊重講者的著作權及肖像權，請勿錄音錄影，以免違法；若有錄音錄影被查獲者，將依法處理。**

第七講堂　台北市承德路三段 267 號六樓。
解深密經詳解：平實導師講解。每週二 18.50~20.50 影像音聲即時傳輸。

正覺祖師堂　大溪區美華里信義路 650 巷坑底 5 之 6 號（台 3 號省道 34 公里處 妙法寺對面斜坡道進入）電話 03-3886110　傳眞 03-3881692 本堂供奉 克勤圓悟大師，專供會員每年四月、十月各三次精進禪三共修，兼作本會出家菩薩掛單常住之用。開放參訪日期請參見本會公告。教內共修團體或道場，得另申請其餘時間作團體參訪，務請事先與常住確定日期，以便安排常住菩薩接引導覽，亦免妨礙常住菩薩之日常作息及修行。

桃園正覺講堂（第一、第二講堂）：桃園市介壽路 286、288 號 10 樓（陽明運動公園對面）電話：03-3749363(請於共修時聯繫，或與台北聯繫)
禪淨班：週一晚班（1）、週一晚班（2）、週三晚班、週四晚班、週五晚班。
進階班：週四晚班、週五晚班、週六上午班。
增上班：**成唯識論釋**。雙週六晚班（增上重播班）。
解深密經詳解：平實導師講解。每週二晚上，以台北正覺講堂所錄 DVD 放映；歡迎會外學人共同聽講，不需出示身分證件。

新竹正覺講堂　新竹市東光路 55 號二樓之一　電話 03-5724297（晚上）
第一講堂：
禪淨班：週五晚班。
進階班：週三晚班、週四晚班、週六上午班。由禪淨班結業後轉入共修
增上班：**成唯識論釋**。單週六晚班。雙週六晚班（重播班）。
解深密經詳解：平實導師講解。每週二晚上，以台北正覺講堂所錄 DVD 放映。歡迎會外學人共同聽講，不需出示身分證件。
第二講堂：
禪淨班：週一晚班、週三晚班、週四晚班、週六上午班。
解深密經詳解：每週二晚上與第一講堂同步播放講經 DVD。

第三、第四講堂：裝修完畢，已經啓用。

台中正覺講堂　04-23816090（晚上）

第一講堂　台中市南屯區五權西路二段 666 號 13 樓之四（國泰世華銀行樓上。鄰近縣市經第一高速公路前來者，由五權西路交流道可以快速到達，大樓旁有停車場，對面有素食館）。

禪淨班：週四晚班、週五晚班。

進階班：週一晚班、週三晚班、週六上午班（由禪淨班結業後轉入共修）。

增上班：**成唯識論釋**。單週六晚班。雙週六晚班（重播班）。

解深密經詳解：平實導師講解。每週二晚上，以台北正覺講堂所錄 DVD 放映。歡迎會外學人共同聽講，不需出示身分證件。

第二講堂　台中市南屯區五權西路二段 666 號 4 樓

禪淨班：週一晚班、週三晚班。

第三講堂台中市南屯區五權西路二段 666 號 4 樓

禪淨班：週一晚班。

第四講堂台中市南屯區五權西路二段 666 號 4 樓。

進階班：週一晚班、週四晚班、週六上午班，由禪淨班結業後轉入共修

解深密經詳解：每週二晚上與第一講堂同步播放講經 DVD。

嘉義正覺講堂　嘉義市友愛路 288 號八樓之一　電話：05-2318228

第一講堂：

禪淨班：週四晚班、週五晚班、週六上午班。

進階班：週一晚班、週三晚班（由禪淨班結業後轉入共修）。

增上班：**成唯識論釋**。單週六晚班。雙週六晚班（重播班）。

解深密經詳解：平實導師講解。每週二晚上，以台北正覺講堂所錄 DVD 放映。歡迎會外學人共同聽講，不需出示身分證件。

第二講堂　嘉義市友愛路 288 號八樓之二。

第三講堂　嘉義市友愛路 288 號四樓之七。

禪淨班：週一晚班、週三晚班。

台南正覺講堂

第一講堂　台南市西門路四段 15 號 4 樓。06-2820541（晚上）

禪淨班：週一晚班、週三晚班、週四晚班、週五晚班、週六下午班。

增上班：**成唯識論釋**。單週六晚班。雙週六晚班（重播班）。

解深密經詳解：平實導師講解。每週二晚上，以台北正覺講堂所錄 DVD 放映。歡迎會外學人共同聽講，不需出示身分證件。

第二講堂　台南市西門路四段 15 號 3 樓。

解深密經詳解：每週二晚上與第一講堂同步播放講經 DVD。

第三講堂　台南市西門路四段 15 號 3 樓。

進階班：週一晚班、週三晚班、週四晚班、週五晚班（由禪淨班結業後轉入共修）。

解深密經詳解：每週二晚上與第一講堂同步播放講經 DVD。

高雄正覺講堂　高雄市新興區中正三路 45 號五樓 07-2234248（晚上）

第一講堂（五樓）：

禪淨班：週一晚班、週三晚班、週四晚班、週五晚班、週六上午班。

增上班：**成唯識論釋**。單週六晚班。雙週六晚班（重播班）。

解深密經詳解：平實導師講解。每週二晚上，以台北正覺講堂所錄 DVD 放映。歡迎會外學人共同聽講，不需出示身分證件。

第二講堂（四樓）：

進階班：週三晚班、週四晚班、週六上午班（由禪淨班結業後轉入共修）。

解深密經詳解：每週二晚上與第一講堂同步播放講經 DVD。

第三講堂（三樓）：

進階班：週四晚班（由禪淨班結業後轉入共修）。

香港正覺講堂

香港新界葵涌打磚坪街 93 號維京科技商業中心A 座 18 樓。

電話：(852) 23262231

英文地址：18/F, Tower A, Viking Technology & Business Centre, 93 Ta Chuen Ping Street, Kwai Chung, N.T., Hong Kong.

禪淨班：單週六下午班、雙週六下午班、單週日上午班、單週日下午班、雙週日上午班

進階班：雙週六、日上午班（由禪淨班結業後轉入共修）。

增上班：每月第一雙週日下午及晚上班，以台北增上班課程錄成 DVD 放映之。

增上重播班：每月第二雙週日下午及晚上班，以台北增上班課程錄成 DVD 放映之。

不退轉法輪經詳解：平實導師講解。每週六、日 19:00～21:00，以台北正覺講堂所錄 DVD 放映；歡迎會外學人共同聽講，不需出示身分證件。

二、招生公告 本會台北講堂及全省各講堂、香港講堂，每逢四月、十月下旬開新班，每週共修一次（每次二小時。開課日起三個月內仍可插班）；各班共修期間皆爲二年半，全程免費，欲參加者請向本會函索報名表（各共修處皆於共修時間方有人執事，非共修時間請勿電詢或前來洽詢、請書），或直接從本會官方網站(http://www.enlighten.org.tw/newsflash/class)或成佛之道網站下載報名表。共修期滿時，若經報名禪三審核通過者，可參加四天三夜之禪三精進共修，有機會明心、取證如來藏，發起般若實相智慧，成爲實義菩薩，脫離凡夫菩薩位。

三、新春禮佛祈福 農曆年假期間停止共修：自農曆新年前七天起停止共修與弘法，正月 8 日起回復共修、弘法事務。新春期間正月初一～初七 9.00～17.00 開放台北講堂、正月初一～初三開放新竹、台中、嘉義、台南、高雄講堂，以及大溪禪三道場（正覺祖師堂），方便會員供佛、祈福及會外人士請書。

密宗四大派修雙身法，是外道性力派的邪法；又以生滅的識陰作為常住法，是常見外道，是假的藏傳佛教。

西藏覺囊巴以他空見弘揚第八識如來藏勝法，才是真藏傳佛教

佛教正覺同修會　弘法行事表

2022/04/25

1、**禪淨班**　以無相念佛及拜佛方式修習動中定力，實證一心不亂功夫。傳授解脫道正理及第一義諦佛法，以及參禪知見。共修期間：二年六個月。每逢四月、十月開新班，詳見招生公告表。

2、**進階班**　禪淨班畢業後得轉入此班，進修更深入的佛法，期能證悟明心。各地講堂各有多班，繼續深入佛法、增長定力，悟後得轉入增上班修學道種智，期能證得無生法忍。

3、**增上班 成唯識論**詳解　詳解八識心王的唯識性、唯識相、唯識位，分說八識心王及其心所各別的自性、所依、所緣、相應心所、行相、功用等，並闡述緣生諸法的四緣：因緣、等無間緣、所緣緣、增上緣等四緣，並論及十因五果等。論中闡釋**佛法實證及成就的根本法即是第八識，由第八識成就三界世間及出世間的一切染淨諸法，方有成佛之道可修、可證、可成就，名爲圓成實性**。然後詳解末法時代學人極易混淆的見道位所函蓋的眞見道、相見道、通達位等內容，指正末法時代高慢心一類學人，於見道位前後不斷所墮的同一邪謬處。末後開示修道位的十地之中，各地所應斷的二愚及所應證的一智，乃至佛位的四智圓明及具足四種涅槃等一切種智之眞實正理。由平實導師講述，每逢一、三、五週之週末晚上開示，每逢二、四週之週末爲重播班，供作後悟之菩薩補聞所未聽聞之法。增上班課程僅限已明心之會員參加。未來每逢講完十分之一內容時，便予出書流通；總共十輯，敬請期待。（註：《瑜伽師地論》從 2003 年二月開講，至 2022 年 2 月 19 日已經圓滿，爲期 18 年整。）

4、**解深密經**詳解　本經所說妙法極爲甚深難解，非唯論及佛法中心主旨的八識心王及般若實證之標的，亦論及眞見道之後轉入相見道位中應該修學之法，即是七眞如之觀行內涵，然後始可入地。亦論及見道之後，如何與解脫及佛菩提智相應，兼論十地進修之道，末論如來法身及四智圓明的一切種智境界。如是眞見道、相見道、諸地修行之義，傳至今時仍然可證，顯示佛法眞是義學而非玄談或思想，有實證之標的與內容，非學術界諸思惟研究者之所能到，乃是離言絕句之第八識第一義諦妙義。重講本經之目的，在於令諸已悟之人明解大乘佛法之成佛次第，以及悟後進修一切種智之內涵，確實證知三種自性性，並得據此證解七眞如、十眞如等正理，成就三無性的境界。已於 2021 年三月下旬起每逢週二的晚上公開宣講，由平實導師詳解。不限制聽講資格。

5、**精進禪三**　主三和尚：平實導師。於四天三夜中，以克勤圓悟大師及大慧宗杲之禪風，施設機鋒與小參、公案密意之開示，幫助會員剋期取證，親證不生不滅之眞實心——人人本有之如來藏。每年四月、十月各舉辦三個梯次；平實導師主持。僅限本會會員參加禪淨班共修期滿，報名審核通過者，方可參加。並選擇會中定力、慧力、福德三條件皆已具足之已明心會員，給以指引，令得眼見自己無形無相之佛性遍佈山河大地，眞實而無障礙，得以肉眼現觀世界身心悉皆如幻，具足成就如幻觀，圓滿十住菩薩之證境。

6、**阿含經**詳解　選擇重要之阿含部經典，依無餘涅槃之實際而加以詳解，令大眾得以現觀諸法緣起性空，亦復不墮斷滅見中，顯示經中所隱說之涅槃實際—如來藏—確實已於四阿含中隱說；令大眾得以聞後觀行，確實斷除我見乃至我執，證得**見到**眞現觀，乃至**身證**……等眞現觀；已得大乘或二乘見道者，亦可由此聞熏及聞後之觀行，除斷我所之貪著，成就慧解脫果。由平實導師詳解。不限制聽講資格。

7、**精選如來藏系經典**詳解　精選如來藏系經典一部，詳細解說，以此完全印證會員所悟如來藏之眞實，得入不退轉住。另行擇期詳細解說之，由平實導師講解。僅限已明心之會員參加。

8、**禪門差別智**　藉禪宗公案之微細淆訛難知難解之處，加以宣說及剖析，以增進明心、見性之功德，啓發差別智，建立擇法眼。每月第一週日全天，由平實導師開示，僅限破參明心後，復又眼見佛性者參加（事冗暫停）。

9、**枯木禪**　先講智者大師的《小止觀》，後說《釋禪波羅蜜》，詳解四禪八定之修證理論與實修方法，細述一般學人修定之邪見與岔路，及對禪定證境之誤會，消除枉用功夫、浪費生命之現象。已悟般若者，可以藉此而實修初禪，進入大乘通教及聲聞教的三果心解脫境界，配合應有的大福德及後得無分別智、十無盡願，即可進入初地心中。親教師：平實導師。未來緣熟時將於正覺寺開講。不限制聽講資格。

註：本會例行年假，自 2004 年起，改爲每年農曆新年前七天開始停息弘法事務及共修課程，農曆正月 8 日回復所有共修及弘法事務。新春期間（每日 9.00~17.00）開放台北講堂，方便會員禮佛祈福及會外人士請書。大溪區的正覺祖師堂，開放參訪時間，詳見〈正覺電子報〉或成佛之道網站。本表得因時節因緣需要而隨時修改之，不另作通知。

佛教正覺同修會　贈閱書籍 目錄　2021/8/30

1.**無相念佛**　平實導師著　回郵 36 元
2.**念佛三昧修學次第**　平實導師述著　回郵 52 元
3.**正法眼藏—護法集**　平實導師述著　回郵 76 元
4.**真假開悟簡易辨正法＆佛子之省思**　平實導師著　回郵 26 元
5.**生命實相之辨正**　平實導師著　回郵 31 元
6.**如何契入念佛法門**（附：印順法師否定極樂世界）平實導師著　回郵 26 元
7.**平實書箋**—答元覽居士書　平實導師著　回郵 52 元
8.**三乘唯識**—如來藏系經律彙編　平實導師編　回郵 80 元
（精裝本　長 27 cm　寬 21 cm　高 7.5 cm　重 2.8 公斤）
9.**三時繫念全集**—修正本　回郵掛號 52 元（長 26.5 cm×寬 19 cm）
10.**明心與初地**　平實導師述　回郵 31 元
11.**邪見與佛法**　平實導師述著　回郵 36 元
12.**甘露法雨**　平實導師述　回郵 36 元
13.**我與無我**　平實導師述　回郵 36 元
14.**學佛之心態**—修正錯誤之學佛心態始能與正法相應　孫正德老師著　回郵52元
附錄：平實導師著《**略說八、九識並存…等之過失**》
15.**大乘無我觀**—《悟前與悟後》別說　平實導師述著　回郵 36 元
16.**佛教之危機**—中國台灣地區現代佛教之真相（附錄：公案拈提六則）
平實導師著　回郵 52 元
17.**燈　影**—燈下黑（覆「求教後學」來函等）　平實導師著　回郵 76 元
18.**護法與毀法**—覆上平居士與徐恒志居士網站毀法二文
張正圜老師著　回郵 76 元
19.**淨土聖道**—兼評**選擇本願念佛**　正德老師著　**由正覺同修會購贈**　回郵52元
20.**辨唯識性相**—對「紫蓮心海《辯唯識性相》書中否定阿賴耶識」之回應
正覺同修會 台南共修處法義組 著　回郵 52 元
21.**假如來藏**—對法蓮法師《如來藏與阿賴耶識》書中否定阿賴耶識之回應
正覺同修會 台南共修處法義組 著　回郵 76 元
22.**入不二門**—公案拈提集錦 第一輯（於平實導師公案拈提諸書中選錄約二十則，
合輯爲一冊流通之）平實導師著　回郵 52 元
23.**真假邪說**—西藏密宗索達吉喇嘛《破除邪說論》真是邪說
釋正安法師著　上、下冊回郵各 52 元
24.**真假開悟**—真如、如來藏、阿賴耶識間之關係　平實導師述著　回郵 76 元
25.**真假禪和**—辨正釋傳聖之謗法謬說　孫正德老師著　回郵 76 元
26.**眼見佛性**—駁慧廣法師**眼見佛性的含義**文中謬說
游正光老師著　回郵 52 元

27.**普門自在**—公案拈提集錦 第二輯（於平實導師公案拈提諸書中選錄約二十則，合輯爲一冊流通之）平實導師著　回郵 52 元
28.**印順法師的悲哀**—以現代禪的質疑為線索　恒毓博士著　回郵 52 元
29.**識蘊真義**—現觀識蘊內涵、取證初果、親斷三縛結之具體行門。
—依《成唯識論》及《惟識述記》正義，略顯安慧《大乘廣五蘊論》之邪謬
平實導師著　回郵 76 元
30.**正覺電子報** 各期紙版本　免附回郵　每次最多函索三期或三本。
（已無存書之較早各期，不另增印贈閱）
31.**現代人應有的宗教觀**　蔡正禮老師 著　回郵 31 元
32.**遠惑趣道**—正覺電子報般若信箱問答錄　第一輯　回郵 52 元
33.**遠惑趣道**—正覺電子報般若信箱問答錄　第二輯　回郵 52 元
34.**確保您的權益**—器官捐贈應注意自我保護　游正光老師 著　回郵 31 元
35.**正覺教團電視弘法三乘菩提 DVD 光碟（一）**
由正覺教團多位親教師共同講述錄製 DVD 8 片，MP3 一片，共 9 片。有二大講題：一爲「三乘菩提之意涵」，二爲「學佛的正知見」。內容精闢，深入淺出，精彩絕倫，幫助大眾快速建立三乘法道的正知見，免被外道邪見所誤導。有志修學三乘佛法之學人不可不看。（製作工本費 100 元，回郵 52 元）
36.**正覺教團電視弘法 DVD 專輯（二）**
總有二大講題：一爲「三乘菩提之念佛法門」，一爲「學佛正知見（第二篇）」，由正覺教團多位親教師輪番講述，內容詳細闡述如何修學念佛法門、實證念佛三昧，以及學佛應具有的正確知見，可以幫助發願往生西方極樂淨土之學人，得以把握往生，更可令學人快速建立三乘法道的正知見，免於被外道邪見所誤導。有志修學三乘佛法之學人不可不看。（一套 17 片，工本費 160 元。回郵 76 元）
37.**喇嘛性世界**—揭開假藏傳佛教譚崔瑜伽的面紗　張善思 等人合著
由正覺同修會購贈　回郵 52 元
38.**假藏傳佛教的神話**—性、謊言、喇嘛教　張正玄教授編著
由正覺同修會購贈　回郵 52 元
39.**隨　緣**—理隨緣與事隨緣　平實導師述　回郵 52 元。
40.**學佛的覺醒**　正枝居士 著　回郵 52 元
41.**導師之真實義**　蔡正禮老師 著　回郵 31 元
42.**淺談達賴喇嘛之雙身法**—兼論解讀「密續」之達文西密碼
吳明芷居士 著　回郵 31 元
43.**魔界轉世**　張正玄居士 著　回郵 31 元
44.**一貫道與開悟**　蔡正禮老師 著　回郵 31 元
45.**博愛**—愛盡天下女人　正覺教育基金會 編印　回郵 36 元
46.**意識虛妄經教彙編**—實證解脱道的關鍵經文　正覺同修會編印　回郵 36 元

47.**邪箭囈語**—破斥藏密外道多識仁波切《破魔金剛箭雨論》之邪說

陸正元老師著　上、下冊回郵各52元

48.**真假沙門**—依 佛聖教闡釋佛教僧寶之定義

蔡正禮老師著　俟正覺電子報連載後結集出版

49.**真假禪宗**—藉評論釋性廣《印順導師對變質禪法之批判

及對禪宗之肯定》以顯示真假禪宗

附論一：凡夫知見 無助於佛法之信解行證

附論二：世間與出世間一切法皆從如來藏實際而生而顯

余正偉老師著　俟正覺電子報連載後結集出版　回郵未定

★ 上列贈書之郵資，係台灣本島地區郵資，大陸、港、澳地區及外國地區，請另計酌增（大陸、港、澳、國外地區之郵票不許通用）。尚未出版之書，請勿先寄來郵資，以免增加作業煩擾。

★ 本目錄若有變動，唯於後印之書籍及「成佛之道」網站上修正公佈之，不另行個別通知。

函索書籍請寄：佛教正覺同修會　103台北市承德路3段277號9樓

台灣地區函索書籍者請附寄郵票，無時間購買郵票者可以等值現金抵用，但不接受郵政劃撥、支票、匯票。大陸地區得以人民幣計算，國外地區請以美元計算（請勿寄來當地郵票，在台灣地區不能使用）。欲以掛號寄遞者，請另附掛號郵資。

親自索閱：正覺同修會各共修處。　★請於共修時間前往取書，餘時無人在道場，請勿前往索取；共修時間與地點，詳見書末正覺同修會共修現況表（以近期之共修現況表為準）。

註：正智出版社發售之局版書，請向各大書局購閱。若書局之書架上已經售出而無陳列者，請向書局櫃台指定洽購；若書局不便代購者，請於正覺同修會共修時間前往各共修處請購，正智出版社已派人於共修時間送書前往各共修處流通。 郵政劃撥購書及 大陸地區 購書，請詳別頁正智出版社發售書籍目錄最後頁之說明。

成佛之道 網站：http://www.a202.idv.tw　正覺同修會已出版之結緣書籍，多已登載於 成佛之道 網站，若住外國、或住處遙遠，不便取得正覺同修會贈閱書籍者，可以從本網站閱讀及下載。

＊＊假藏傳佛教修雙身法，非佛教＊＊

正智出版社 籌募弘法基金發售書籍目錄 2023/05/18

1.**宗門正眼**—公案拈提 第一輯 重拈 平實導師著 500 元
因重寫內容大幅度增加故，字體必須改小，並增爲 576 頁 主文 546 頁。比初版更精彩、更有內容。初版《禪門摩尼寶聚》之讀者，可寄回本公司免費調換新版書。免附回郵，亦無截止期限。（2007 年起，每冊附贈本公司精製公案拈提〈超意境〉CD 一片。市售價格 280 元，多購多贈。）

2.**禪淨圓融** 平實導師著 200 元（第一版舊書可換新版書。）

3.**真實如來藏** 平實導師著 400 元

4.**禪—悟前與悟後** 平實導師著 上、下冊，每冊 250 元

5.**宗門法眼**—公案拈提 第二輯 平實導師著 500 元
（2007 年起，每冊附贈本公司精製公案拈提〈超意境〉CD 一片）

6.**楞伽經詳解** 平實導師著 全套共 10 輯 每輯 250 元

7.**宗門道眼**—公案拈提 第三輯 平實導師著 500 元
（2007 年起，每冊附贈本公司精製公案拈提〈超意境〉CD 一片）

8.**宗門血脈**—公案拈提 第四輯 平實導師著 500 元
（2007 年起，每冊附贈本公司精製公案拈提〈超意境〉CD 一片）

9.**宗通與說通**—成佛之道 平實導師著 主文 381 頁 全書 400 頁售價 300 元

10.**宗門正道**—公案拈提 第五輯 平實導師著 500 元
（2007 年起，每冊附贈本公司精製公案拈提〈超意境〉CD 一片）

11.**狂密與真密 一～四輯** 平實導師著 西藏密宗是人間最邪淫的宗教，本質不是佛教，只是披著佛教外衣的印度教性力派流毒的喇嘛教。此書中將西藏密宗密傳之男女雙身合修樂空雙運所有祕密與修法，毫無保留完全公開，並將全部喇嘛們所不知道的部分也一併公開。內容比大辣出版社喧騰一時的《西藏慾經》更詳細。並且函蓋藏密的所有祕密及其錯誤的中觀見、如來藏見……等，藏密的所有法義都在書中詳述、分析、辨正。每輯主文三百餘頁 每輯全書約 400 頁 售價每輯 300 元

12.**宗門正義**—公案拈提 第六輯 平實導師著 500 元
（2007 年起，每冊附贈本公司精製公案拈提〈超意境〉CD 一片）

13.**心經密意**—心經與解脫道、佛菩提道、祖師公案之關係與密意 平實導師述 300 元

14.**宗門密意**—公案拈提 第七輯 平實導師著 500 元
（2007 年起，每冊附贈本公司精製公案拈提〈超意境〉CD 一片）

15.**淨土聖道**—兼評「選擇本願念佛」 正德老師著 200 元

16.**起信論講記** 平實導師述著 共六輯 每輯三百餘頁 售價各 250 元

17.**優婆塞戒經講記** 平實導師述著 共八輯 每輯三百餘頁 售價各 250 元

18.**真假活佛**—略論附佛外道盧勝彥之邪說（對前岳靈犀網站主張「盧勝彥是證悟者」之修正） 正犀居士（岳靈犀）著 流通價 140 元

19.**阿含正義**—唯識學探源 平實導師著 共七輯 每輯 300 元

20.**超意境 CD** 以平實導師公案拈提書中超越意境之頌詞，加上曲風優美

的旋律，錄成令人嚮往的超意境歌曲，其中包括正覺發願文及平實導師親自譜成的黃梅調歌曲一首。詞曲雋永，殊堪翫味，可供學禪者吟詠，有助於見道。內附設計精美的彩色小冊，解說每一首詞的背景本事。每片 280 元。【每購買公案拈提書籍一冊，即贈送一片。】

21.**菩薩底憂鬱** CD 將菩薩情懷及禪宗公案寫成新詞，並製作成超越意境的優美歌曲。 1.主題曲〈菩薩底憂鬱〉，描述地後菩薩能離三界生死而迴向繼續生在人間，但因尚未斷盡習氣種子而有極深沈之憂鬱，非三賢位菩薩及二乘聖者所知，此憂鬱在七地滿心位方才斷盡；本曲之詞中所說義理極深，昔來所未曾見；此曲係以優美的情歌風格寫詞及作曲，聞者得以激發嚮往諸地菩薩境界之大心，詞、曲都非常優美，難得一見；其中勝妙義理之解說，已印在附贈之彩色小冊中。 2.以各輯公案拈提中直示禪門入處之頌文，作成各種不同曲風之超意境歌曲，值得玩味、參究；聆聽公案拈提之優美歌曲時，請同時閱讀內附之印刷精美說明小冊，可以領會超越三界的證悟境界；未悟者可以因此引發求悟之意向及疑情，眞發菩提心而邁向求悟之途，乃至因此眞實悟入般若，成眞菩薩。 3.正覺總持咒新曲，總持佛法大意；總持咒之義理，已加以解說並印在隨附之小冊中。本 CD 共有十首歌曲，長達 63 分鐘。每盒各附贈二張購書優惠券。每片 320 元。

22.**禪意無限** CD 平實導師以公案拈提書中偈頌寫成不同風格曲子，與他人所寫不同風格曲子共同錄製出版，幫助參禪人進入禪門超越意識之境界。盒中附贈彩色印製的精美解說小冊，以供聆聽時閱讀，令參禪人得以發起參禪之疑情，即有機會證悟本來面目而發起實相智慧，實證大乘菩提般若，能如實證知般若經中的眞實意。本 CD 共有十首歌曲，長達 69 分鐘，每盒各附贈二張購書優惠券。每片 320 元。

23.**我的菩提路**第一輯　釋悟圓、釋善藏等人合著　售價 300 元

24.**我的菩提路**第二輯　郭正益等人合著　售價 300 元

（初版首刷至第四刷，都可以寄來免費更換爲第二版，免附郵費）

25.**我的菩提路**第三輯　王美伶等人合著　售價 300 元

26.**我的菩提路**第四輯　陳晏平等人合著　售價 300 元

27.**我的菩提路**第五輯　林慈慧等人合著　售價 300 元

28.**我的菩提路**第六輯　劉惠莉等人合著　售價 300 元

29.**我的菩提路**第七輯　余正偉等人合著　售價 300 元

30.**鈍鳥與靈龜**—考證後代凡夫對大慧宗杲禪師的無根誹謗。

平實導師著　共 458 頁　售價 350 元

31.**維摩詰經講記**　平實導師述　共六輯　每輯三百餘頁　售價各 250 元

32.**真假外道**—破劉東亮、杜大威、釋證嚴常見外道見　正光老師著　200 元

33.**勝鬘經講記**—兼論印順《勝鬘經講記》對於《勝鬘經》之誤解。

平實導師述　共六輯　每輯三百餘頁　售價250 元

34.**楞嚴經講記** 平實導師述 共**15**輯，每輯三百餘頁 售價300元

35.**明心與眼見佛性**—駁慧廣〈蕭氏「眼見佛性」與「明心」之非〉文中謬說
正光老師著 共448頁 售價300元

36.**見性與看話頭** 黃正倖老師 著，本書是禪宗參禪的方法論。
內文375頁，全書416頁，售價300元。

37.**達賴真面目**—玩盡天下女人 白正偉老師 等著 中英對照彩色精裝大本800元

38.**喇嘛性世界**—揭開假藏傳佛教譚崔瑜伽的面紗 張善思 等人著 200元

39.**假藏傳佛教的神話**—性、謊言、喇嘛教 正玄教授編著 200元

40.**金剛經宗通** 平實導師述 共九輯 每輯售價250元。

41.**空行母**—性別、身分定位，以及藏傳佛教。
珍妮·坎貝爾著 呂艾倫 中譯 售價250元

42.**末代達賴**—性交教主的悲歌 張善思、呂艾倫、辛燕編著 售價250元

43.**霧峰無霧**—給哥哥的信 辨正釋印順對佛法的無量誤解
游宗明 老師著 售價250元

44.**霧峰無霧**—第二輯—救護佛子向正道 細說釋印順對佛法的各類誤解
游宗明 老師著 售價250元

45.**第七意識與第八意識？**—穿越時空「超意識」
平實導師述 每冊300元

46.**黯淡的達賴**—失去光彩的諾貝爾和平獎
正覺教育基金會編著 每冊250元

47.**童女迦葉考**—論呂凱文〈佛教輪迴思想的論述分析〉之謬。
平實導師 著 定價180元

48.**人間佛教**—實證者必定不悖三乘菩提
平實導師 述，定價400元

49.**實相經宗通** 平實導師述 共八輯 每輯250元

50.**真心告訴您(一)**—達賴喇嘛在幹什麼？
正覺教育基金會編著 售價250元

51.**中觀金鑑**—詳述應成派中觀的起源與其破法本質
孫正德老師著 分為上、中、下三冊，每冊250元

52.**藏傳佛教要義**—《狂密與真密》之簡體字版 平實導師 著 上、下冊
僅在大陸流通 每冊300元

53.**法華經講義** 平實導師述 共二十五輯 每輯三百餘頁 售價300元

54.**西藏「活佛轉世」制度**—附佛、造神、世俗法
許正豐、張正玄老師合著 定價150元

55.**廣論三部曲** 郭正益老師著 定價150元

56.**真心告訴您(二)**—達賴喇嘛是佛教僧侶嗎？
—補祝達賴喇嘛八十大壽
正覺教育基金會編著 售價300元

57.**次法**—實證佛法前應有的條件
張善思居士著 分為上、下二冊，每冊250元

58.**涅槃**—解說四種涅槃之實證及內涵　平實導師著 上、下冊 各350元
59.**山法**—西藏關於他空與佛藏之根本論
篤補巴·喜饒堅贊著　　傑弗里·霍普金斯英譯
張火慶教授、呂艾倫老師中譯　精裝大本 1200元
60.**佛藏經講義**　平實導師述　共二十一輯 每輯三百餘頁 售價300元。
61.**成唯識論**　大唐 玄奘菩薩所著鉅論。重新正確斷句，並以不同字體及標點符號顯示質疑文，令得易讀。全書288頁，精裝大本400元。
62.**大法鼓經講義**　平實導師述 2023年1月30日開始出版　共六輯 每二個月出版一輯，每輯300元
63.**成唯識論釋**—詳解大唐玄奘菩薩所著《成唯識論》，平實導師著述。共十輯，每輯內文四百餘頁，12級字編排，於每講完一輯的分量以後即予出版，2023年五月底出版第一輯，以後每七到十個月出版一輯，每輯400元。
64.**假鋒虛焰金剛乘**—揭示顯密正理，兼破索達吉師徒《般若鋒兮金剛焰》
釋正安法師著 簡體字版 即將出版 售價未定
65.**廣論之平議**—宗喀巴《菩提道次第廣論》之平議　正雄居士著
約二或三輯　俟正覺電子報連載後結集出版　書價未定
66.**不退轉法輪經講義** 平實導師講述 《大法鼓經講義》出版後發行
67.**八識規矩頌**詳解　○○居士 註解　出版日期另訂　書價未定。
68.**中觀正義**—註解平實導師《中論正義頌》。
○○法師（居士）著　出版日期未定　書價未定
69.**中論正義**—釋龍樹菩薩《中論》頌正理。
孫正德老師著　出版日期未定　書價未定
70.**中國佛教史**—依中國佛教正法史實而論。 ○○老師 著　書價未定。
71.**印度佛教史**—法義與考證。依法義史實評論印順《印度佛教思想史、佛教史地考論》之謬說　正偉老師著　出版日期未定　書價未定
72.**阿含經講記**—將選錄四阿含中數部重要經典全經講解之，講後整理出版。
平實導師述　約二輯　每輯300元　出版日期未定
73.**實積經講記** 平實導師述　每輯三百餘頁 優惠價300元 出版日期未定
74.**解深密經講義**　平實導師述 約四輯　將於重講後整理出版
75.**修習止觀坐禪法要講記**　平實導師述　每輯三百餘頁
將於正覺寺建成後重講、以講記逐輯出版　出版日期未定
76.**無門關**—《無門關》公案拈提　平實導師著　出版日期未定
77.**中觀再論**—兼述印順《中觀今論》謬誤之平議。正光老師著 出版日期未定
78.**輪迴與超度**—佛教超度法會之真義。
○○法師（居士）著　出版日期未定　書價未定
79.**《釋摩訶衍論》平議**—對偽稱龍樹所造《釋摩訶衍論》之平議
○○法師（居士）著　出版日期未定　書價未定

80.**正覺發願文**註解—以真實大願為因 得證菩提

正德老師著 出版日期未定 書價未定

81.**正覺總持咒**—佛法之總持 正圜老師著 出版日期未定 書價未定

82.**三自性**—依四食、五蘊、十二因緣、十八界法，說三性三無性。

作者未定 出版日期未定

83.**道品**—從三自性說大小乘三十七道品 作者未定 出版日期未定

84.**大乘緣起觀**—依四聖諦七真如現觀十二緣起 作者未定 出版日期未定

85.**三德**—論解脫德、法身德、般若德。 作者未定 出版日期未定

86.**真假如來藏**—對印順《如來藏之研究》謬說之平議 作者未定 出版日期未定

87.**大乘道次第** 作者未定 出版日期未定 書價未定

88.**四緣**—依如來藏故有四緣。 作者未定 出版日期未定

89.**空之探究**—印順《空之探究》謬誤之平議 作者未定 出版日期未定

90.**十法義**—論阿含經中十法之正義 作者未定 出版日期未定

91.**外道見**—論述外道六十二見 作者未定 出版日期未定

正智出版社有限公司　書籍介紹

禪淨圓融：言淨土諸祖所未曾言，示諸宗祖師所未曾示；禪淨圓融，另闢成佛捷徑，兼顧自力他力，闡釋淨土門之速行易行道，亦同時揭櫫聖教門之速行易行道；令廣大淨土行者得免緩行難證之苦，亦令聖道門行者得以藉著淨土速行道而加快成佛之時劫。乃前無古人之超勝見地，非一般弘揚禪淨法門典籍也，先讀為快。平實導師著 200元。

宗門正眼—公案拈提第一輯：繼承克勤圜悟大師碧巖錄宗旨之禪門鉅作。先則舉示當代大法師之邪說，消弭當代禪門大師鄉愿之心態，摧破當今禪門「世俗禪」之妄談；次則旁通教法，表顯宗門正理；繼以道之次第，消弭古今狂禪；後藉言語及文字機鋒，直示宗門入處。悲智雙運，禪味十足，數百年來難得一睹之禪門鉅著也。平實導師著　500元（原初版書《禪門摩尼寶聚》，改版後補充為五百餘頁新書，總計多達二十四萬字，內容更精彩，並改名為《宗門正眼》，讀者原購初版《禪門摩尼寶聚》皆可寄回本公司免費換新，免附回郵，亦無截止期限）（2007年起，凡購買公案拈提第一輯至第七輯，每購一輯皆贈送本公司精製公案拈提〈超意境〉CD一片，市售價格280元，多購多贈）。

禪—悟前與悟後：本書能建立學人悟道之信心與正確知見，圓滿具足而有次第地詳述禪悟之功夫與禪悟之內容，指陳參禪中細微淆訛之處，能使學人明自真心、見自本性。若未能悟入，亦能以正確知見辨別古今中外一切大師究係真悟？或屬錯悟？便有能力揀擇，捨名師而選明師，後時必有悟道之緣。一旦悟道，遲者七次人天往返，便出三界，速者一生取辦。學人欲求開悟者，不可不讀。　平實導師著。上、下冊共500元，單冊250元。

眞實如來藏：如來藏眞實存在，乃宇宙萬有之本體，並非印順法師、達賴喇嘛等人所說之「唯有名相、無此心體」。如來藏是涅槃之本際，是一切有智之人竭盡心智、不斷探索而不能得之生命實相；是古今中外許多大師自以爲悟而當面錯過之生命實相。如來藏即是阿賴耶識，乃是一切有情本自具足、不生不滅之眞實心。當代中外大師於此書出版之前所未能言者，作者於本書中盡情流露、詳細闡釋。眞悟者讀之，必能增益悟境、智慧增上；錯悟者讀之，必能檢討自己之錯誤，免犯大妄語業；未悟者讀之，能知參禪之理路，亦能以之檢查一切名師是否眞悟。此書是一切哲學家、宗教家、學佛者及欲昇華心智之人必讀之鉅著。　平實導師著　售價400元。

宗門法眼—公案拈提第二輯：列舉實例，闡釋土城廣欽老和尚之悟處；並直示這位不識字的老和尚妙智橫生之根由，繼而剖析禪宗歷代大德之開悟公案，解析當代密宗高僧卡盧仁波切之錯悟證據，並例舉當代顯宗高僧、大居士之錯悟證據（凡健在者，爲免影響其名聞利養，皆隱其名）。藉辨正當代名師之邪見，向廣大佛子指陳禪悟之正道，彰顯宗門法眼。悲勇兼出，強捋虎鬚；慈智雙運，巧探驪龍；摩尼寶珠在手，直示宗門入處，禪味十足；若非大悟徹底，不能爲之。禪門精奇人物，允宜人手一冊，供作參究及悟後印證之圭臬。本書於2008年4月改版，增寫爲大約500頁篇幅，以利學人研讀參究時更易悟入宗門正法，以前所購初版首刷及初版二刷舊書，皆可免費換取新書。平實導師著　500元（2007年起，凡購買公案拈提第一輯至第七輯，每購一輯皆贈送本公司精製公案拈提〈超意境〉CD一片，市售價格280元，多購多贈）。

宗門道眼—公案拈提第三輯：繼宗門法眼之後，再以金剛之作略、慈悲之胸懷、犀利之筆觸，舉示寒山、拾得、布袋三大士之悟處，消弭當代錯悟者對於寒山大士……等之誤會及誹謗。　亦舉出民初以來與虛雲和尚齊名之蜀郡鹽亭袁煥仙夫子——南懷瑾老師之師，其「悟處」何在？並蒐羅許多眞悟祖師之證悟公案，顯示禪宗歷代祖師之睿智，指陳部分祖師、奧修及當代顯密大師之謬悟，作爲殷鑑，幫助禪子建立及修正參禪之方向及知見。假使讀者閱此書已，一時尚未能悟，亦可一面加功用行，一面以此宗門道眼辨別眞假善知識，避開錯誤之印證及歧路，可免大妄語業之長劫慘痛果報。欲修禪宗之禪者，務請細讀。平實導師著　售價500元（2007年起，凡購買公案拈提第一輯至第七輯，每購一輯皆贈送本公司精製公案拈提〈超意境〉CD一片，市售價格280元，多購多贈）。

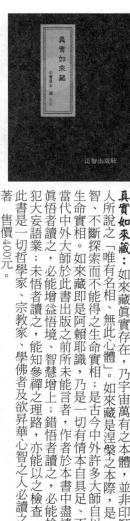

楞伽經詳解：本經是禪宗見道者印證所悟眞僞之根本經典，亦是禪宗見道者悟後起修之依據經典；故達摩祖師於印證二祖慧可大師之後，將此經典連同佛鉢祖衣一併交付二祖，令其依此經典佛示金言、進入修道位，修學一切種智。由此可知此經對於眞悟之人修學佛道，是非常重要之一部經典。此經能破外道邪說，亦破佛門中錯悟名師之謬說，亦破禪宗部分祖師之狂禪：不讀經典、一向主張「一悟即成究竟佛」之謬執。並開示愚夫所行禪、觀察義禪、攀緣如禪、如來禪等差別，令行者對於三乘禪法差異有所分辨；亦糾正禪宗祖師古來對於如來禪之誤解，嗣後可免以訛傳訛之弊。此經亦是法相唯識宗之根本經典，禪者悟後欲修一切種智而入初地者，必須詳讀。　平實導師著，全套共十輯，已全部出版完畢，每輯主文約320頁，每冊約352頁，定價250元。

宗門血脈—公案拈提第四輯：末法怪象—許多修行人自以爲悟，每將無念靈知認作眞實；崇尚二乘法諸師及其徒衆，則將外於如來藏之緣起性空—無因論之無常空、斷滅空、一切法空—錯認爲　佛所說之般若空性。這兩種現象已於當今海峽兩岸及美加地區顯密大師之中普遍存在；人人自以爲悟，心高氣壯，便敢寫書解釋祖師證悟之公案，大多出於意識思惟所得，言不及義，錯誤百出，因此誤導廣大佛子同陷大妄語之地獄業中而不能自知。彼等書中所說之悟處，其實處處違背第一義經典之聖言量。彼等諸人不論是否身披袈裟，都非佛法宗門血脈，或雖有禪宗法脈之傳承，亦只徒具形式；猶如螟蛉，非眞血脈，未悟得根本眞實故。禪子欲知　佛、祖之眞血脈者，請讀此書，便知分曉。平實導師著，主文452頁，全書464頁，定價500元（2007年起，凡購買公案拈提第一輯至第七輯，每購一輯皆贈送本公司精製公案拈提〈超意境〉CD一片，市售價格280元，多購多贈）。

宗通與說通：古今中外，錯誤之人如麻似粟，每以常見外道所說之靈知心，認作眞心；或妄想虛空之勝性能量爲眞如，或錯認物質四大元素藉冥性（靈知心本體）能成就吾人色身及知覺，或認初禪至四禪中之了知心爲不生不滅之涅槃心。此等皆非通宗者之見地。復有錯悟之人一向主張「宗門與教門不相干」，此即尚未通達宗門之人也。其實宗門與教門互通不二，宗門所證者乃是眞如與佛性，教門所說者乃說宗門證悟之眞如佛性，故教門與宗門不二。本書作者以宗教二門互通之見地，細說「宗通與說通」，從初見道至悟後起修之道、細說分明；並將諸宗諸派在整體佛教中之地位與次第，加以明確之教判，學人讀之即可了知佛法之梗概也。欲擇明師學法之前，允宜先讀。平實導師著，主文共381頁，全書392頁，只售成本價300元。

宗門正道—公案拈提第五輯：修學大乘佛法有二果須證—解脫果及大菩提果。二乘人不證大菩提果，唯證解脫果；此果之智慧，名爲聲聞菩提、緣覺菩提。大乘佛子所證二果之菩提果爲佛菩提，故名大菩提果，其慧名爲一切種智—函蓋二乘解脫果。然此大乘二果修證，須經由禪宗之宗門證悟方能相應。而宗門證悟極難，自古已然；其所以難者，咎在古今佛教界普遍存在三種邪見：1.以修定認作佛法， 2.以無因論之緣起性空—否定涅槃本際如來藏以後之一切法空作爲佛法，3.以常見外道邪見（離語言妄念之靈知性）作爲佛法。 如是邪見，或因自身正見未立所致，或因邪師之邪教導所致，或因無始劫來虛妄熏習所致。若不破除此三種邪見，永劫不悟宗門眞義、不入大乘正道，唯能外門廣修菩薩行。 平實導師於此書中，有極爲詳細之說明，有志佛子欲摧邪見、入於內門修菩薩行者，當閱此書。主文共496頁，全書512頁。售價500元（2007年起，凡購買公案拈提第一輯至第七輯，每購一輯皆贈送本公司精製公案拈提〈超意境〉CD一片，市售價格280元，多購多贈）。

狂密與真密：密教之修學，皆由有相之觀行法門而入，其最終目標仍不離顯教經典所說第一義諦之修證；若離顯教第一義經典、或違背顯教第一義經典，即非佛教。西藏密教之觀行法，如灌頂、觀想、遷識法、寶瓶氣、大聖歡喜雙身修法、喜金剛、無上瑜伽、大樂光明、樂空雙運等，皆是印度教兩性生生不息思想之轉化，自始至終皆以如何能運用交合淫樂之法達到全身受樂爲其中心思想，純屬欲界五欲的貪愛，不能令人超出欲界輪迴，更不能令人斷除我見；何況大乘之明心與見性，更無論矣！故密宗之法絕非佛法也。而其明光大手印、大圓滿法教，又皆同以常見外道所說離語言妄念之無念靈知心錯認爲佛地之眞如，不能直指不生不滅之眞如。西藏密宗所有法王與徒衆，都尚未開頂門眼，不能辨別眞僞，以依人不依法、依密續不依經典故，不肯將其上師喇嘛所說對照第一義經典，純依密續之藏密祖師所說爲準，因此而誇大其證德與證量，動輒謂彼祖師上師爲究竟佛、爲地上菩薩；如今台海兩岸亦有自謂其師證量高於 釋迦文佛者，然觀其師所述，猶未見道，仍在觀行即佛階段，尚未到禪宗相似即佛、分證即佛階位，竟敢標榜爲究竟佛及地上法王，誑惑初機學人。凡此怪象皆是狂密，不同於眞密之修行者。近年狂密盛行，密宗行者被誤導者極衆，動輒自謂已證佛地眞如，自視爲究竟佛，陷於大妄語業中而不知自省，反謗顯宗眞修實證者之證量粗淺；或如義雲高與釋性圓…等人，於報紙上公然誹謗眞實證道者爲「騙子、無道人、人妖、癩蛤蟆…」等，造下誹謗大乘勝義僧之大惡業；或以外道法中有爲有作之甘露、魔術……等法，誑騙初機學人，狂言彼外道法爲眞佛法。如是怪象，在西藏密宗及附藏密之外道中，不一而足，舉之不盡，學人宜應愼思明辨，以免上當後又犯毀破菩薩戒之重罪。密宗學人若欲遠離邪知邪見者，請閱此書，即能了知密宗之邪謬，從此遠離邪見與邪修，轉入眞正之佛道。 平實導師著 共四輯 每輯約400頁（主文約340頁）每輯售價300元。

宗門正義—公案拈提第六輯：佛教有六大危機，乃是藏密化、世俗化、膚淺化、學術化、宗門密意失傳、悟後進修諸地之次第混淆；其中尤以宗門密意之失傳，爲當代佛教最大之危機。由宗門密意失傳故，易令 世尊本懷普被錯解，易令 世尊正法被轉易爲外道法，以及加以淺化、世俗化，是故宗門密意之廣泛弘傳與具緣佛弟子，極爲重要。然而欲令宗門密意之廣泛弘傳予具緣之佛弟子者，必須同時配合錯誤知見之解析、普令佛弟子知之，然後輔以公案解析之直示入處，方能令具緣之佛弟子悟入。而此二者，皆須以公案拈提之方式爲之，方易成其功、竟其業，是故平實導師續作宗門正義一書，以利學人。 全書500餘頁，售價500元（2007年起，凡購買公案拈提第一輯至第七輯，每購一輯皆贈送本公司精製公案拈提〈超意境〉CD一片，市售價格280元，多購多贈）。

心經密意—心經與解脫道、佛菩提道、祖師公案之關係與密意。 二乘菩提所證之解脫道，實依第八識心之斷除煩惱障現行而立解脫之名；大乘菩提所證之佛菩提道，實依親證第八識如來藏之涅槃性、清淨自性、及其中道性而立般若之名；禪宗祖師公案所證之眞心，即是此第八識如來藏；是故三乘佛法所修所證之三乘菩提，皆依此如來藏心而立名也。此第八識心，即是《心經》所說之心也。證得此如來藏已，即能漸入大乘佛菩提道，亦可因證知此心而了知二乘無學所不能知之無餘涅槃本際，是故《心經》之密意，與三乘佛菩提之關係極爲密切、不可分割，三乘佛法皆依此心而立名故。今者平實導師以其所證解脫道之無生智及佛菩提之般若種智，將《心經》與解脫道、佛菩提道、祖師公案之關係與密意，以演講之方式，用淺顯之語句和盤托出，發前人所未言，呈三乘菩提之眞義，令人藉此《心經密意》一舉而窺三乘菩提之堂奧，迴異諸方言不及義之說；欲求眞實佛智者、不可不讀！ 主文317頁，連同跋文及序文…等共384頁，售價300元。

宗門密意—公案拈提第七輯：佛教之世俗化，將導致學人以信仰作爲學佛，則將以感應及世間法之庇祐，作爲學佛之主要目標，不能了知學佛之主要目標爲親證三乘菩提。大乘菩提則以般若實相智慧爲主要修習目標，以二乘菩提解脫道爲附帶修習之標的；是故學習大乘法者，應以禪宗之證悟爲要務，能親入大乘菩提之實相般若智慧中故，般若實相智慧非二乘聖人所能知故。此書則以台灣世俗化佛教之三大法師，說法似是而非之實例，配合眞悟祖師之公案解析，提示證悟般若之關節，令學人易得悟入。平實導師著，全書五百餘頁，售價500元（2007年起，凡購買公案拈提第一輯至第七輯，每購一輯皆贈送本公司精製公案拈提〈超意境〉CD一片，市售價格280元，多購多贈）。

淨土聖道—兼評選擇本願念佛：佛法甚深極廣，般若玄微，非諸二乘聖僧所能知之，一切凡夫更無論矣！所謂一切證量皆歸淨土是也！是故大乘法中「聖道之淨土、淨土之聖道」，其義甚深，難可了知；乃至眞悟之人，初心亦難知也。今有正德老師眞實證悟後，復能深探淨土與聖道之緊密關係，憐憫眾生之誤會淨土實義，亦欲利益廣大淨土行人同入聖道，同獲淨土中之聖道門要義，乃振奮心神、書以成文，今得刊行天下。主文279頁，連同序文等共301頁，總有十一萬六千餘字，正德老師著，成本價200元。

起信論講記：詳解大乘起信論心生滅門與心眞如門之眞實意旨，消除以往大師與學人對起信論所說心生滅門之誤解，由是而得了知眞心如來藏之非常非斷中道正理；亦因此一講解，令此論以往隱晦而被誤解之眞實義，得以如實顯示，令大乘佛菩提道之正理得以顯揚光大；初機學者亦可藉此正論所顯示之法義，對大乘法理生起正信，從此得以眞發菩提心，眞入大乘法中修學，世世常修菩薩正行。平實導師演述，共六輯，都已出版，每輯三百餘頁，售價各250元。

優婆塞戒經講記：本經詳述在家菩薩修學大乘佛法，應如何受持菩薩戒？對人間善行應如何看待？對三寶應如何護持？應如何正確地修集此世後世證法之福德？應如何修集後世「行菩薩道之資糧」？並詳述第一義諦之正義：五蘊非我非異我、自作自受、異作異受、不作不受……等深妙法義，乃是修學大乘佛法、行菩薩行之在家菩薩所應當了知者。出家菩薩今世或未來世登地已，捨報之後多數將如華嚴經中諸大菩薩，以在家菩薩身而修行菩薩行，故亦應以此經所述正理而修之，配合《楞伽經、解深密經、楞嚴經、華嚴經》等道次第正理，方得漸次成就佛道；故此經是一切大乘行者皆應證知之正法。平實導師講述，每輯三百餘頁，售價各250元；共八輯，已全部出版。

真假活佛—略論附佛外道盧勝彥之邪說：人人身中都有眞活佛，永生不滅而有大神用，但衆生都不了知，所以常被身外的西藏密宗假活佛籠罩欺瞞。本來就眞實存在的眞活佛，才是眞正的密宗無上密！諾那活佛因此而說禪宗是大密宗，但藏密的所有活佛都不知道、也不曾實證自身中的眞活佛。本書詳實宣示眞活佛的道理，舉證盧勝彥的「佛法」不是眞佛法，也顯示盧勝彥是假活佛，直接的闡釋第一義佛法見道的眞實正理。眞佛宗的所有上師與學人們，都應該詳細閱讀，包括盧勝彥個人在內。正犀居士著，優惠價140元。

阿含正義—唯識學探源：廣說四大部《阿含經》諸經中隱說之眞正義理，一一舉示佛陀本懷，令阿含時期初轉法輪根本經典之眞義，如實顯現於佛子眼前。並提示末法大師對於阿含眞義誤解之實例，一一比對之，證實唯識增上慧學確於原始佛法之阿含諸經中已隱覆密意而略說之，證實 世尊確於原始佛法中已曾密意而說第八識如來藏之總相；亦證實 世尊在四阿含中已說此藏識是名色十八界之因、之本—證明如來藏是能生萬法之根本心。佛子可據此修正以往受諸大師（譬如西藏密宗應成派中觀師：印順、昭慧、性廣、大願、達賴、宗喀巴、寂天、月稱、……等人）誤導之邪見，建立正見，轉入正道乃至親證初果而無困難；書中並詳說三果所證的心解脫，以及四果慧解脫的親證，都是如實可行的具體知見與行門。全書共七輯，已出版完畢。平實導師著，每輯三百餘頁，售價300元。

超意境CD：以平實導師公案拈提書中超越意境之頌詞，加上曲風優美的旋律，錄成令人嚮往的超意境歌曲，其中包括正覺發願文及平實導師親自譜成的黃梅調歌曲一首。詞曲雋永，殊堪翫味，可供學禪者吟詠，有助於見道。內附設計精美的彩色小冊，解說每一首詞的背景本事。每片280元。【每購買公案拈提書籍一冊，即贈送一片。】

我的菩提路第一輯：凡夫及二乘聖人不能實證的佛菩提證悟，末法時代的今天仍然有人能得實證，由正覺同修會釋悟圓、釋善藏法師等二十餘位實證如來藏者所寫的見道報告，已爲當代學人見證宗門正法之絲縷不絕，證明大乘義學的法脈仍然存在，爲末法時代求悟般若之學人照耀出光明的坦途。由二十餘位大乘見道者所繕，敘述各種不同的學法、見道因緣與過程，參禪求悟者必讀。全書三百餘頁，售價300元。

我的菩提路第二輯：由郭正益老師等人合著，書中詳述彼等諸人歷經各處道場學法，一一修學而加以檢擇之不同過程以後，因閱讀正覺同修會、正智出版社書籍而發起抉擇分，轉入正覺同修會中修學；乃至學法及見道之過程，都一一詳述之。**本書已改版印製重新流通**，讀者原購的初版書，不論是第一刷或第二、三、四刷，都可以寄回換新，免附郵費。

我的菩提路第三輯：由王美伶老師等人合著。自從正覺同修會成立以來，每年夏初、冬初都舉辦精進禪三共修，藉以助益會中同修們得以證悟明心發起般若實相智慧；凡已實證而被平實導師印證者，皆書具見道報告用以證明佛法之眞實可證而非玄學，證明佛法並非純屬思想、理論而無實質，是故每年都能有人證明正覺同修會的「實證佛教」主張並非虛語。特別是眼見佛性一法，自古以來中國禪宗祖師實證者極寡，較之明心開悟的證境更難令人信受；至2017年初，正覺同修會中的證悟明心者已近五百人，然而其中眼見佛性者至今唯十餘人爾，可謂難能可貴，是故明心後欲冀眼見佛性者實屬不易。黃正倖老師是懸絕七年無人見性後的第一人，她於2009年的見性報告刊於本書的第二輯中，爲大衆證明佛性確實可以眼見；其後七年之中求見性者都屬解悟佛性而無人眼見，幸而又經七年後的2016冬初，以及2017夏初的禪三，復有三人眼見佛性，希冀鼓舞四衆佛子求見佛性之大心，今則具載一則於書末，顯示求見佛性之事實經歷，供養現代佛教界欲得見性之四衆弟子。全書四百頁，售價300元，已於2017年6月30日發行。

我的菩提路第四輯：由陳晏平等人著。中國禪宗祖師往往有所謂「見性」之言，所言多屬看見如來藏具有能令人發起成佛之自性，並非《大般涅槃經》中 如來所說之眼見佛性。眼見佛性者，於親見佛性之時，即能於山河大地眼見自己佛性，亦能於他人身上眼見自己佛性及對方之佛性，如是境界無法爲尚未實證者解釋；勉強說之，縱使眞實明心證悟之人聞之，亦只能以自身明心之境界想像之，但不論如何想像多屬非量，能有正確之比量者亦是稀有，故說眼見佛性極爲困難。眼見佛性之人若所見極分明時，在所見佛性之境界下所眼見之山河大地、自己五蘊身心皆是虛幻，自有異於明心者之解脫功德受用，此後永不思證二乘涅槃，必定邁向成佛之道而進入第十住位中，已超第一阿僧祇劫三分有一，可謂之爲超劫精進也。今又有明心之後眼見佛性之人出於人間，將其明心及後來見性之報告，連同其餘證悟明心者之精彩報告一同收錄於此書中，供養眞求佛法實證之四衆佛子。全書380頁，售價300元，已於2018年6月30日發行。

我的菩提路第五輯：林慈慧老師等人著，本輯中所舉學人從相似正法中來到正覺同修會的過程，各人都有不同，發生的因緣亦是各有差別，然而都會指向同一個目標——證實生命實相的源底，確證自己生從何來、死往何去的事實，所以最後都證明佛法眞實而可親證，絕非玄學；本書將彼等諸人的始修及末後證悟之實例，羅列出來以供學人參考。本期亦有一位會裡的老師，是從1995年即開始追隨 平實導師修學，1997年明心後持續進修不斷，直到2017年眼見佛性之實例，足可證明《大般涅槃經》中世尊開示眼見佛性之法正眞無訛，第十住位的實證在末法時代的今天仍有可能，如今一併具載於書中以供學人參考，並供養現代佛教界欲得見性之四衆弟子。全書四百頁，售價300元，已於2019年12月31日發行。

我的菩提路第六輯：劉惠莉老師等人著，本輯中舉示劉老師明心多年以後的眼見佛性實錄，供末法時代學人了知明心之異於見性本質，足可證明《大般涅槃經》中世尊開示眼見佛性之法正眞無訛。亦列舉多篇學人從各道場來到正覺學法之不同過程，以及如何發覺邪見之異於正法的所在，最後終能在正覺禪三中悟入的實況，以證明佛教正法仍在末法時代的人間繼續弘揚的事實，鼓舞一切眞實學法的菩薩大衆思之：我等諸人亦可有因緣證悟，絕非空想臆思。約四百頁，售價300元，已於2020年6月30日發行。

我的菩提路第七輯：余正偉老師等人著，本輯中舉示余老師明心二十餘年以後的眼見佛性實錄，供末法時代學人了知明心異於見性之本質，並且舉示其見性後與平實導師互相討論眼見佛性之諸多疑訛處；除了證明《大般涅槃經》中世尊開示眼見佛性之法正眞無訛以外，亦得一解明心後尚未見性者之所未知處，甚爲精彩。此外亦列舉多篇學人從各不同宗教進入正覺學法之不同過程，以及發覺諸方道場邪見之內容與過程，最終得於正覺精進禪三中悟入的實況，足供末法精進學人借鑑，以彼鑑己而生信心，得以投入了義正法中修學及實證。凡此，皆足以證明不唯明心所證之第七住位般若智慧及解脫功德仍可實證，乃至第十住位的實證與當場發起如幻觀之實證，於末法時代的今天皆仍有可能。本書約四百頁，售價300元。

鈍鳥與靈龜：鈍鳥及靈龜二物，被宗門證悟者說爲二種人：前者是精修禪定而無智慧者，也是以定爲禪的愚癡禪人；後者是或有禪定、或無禪定的宗門證悟者，凡已證悟者皆是靈龜。但後者被人虛造事實，用以嘲笑大慧宗杲禪師，說他雖是靈龜，卻不免被天童禪師預記「患背」痛苦而亡：「鈍鳥離巢易，靈龜脫殼難。」藉以貶低大慧宗杲的證量。同時將天童禪師實證如來藏的證量，曲解爲意識境界的離念靈知。自從大慧禪師入滅以後，錯悟凡夫對他的不實毀謗就一直存在著，不曾止息，並且捏造的假事實也隨著年月的增加而越來越多，終至編成「鈍鳥與靈龜」的假公案、假故事。本書是考證大慧與天童之間的不朽情誼，顯現這件假公案的虛妄不實；更見大慧宗杲面對惡勢力時的正直不阿，亦顯示大慧對天童禪師的至情深義，將使後人對大慧宗杲的誣謗至此而止，不再有人誤犯毀謗賢聖的惡業。書中亦舉證宗門的所悟確以第八識如來藏爲標的，詳讀之後必可改正以前被錯悟大師誤導的參禪知見，日後必定有助於實證禪宗的開悟境界，得階大乘眞見道位中，即是實證般若之賢聖。全書459頁，售價350元。

維摩詰經講記：本經係　世尊在世時，由等覺菩薩維摩詰居士藉疾病而演說之大乘菩提無上妙義，所說函蓋甚廣，然極簡略，是故今時諸方大師與學人讀之悉皆錯解，何況能知其中隱含之深妙正義，是故普遍無法爲人解說；若強爲人說，則成依文解義而有諸多過失。今由平實導師公開宣講之後，詳實解釋其中密意，令維摩詰菩薩所說大乘不可思議解脫之深妙正法得以正確宣流於人間，利益當代學人及與諸方大師。書中詳實演述大乘佛法深妙不共二乘之智慧境界，顯示諸法之中絕待之實相境界，建立大乘菩薩妙道於永遠不敗不壞之地，以此成就護法偉功，欲冀永利娑婆人天。已經宣講圓滿整理成書流通，以利諸方大師及諸學人。全書共六輯，每輯三百餘頁，售價各250元。

真假外道：本書具體舉證佛門中的常見外道知見實例，並加以教證及理證上的辨正，幫助讀者輕鬆而快速的了知常見外道的錯誤知見，進而遠離佛門內外的常見外道知見，因此即能改正修學方向而快速實證佛法。游正光老師著 。成本價200元。

勝鬘經講記：如來藏爲三乘菩提之所依，若離如來藏心體及其含藏之一切種子，即無三界有情及一切世間法，亦無二乘菩提緣起性空之出世間法；本經詳說無始無明、一念無明皆依如來藏而有之正理，藉著詳解煩惱障與所知障間之關係，令學人深入了知二乘菩提與佛菩提相異之妙理；聞後即可了知佛菩提之特勝處及三乘修道之方向與原理，邁向攝受正法而速成佛道的境界中。平實導師講述，共六輯，每輯三百餘頁，售價各250元。

楞嚴經講記：楞嚴經係大乘祕密教之重要經典，亦是佛教中普受重視之經典；經中宣說明心與見性之內涵極爲詳細，將一切法都會歸如來藏及佛性—妙眞如性；亦闡釋五陰區宇及五陰盡的境界，作諸地菩薩自我檢驗證量之依據，旁及佛菩提道修學過程中之種種魔境，以及外道誤會涅槃之狀況，亦兼述明三界世間之起源，具足宣示大乘菩提之奧祕。然因言句深澀難解，法義亦復深妙寬廣，學人讀之普難通達，是故讀者大多誤會，不能如實理解佛所說之明心與見性內涵，亦因是故多有悟錯之人引爲開悟之證言，成就大妄語罪。今由平實導師詳細講解之後，整理成文，以易讀易懂之語體文刊行天下，以利學人。全書十五輯，全部出版完畢。每輯三百餘頁，售價每輯300元。

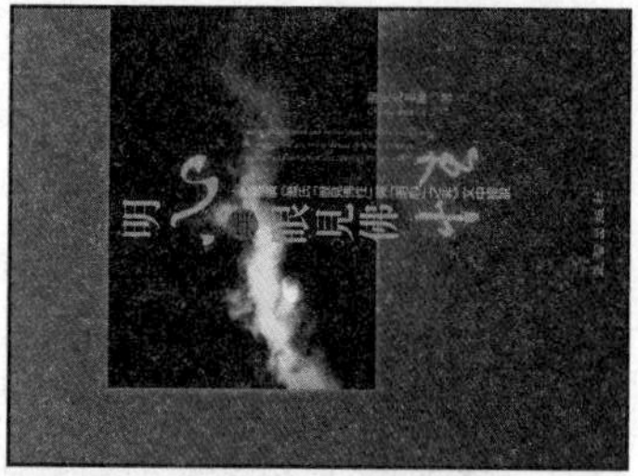

明心與眼見佛性：本書細述明心與眼見佛性之異同，同時顯示了中國禪宗破初參明心與重關眼見佛性二關之間的關聯；書中又藉法義辨正而旁述其他許多勝妙法義，讀後必能遠離佛門長久以來積非成是的錯誤知見，令讀者在佛法的實證上有極大助益。也藉慧廣法師的謬論來教導佛門學人回歸正知正見，遠離古今禪門錯悟者所墮的意識境界，非唯有助於斷我見，也對未來的開悟明心實證第八識如來藏有所助益，是故學禪者都應細讀之。 游正光老師著　　共448頁　售價300元。

菩薩底憂鬱CD：將菩薩情懷及禪宗公案寫成新詞，並製作成超越意境的優美歌曲。 1.主題曲〈菩薩底憂鬱〉，描述地後菩薩能離三界生死而迴向繼續生在人間，但因尚未斷盡習氣種子而有極深沈之憂鬱，非三賢位菩薩及二乘聖者所知，此憂鬱在七地滿心位方才斷盡；本曲之詞中所說義理極深，昔來所未曾見；此曲係以優美的情歌風格寫詞及作曲，聞者得以激發嚮往諸地菩薩境界之大心，詞、曲都非常優美，難得一見；其中勝妙義理之解說，已印在附贈之彩色小冊中。2.以各輯公案拈提中直示禪門入處之頌文，作成各種不同曲風之超意境歌曲，值得玩味、參究；聆聽公案拈提之優美歌曲時，請同時閱讀內附之印刷精美說明小冊，可以領會超越三界的證悟境界；未悟者可以因此引發求悟之意向及疑情，眞發菩提心而邁向求悟之途，乃至因此眞實悟入般若，成眞菩薩。3.正覺總持咒新曲，總持佛法大意；總持咒之義理，已加以解說並印在隨附之小冊中。本CD共有十首歌曲，長達63分鐘，附贈二張購書優惠券。每片320元。

金剛經宗通：三界唯心，萬法唯識，是成佛之修證內容，是諸地菩薩之所修；般若則是成佛之道（實證三界唯心、萬法唯識）的入門，若未證悟實相般若，即無成佛之可能，必將永在外門廣行菩薩六度，永在凡夫位中。然而實相般若的發起，全賴實證萬法的實相；若欲證知萬法的眞相，則必須探究萬法之所從來，則須實證自心如來—金剛心如來藏，然後現觀這個金剛心的金剛性、眞實性、如如性、清淨性、涅槃性、能生萬法的自性性、本住性，名爲證眞如；進而現觀三界六道唯是此金剛心所成，人間萬法須藉八識心王和合運作方能現起。如是實證《華嚴經》的「三界唯心、萬法唯識」以後，由此等現觀而發起實相般若智慧，繼續進修第十住位的如幻觀、第十行位的陽焰觀、第十迴向位的如夢觀，再生起增上意樂而勇發十無盡願，方能滿足三賢位的實證，轉入初地；自知成佛之道而無偏倚，從此按部就班、次第進修乃至成佛。第八識自心如來是般若智慧之所依，般若智慧的修證則要從實證金剛心自心如來開始；《金剛經》則是解說自心如來之經典，是一切三賢位菩薩所應進修之實相般若經典。這一套書，是將平實導師宣講的《金剛經宗通》內容，整理成文字而流通之；書中所說義理，迴異古今諸家依文解義之說，指出大乘見道方向與理路，有益於禪宗學人求開悟見道，及轉入內門廣修六度萬行。已於2013年9月出版完畢，總共9輯，每輯約三百餘頁，售價各250元。

禪意無限CD：平實導師以公案拈提書中偈頌寫成不同風格曲子，與他人所寫不同風格曲子共同錄製出版，幫助參禪人進入禪門超越意識之境界。盒中附贈彩色印製的精美解說小冊，以供聆聽時閱讀，令參禪人得以發起參禪之疑情，即有機會證悟本來面目，實證大乘菩提般若。本CD共有十首歌曲，長達69分鐘，每盒各附贈二張購書優惠券。每片320元。

空行母—性別、身分定位，以及藏傳佛教：本書作者爲蘇格蘭哲學家，因爲嚮往佛教深妙的哲學內涵，於是進入當年盛行於歐美的假藏傳佛教密宗，擔任卡盧仁波切的翻譯工作多年以後，被邀請成爲卡盧的空行母（又名佛母、明妃），開始了她在密宗裡的實修過程；後來發覺在密宗雙身法中的修行，其實無法使自己成佛，也發覺密宗對女性岐視而處處貶抑，並剝奪女性在雙身法中擔任一半角色時應有的身分定位。當她發覺自己只是雙身法中被喇嘛利用的工具，沒有獲得絲毫應有的尊重與基本定位時，發現了密宗的父權社會控制女性的本質；於是作者傷心地離開了卡盧仁波切與密宗，但是卻被恐嚇不許講出她在密宗裡的經歷，也不許她說出自己對密宗的教義與教制下對女性剝削的本質，否則將被咒殺死亡。後來她去加拿大定居，十餘年後方才擺脫這個恐嚇陰影，下定決心將親身經歷的實情及觀察到的事實寫下來並且出版，公諸於世。出版之後，她被流亡的達賴集團人士大力攻訐，誣指她爲精神狀態失常、說謊……等。但有智之士並未被達賴集團的政治操作及各國政府政治運作吹捧達賴的表相所欺，使她的書銷售無阻而又再版。正智出版社鑑於作者此書是親身經歷的事實，所說具有針對「藏傳佛教」而作學術研究的價值，也有使人認清假藏傳佛教剝削佛母、明妃的男性本位實質，因此洽請作者同意中譯而出版於華人地區。珍妮．坎貝爾女士著，呂艾倫 中譯，每冊250元。

霧峰無霧—給哥哥的信　本書作者藉兄弟之間信件往來論義，略述佛法大義；並以多篇短文辨義，舉出釋印順對佛法的無量誤解證據，並一一給予簡單而清晰的辨正，令人一讀即知。久讀、多讀之後即能認清楚釋印順的六識論見解，與眞實佛法之牴觸是多麼嚴重；於是在久讀、多讀之後，於不知不覺之間提升了對佛法的極深入理解，正知正見就在不知不覺間建立起來了。當三乘佛法的正知見建立起來之後，對於三乘菩提的見道條件便將隨之具足，於是聲聞解脫道的見道也就水到渠成；接著大乘見道的因緣也將次第成熟，未來自然也會有親見大乘菩提之道的因緣，悟入大乘實相般若也將自然成功，自能通達般若系列諸經而成實義菩薩。作者居住於南投縣霧峰鄉，自喻見道之後不復再見霧峰之霧，故鄉原野美景一一明見，於是立此書名爲《霧峰無霧》；讀者若欲撥霧見月，可以此書爲緣。游宗明　老師著　已於2015年出版　售價250元。

霧峰無霧—第二輯—救護佛子向正道　本書作者藉釋印順著作中之各種錯謬法義提出辨正，以詳實的文義一一提出理論上及實證上之解析，列舉釋印順對佛法的無量誤解證據，藉此教導佛門大師與學人釐清佛法義理，遠離岐途轉入正道，然後知所進修，久之便能見道明心而入大乘勝義僧數。被釋印順誤導的大師與學人極多，很難救轉，是故作者大發悲心深入解說其錯謬之所在，佐以各種義理辨正而令讀者在不知不覺之間轉歸正道。如是久讀之後欲得斷身見、證初果，即不爲難事；乃至久之亦得大乘見道而得證眞如，脫離空有二邊而住中道，實相般若智慧生起，於佛法不再茫然，漸漸亦知悟後進修之道。屆此之時，對於大乘般若等深妙法之迷雲暗霧亦將一掃而空，生命及宇宙萬物之故鄉原野美景一一明見，是故本書仍名《霧峰無霧》，爲第二輯；讀者若欲撥雲見日、離霧見月，可以此書爲緣。游宗明　老師著　已於2019年出版　售價250元。

假藏傳佛教的神話—性、謊言、喇嘛教：本書編著者是由一首名爲「阿姊鼓」的歌曲爲緣起，展開了序幕，揭開假藏傳佛教—喇嘛教—的神秘面紗。其重點是蒐集、摘錄網路上質疑「喇嘛教」的帖子，以揭穿「假藏傳佛教的神話」爲主題，串聯成書，並附加彩色插圖以及說明，讓讀者們瞭解西藏密宗及相關人事如何被操作爲「神話」的過程，以及神話背後的眞相。作者：張正玄教授。售價200元。

達賴真面目—玩盡天下女人：假使您不想戴綠帽子，請記得詳細閱讀此書；假使您不想讓好朋友戴綠帽子，請您將此書介紹給您的好朋友。假使您想保護家中的女性，也想要保護好朋友的女眷，請記得將此書送給家中的女性和好友的女眷都來閱讀。本書爲印刷精美的大本彩色中英對照精裝本，爲您揭開達賴喇嘛的眞面目，內容精彩不容錯過，爲利益社會大眾，特別以優惠價格嘉惠所有讀者。編著者：白志偉等。大開版雪銅紙彩色精裝本。售價800元。

童女迦葉考—論呂凱文〈佛教輪迴思想的論述分析〉之謬：童女迦葉是佛世率領五百大比丘遊行於人間的歷史事實，是以童貞行而依止菩薩戒弘化於人間的大菩薩，不依別解脫戒（聲聞戒）來弘化於人間。這是大乘佛教與聲聞佛教同時存在於佛世的歷史明證，證明大乘佛教不是從聲聞法中分裂出來的部派佛教的產物，卻是聲聞佛教分裂出來的部派佛教聲聞凡夫僧所不樂見的史實；於是古今聲聞法中的凡夫都欲加以扭曲而作詭說，更是末法時代高聲大呼「大乘非佛說」的六識論聲聞凡夫極力想要扭曲的佛教史實之一，於是想方設法扭曲迦葉菩薩爲聲聞僧，以及扭曲迦葉童女爲比丘僧等荒謬不實之論著便陸續出現，古時聲聞僧寫作的《分別功德論》是最具體之事例，現代之代表作則是呂凱文先生的〈佛教輪迴思想的論述分析〉論文。鑑於如是假藉學術考證以籠罩大眾之不實謬論，未來仍將繼續造作及流竄於佛教界，繼續扼殺大乘佛教學人法身慧命，必須舉證辨正之，遂成此書。平實導師 著，每冊180元。

末代達賴—性交教主的悲歌：簡介從藏傳僞佛教（喇嘛教）的修行核心—性力派男女雙修，探討達賴喇嘛及藏傳僞佛教的修行內涵。書中引用外國知名學者著作、世界各地新聞報導，包含：歷代達賴喇嘛的祕史、達賴六世修雙身法的事蹟，以及《時輪續》中的性交灌頂儀式……等；達賴喇嘛書中開示的雙修法、達賴喇嘛的黑暗政治手段；達賴喇嘛所領導的寺院爆發喇嘛性侵兒童；新聞報導《西藏生死書》作者索甲仁波切性侵女信徒、澳洲喇嘛秋達公開道歉、美國最大假藏傳佛教組織領導人邱陽創巴仁波切的性氾濫，等等事件背後眞相的揭露。作者：張善思、呂艾倫、辛燕。售價250元。

黯淡的達賴—失去光彩的諾貝爾和平獎：本書舉出很多證據與論述，詳述達賴喇嘛不爲世人所知的一面，顯示達賴喇嘛並不是眞正的和平使者，而是假借諾貝爾和平獎的光環來欺騙世人；透過本書的說明與舉證，讀者可以更清楚的瞭解，達賴喇嘛是結合暴力、黑暗、淫欲於喇嘛教裡的集團首領，其政治行爲與宗教主張，早已讓諾貝爾和平獎的光環染污了。　本書由財團法人正覺教育基金會寫作、編輯，由正覺出版社印行，每冊250元。

第七意識與第八意識？──穿越時空「超意識」：「三界唯心，萬法唯識」是佛教中應該實證的聖教，也是《華嚴經》中明載而可以實證的法界實相。唯心者，三界一切境界、一切諸法唯是一心所成就，即是每一個有情的第八識如來藏，不是意識心。唯識者，即是人類各各都具足的八識心王──眼識、耳鼻舌身意識、意根、阿賴耶識，第八阿賴耶識又名如來藏，人類五陰相應的萬法，莫不由八識心王共同運作而成就，故說萬法唯識。依聖教量及現量、比量，都可以證明意識是二法因緣生，是由第八識藉意根與法塵二法為因緣而出生，又是夜夜斷滅不存之生滅心，即無可能反過來出生第七識意根、第八識如來藏，當知不可能從生滅性的意識心中，細分出恆審思量的第七識意根，更無可能細分出恆而不審的第八識如來藏。本書是將演講內容整理成文字，細說如是內容，並已在《正覺電子報》連載完畢，今彙集成書以廣流通，欲幫助佛門有緣人斷除意識我見，跳脫於識陰之外而取證聲聞初果；嗣後修學禪宗時即得不墮外道神我之中，得以求證第八識金剛心而發起般若實智。平實導師 述，每冊300元。

中觀金鑑──詳述應成派中觀的起源與其破法本質：學佛人往往迷於中觀學派之不同學說，被應成派與自續派所迷惑；修學般若中觀二十年後自以為實證般若中觀了，卻仍不曾入門，甫聞實證般若中觀者之所說，則茫無所知，迷惑不解；隨後信心盡失，不知如何實證佛法；凡此，皆因惑於這二派中觀學說所致。自續派中觀所說同於常見，以意識境界立為第八識如來藏之境界，應成派所說則同於斷見，但又同立意識為常住法，故亦具足斷常二見。今者孫正德老師有鑑於此，乃將起源於密宗的應成派中觀學說，追本溯源，詳考其來源之外，亦一一舉證其立論內容，詳加辨正，令密宗雙身法祖師以識陰境界而造之應成派中觀學說本質，詳細呈現於學人眼前，令其維護雙身法之目的無所遁形。若欲遠離密宗此二大派中觀謬說，欲於三乘菩提有所進道者，允宜具足閱讀並細加思惟，反覆讀之以後將可捨棄邪道返歸正道，則於般若之實證即有可能，證後自能現觀如來藏之中道境界而成就中觀。本書分上、中、下三冊，每冊250元，全部出版完畢。

人間佛教—實證者必定不悖三乘菩提：「大乘非佛說」的講法似乎流傳已久，卻只是日本人企圖擺脫中國正統佛教的影響，而在明治維新時期才開始提出來的說法；台灣佛教、大陸佛教的淺學無智之人，由於未曾實證佛法而迷信日本人錯誤的學術考證，錯認爲這些別有用心的日本佛學考證的講法爲天竺佛教的眞實歷史；甚至還有更激進的反對佛教者提出「釋迦牟尼佛並非眞實存在，只是後人捏造的假歷史人物」，竟然也有少數佛教徒願意跟著「學術」的假光環而信受不疑，亦導致部分台灣佛教界人士，造作了反對中國大乘佛教而推崇南洋小乘佛教的行爲，使台灣佛教的信仰者難以檢擇，亦導致一般大陸人士開始轉入基督教的盲目迷信中。在這些佛教及外教人士之中，也就有一分人根據此邪說而大聲主張「大乘非佛說」的謬論，這些人以「人間佛教」的名義來抵制中國正統佛教，公然宣稱中國的大乘佛教是由聲聞部派佛教的凡夫僧所創造出來的。這樣的說法流傳於台灣及大陸佛教界凡夫僧之中已久，卻非眞正的佛教歷史中曾經發生過的事，只是繼承六識論的聲聞法中凡夫僧，以及別有居心的日本佛教界，依自己的意識境界立場，純憑臆想而編造出來的妄想說法，卻已經影響許多無智之凡夫僧俗信受不移。本書則是從佛教的經藏法義實質及實證的現量內涵本質立論，證明大乘佛法本是佛說，是從《阿含正義》尚未說過的不同面向來討論「人間佛教」的議題，證明「大乘眞佛說」。閱讀本書可以斷除六識論邪見，迴入三乘菩提正道發起實證的因緣；也能斷除禪宗學人學禪時普遍存在之錯誤知見，對於建立參禪時的正知見有很深的著墨。 平實導師 述，內文488頁，全書528頁，定價400元。

喇嘛性世界—揭開假藏傳佛教譚崔瑜伽的面紗：這個世界中的喇嘛，號稱來自世外桃源的香格里拉，穿著或紅或黃的喇嘛長袍，散布於我們的身邊傳教灌頂，吸引了無數的人嚮往學習；這些喇嘛虔誠地爲大衆祈福，手中拿著寶杵（金剛）與寶鈴（蓮花），口中唸著咒語：「唵．嘛呢．叭咪．吽……」，咒語的意思是說：「我至誠歸命金剛杵上的寶珠伸向蓮花寶穴之中」！「喇嘛性世界」是什麼樣的「世界」呢？ 本書將爲您呈現喇嘛世界的面貌。 當您發現眞相以後，您將會唸：「噢！喇嘛．性．世界，譚崔性交嘛！」作者：張善思、呂艾倫。售價200元。

見性與看話頭：黃正倖老師的《見性與看話頭》於《正覺電子報》連載完畢，今結集出版。書中詳說禪宗看話頭的詳細方法，並細說看話頭與眼見佛性的關係，以及眼見佛性者求見佛性前必須具備的條件。本書是禪宗實修者追求明心開悟時參禪的方法書，也是求見佛性者作功夫時必讀的方法書，內容兼顧眼見佛性的理論與實修之方法，是依實修之體驗配合理論而詳述，條理分明而且極爲詳實、周全、深入。本書內文375頁，全書416頁，售價300元。

實相經宗通：學佛之目的在於實證一切法界背後之實相，禪宗稱之爲本來面目或本地風光，佛菩提道中稱之爲實相法界；此實相法界即是金剛藏，又名佛法之祕密藏，即是能生有情五陰、十八界及宇宙萬有（山河大地、諸天、三惡道世間）的第八識如來藏，又名阿賴耶識心，即是禪宗祖師所說的眞如心，此心即是三界萬有背後的實相。證得此第八識心時，自能瞭解般若諸經中隱說的種種密意，即得發起實相般若——實相智慧。每見學佛人修學佛法二十年後仍對實相般若茫然無知，亦不知如何入門，茫無所趣；更因不知三乘菩提的互異互同，是故越是久學者對佛法越覺茫然，都肇因於尚未瞭解佛法的全貌，亦未瞭解佛法的修證內容即是第八識心所致。本書對於修學佛法者所應實證的實相境界提出明確解析，並提示趣入佛菩提道的入手處，有心親證實相般若的佛法實修者，宜詳讀之，於佛菩提道之實證即有下手處。平實導師述著，共八輯，已於2016年出版完畢，每輯成本價250元。

眞心告訴您（一）——達賴喇嘛在幹什麼？這是一本報導篇章的選集，更是「破邪顯正」的暮鼓晨鐘。「破邪」是戳破假象，說明達賴喇嘛及其所率領的密宗四大派法王、喇嘛們，弘傳的佛法是仿冒的佛法；他們是假藏傳佛教，是坦特羅（譚崔性交）外道法和藏地崇奉鬼神的苯教混合成的「喇嘛教」，推廣的是以所謂「無上瑜伽」的男女雙身法冒充佛法的假佛教，詐財騙色誤導眾生，常常造成信徒家庭破碎、家中兒少失怙的嚴重後果。「顯正」是揭櫫眞相，指出眞正的藏傳佛教只有一個，就是覺囊巴，傳的是 釋迦牟尼佛演繹的第八識如來藏妙法，稱爲他空見大中觀。正覺教育基金會即以此古今輝映的如來藏正法正知見，在眞心新聞網中逐次報導出來，將箇中原委「眞心告訴您」，如今結集成書，與想要知道密宗眞相的您分享。售價250元。

法華經講義：此書爲平實導師始從2009/7/21演述至2014/1/14之講經錄音整理所成。世尊一代時教，總分五時三教，即是華嚴時、聲聞緣覺教、般若教、種智唯識教、法華時；依此五時三教區分爲藏、通、別、圓四教。本經是最後一時的圓教經典，圓滿收攝一切法教於本經中，是故最後的圓教聖訓中，特地指出無有三乘菩提，其實唯有一佛乘；皆因眾生愚迷故，方便區分爲三乘菩提以助眾生證道。世尊於此經中特地說明如來示現於人間的唯一大事因緣，便是爲有緣眾生「開、示、悟、入」諸佛的所知所見——第八識如來藏妙眞如心，並於諸品中隱說「妙法蓮花」如來藏心的密意。然因此經所說甚深難解，眞義隱晦，古來難得有人能窺堂奧；平實導師以知如是密意故，特爲末法佛門四眾演述《妙法蓮華經》中各品蘊含之密意，使古來未曾被古德註解出來的「此經」密意，如實顯示於當代學人眼前。乃至〈藥王菩薩本事品〉、〈妙音菩薩品〉、〈觀世音菩薩普門品〉、〈普賢菩薩勸發品〉中的微細密意，亦皆一併詳述之，可謂開前人所未曾言之密意，示前人所未見之妙法。最後乃至以〈法華大義〉而總其成，全經妙旨貫通始終，而依佛旨圓攝於一心如來藏妙心，厥爲曠古未有之大說也。平實導師述，共有25輯，已於2019/05/31出版完畢。每輯300元。

西藏「活佛轉世」制度—附佛、造神、世俗法：歷來關於喇嘛教活佛轉世的研究，多針對歷史及文化兩部分，於其所以成立的理論基礎，較少系統化的探討。尤其是此制度是否依據「佛法」而施設？是否合乎佛法眞實義？現有的文獻大多含糊其詞，或人云亦云，不曾有明確的闡釋與如實的見解。因此本文先從活佛轉世的由來，探索此制度的起源、背景與功能，並進而從活佛的尋訪與認證之過程，發掘活佛轉世的特徵，以確認「活佛轉世」在佛法中應具足何種果德。定價150元。

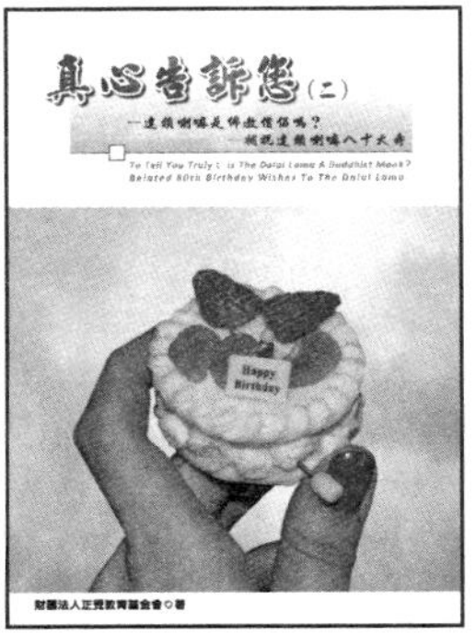

真心告訴您（二）—達賴喇嘛是佛教僧侶嗎？補祝達賴喇嘛八十大壽：這是一本針對當今達賴喇嘛所領導的喇嘛教，冒用佛教名相、於師徒間或師兄姊間，實修男女邪淫，而從佛法三乘菩提的現量與聖教量，揭發其謊言與邪術，證明達賴及其喇嘛教是仿冒佛教的外道，是「假藏傳佛教」。藏密四大派教義雖有「八識論」與「六識論」的表面差異，然其實修之內容，皆共許「無上瑜伽」四部灌頂為究竟「成佛」之法門，也就是共以男女雙修之邪淫法為「即身成佛」之密要，雖美其名曰「欲貪為道」之「金剛乘」，並誇稱其成就超越於（應身佛）釋迦牟尼佛所傳之顯教般若乘之上；然詳考其理論，則或以意識離念時之粗細心為第八識如來藏，或以中脈裡的明點為第八識如來藏，或如宗喀巴與達賴堅決主張第六意識為常恆不變之真心者，分別墮於外道之常見與斷見中；全然違背 佛說能生五蘊之如來藏的實質。售價300元。

涅槃—解說四種涅槃之實證及內涵：真正學佛之人，首要即是見道，由見道故方有涅槃之實證，證涅槃者方能出生死，但涅槃有四種：二乘聖者的有餘涅槃、無餘涅槃，以及大乘聖者的本來自性清淨涅槃、佛地的無住處涅槃。大乘聖者實證本來自性清淨涅槃，入地前再取證二乘涅槃，然後起惑潤生捨離二乘涅槃，繼續進修而在七地心前斷盡三界愛之習氣種子，依七地無生法忍之具足而證得念念入滅盡定；八地後進斷異熟生死，直至妙覺地下生人間成佛，具足四種涅槃，方是真正成佛。此理古來少人言，以致誤會涅槃正理者比比皆是，今於此書中廣說四種涅槃、如何實證之理、實證前應有之條件，實屬本世紀佛教界極重要之著作，令人對涅槃有正確無訛之認識，然後可以依之實行而得實證。本書共有上下二冊，每冊各四百餘頁，對涅槃詳加解說，每冊各350元。

佛藏經講義：本經說明為何佛菩提難以實證之原因，都因往昔無數阿僧祇劫前的邪見，引生此世求證時之業障而難以實證。即以諸法實相詳細解說，繼之以念佛品、念法品、念僧品，說明諸佛與法之實質；然後以淨戒品之說明，期待佛弟子四眾堅持清淨戒而轉化心性，並以往古品的實例說明歷代學佛人在實證上的業障由來，教導四眾務必滅除邪見轉入正見中，不再造作謗法及謗賢聖之大惡業，以免未來世尋求實證之時被業障所障；然後以了戒品的說明和囑累品的付囑，期望末法時代的佛門四眾弟子皆能清淨知見而得以實證。平實導師於此經中有極深入的解說，總共21輯，已於

大法鼓經講義：本經解說佛法的總成：法、非法。由開解法、非法二義，說明了義佛法與世間戲論法的差異，指出佛法實證之標的即是法——第八識如來藏；並顯示實證後的智慧，如實擊大法鼓、演深妙法，演說如來祕密教法，非二乘定性及諸凡夫所能得聞，唯有具足菩薩性者方能得聞。正聞之後即得依於 世尊大願而拔除邪見，入於正法而得實證；深解不了義經之方便說，亦能實解了義經所說之眞實義，得以證法——如來藏，而得發起根本無分別智，乃至進修而發起後得無分別智；並堅持布施及受持清淨戒而轉化心性，得以現觀眞我眞法如來藏之各種層面。此爲第一義諦聖教，並授記末法最後餘八十年時，一切世間樂見離車童子以七地證量而示現爲凡夫身，將繼續護持此經所說正法。平實導師於此經中有極深入的解說，總共六輯，每輯300元，於2023/01/30 開始每二個月發行一輯。

成唯識論釋：本論係大唐玄奘菩薩揉合當時天竺十大論師的說法加以辨正而著成，攝盡佛門證悟菩薩及部派佛教聲聞凡夫論師對佛法的論述，並函蓋當時天竺諸大外道對生命實相的錯誤論述加以辨正，是由玄奘大師依據無生法忍證量加以評論確定而成爲此論。平實導師弘法初期即已依於證量略講過一次，歷時大約四年，當時正覺同修會規模尚小，聞法成員亦多尚未證悟，是故並未整理成書；如今正覺同修會中的證悟同修已超過六百人，鑑於此論在護持正法、實證佛法及悟後進修上的重要性，已於2022年初重講，並已經預先註釋完畢編輯成書，名爲《成唯識論釋》，總共十輯，每輯目次41頁、序文7頁、每輯內文多達四百餘頁，並將原本13級字縮小爲12級字編排，以增加其內容；於增上班宣講時的內容將會更詳細於書中所說，涉及佛法密意的詳細內容只於增上班中宣講，於書中皆依佛誡隱覆密意而說，然已足夠所有學人藉此一窺佛法堂奧而進入正道、免入岐途。重新判教後編成的〈目次〉已經詳盡判定論中諸段句義，用供學人參考；是故讀者閱完此論之釋，即可深解成佛之道的正確內涵。本書總共十輯，預定每一輯內容講述完畢時即予出版，第一輯於2023年五月底出版，然後每七至十個月出版下一輯，每輯定價400元。

不退轉法輪經講義：世尊弘法有五時三教之別，分爲藏、通、別、圓四教之理，本經是大乘般若期前的通教經典，所說之大乘般若正理與所證解脫果，通於二乘解脫道，佛法智慧則通大乘般若，皆屬大乘般若與解脫甚深之理，故其所證解脫果位通於二乘法教；而其中所說第八識無分別法之正理，即是世尊降生人間的唯一大事因緣。如是第八識能仁而且寂靜，恆順衆生於生死之中從無乖違，識體中所藏之本來無漏性的有爲法以及眞如涅槃境界，皆能助益學人最後成就佛道；此謂釋迦意爲能仁，牟尼意爲寂靜，此第八識即名釋迦牟尼，釋迦牟尼即是能仁寂靜的第八識眞如；若有人聽聞如是第八識常住、如來不滅之正理，信受奉行之人皆有大乘實證之因緣，永得不退於成佛之道，是故聽聞釋迦牟尼名號而解其義者，皆得不退轉於無上正等正覺，未來世中必有實證之因緣。如是深妙經典，已由平實導師詳述圓滿並整理成書，預定於《大法鼓經講義》發行圓滿之後接著梓行，每二個月發行一輯，總共十輯，每輯300元。

解深密經講義：本經是所有尋求大乘見道及悟後欲入地者所應詳讀串習的三經之一，即是《楞伽經》、《解深密經》、《楞嚴經》三經中的一經，亦可作爲見道眞假的自我印證依據。此經是 世尊晚年第三轉法輪時，宣說地上菩薩所應熏修之無生法忍唯識正義經典；經中總說眞見道位所見的智慧總相，兼及相見道位所應熏修的七眞如等法；亦開示入地應修之十地眞如等義理，乃是大乘一切種智增上慧學，以阿陀那識—如來藏—阿賴耶識爲成佛之道的主體。禪宗之證悟者，若欲修證初地無生法忍乃至八地無生法忍者，必須修學《楞伽經、解深密經、楞嚴經》所說之八識心王一切種智。此三經所說正法，方是眞正成佛之道；印順法師否定第八識如來藏之後所說萬法緣起性空之法，墮於六識論中而著作的《成佛之道》，乃宗本於密宗喀巴六識論邪思而寫成的邪見，是以誤會後之二乘解脫道取代大乘眞正成佛之道，承襲自古天竺部派佛教聲聞凡夫論師的邪見，尚且不符二乘解脫道正理，亦已墮於斷滅見及常見中，所說全屬臆想所得的外道見，不符本經、諸經中佛所說的正義。平實導師曾於本會郭故理事長往生時，於喪宅中從**首七**開始宣講此經，於每一七起各宣講三小時，至**十七**而快速略講圓滿，作爲郭老之往生後的佛事功德，迴向郭老早證八地、速返娑婆住持正法。茲爲今時後世學人故，已經開始重講《解深密經》，以淺顯之語句講畢後，將會整理成文並梓行流通，用供證悟者進道；亦令諸方未悟者，據此經中佛語正義修正邪見，依之速能入道。平實導師述著，全書輯數未定，每輯三百餘頁，將於未來重講完畢後逐輯陸續出版。

修習止觀坐禪法要講記：修學四禪八定之人，往往錯會禪定之修學知見，欲以無止盡之坐禪而證禪定境界，卻不知修除性障之行門才是修證四禪八定不可或缺之要素，故智者大師云「性障初禪」：性障不除，初禪永不現前，云何修證二禪等？又：行者學定，若唯知數息，而不解六妙門之方便善巧者，欲求一心入定，未到地定極難可得，智者大師名之爲「事障未來」：障礙未到地定之修證。又禪定之修證，不可違背二乘菩提及第一義法，否則縱使具足四禪八定，亦不能實證涅槃而出三界。此諸知見，智者大師於《修習止觀坐禪法要》中皆有闡釋。作者平實導師以其第一義之見地及禪定之實證證量，曾加以詳細解析。將俟正覺寺竣工啓用後重講，不限制聽講者資格；講後將以語體文整理出版。欲修習世間定及增上定之學者，宜細讀之。平實導師述著。

阿含經講記—小乘解脫道之修證：小乘解脫道之修證：數百年來，南傳佛法所說證果之不實，所說解脫道之虛妄，所弘解脫道法義之世俗化，皆已少人知之；阿含解脫道從南洋傳入台灣與大陸之後，所說法義虛謬之事，亦復少人知之；今時台灣全島印順系統之法師居士，多不知南傳佛法數百年來所說解脫道之義理已然偏斜、已然世俗化、已非眞正之二乘解脫正道，猶極力推崇與弘揚。彼等南傳佛法近代所謂之證果者皆非眞實證果者，譬如阿迦曼、葛印卡、帕奧禪師、一行禪師……等人，悉皆未斷我見故。近年更有台灣南部大願法師，高抬南傳佛法之二乘修證行門爲「捷徑究竟解脫之道」者，然而南傳佛法縱使眞修實證，得成阿羅漢，至高唯是二乘菩提解脫之道，絕非究竟解脫，無餘涅槃中之實際尚未得證故，法界之實相尚未了知故，習氣種子待除故，一切種智未實證故，焉得謂爲「究竟解脫」？即使南傳佛法近代眞有實證之阿羅漢，尚且不及三賢位中之七住明心菩薩本來自性清淨涅槃智慧境界，則不能知此賢位菩薩所證之無餘涅槃實際，仍非大乘佛法中之見道者，何況彼等普未實證聲聞果乃至未斷我見之人？謬充證果已屬逾越，更何況是誤會二乘菩提之後，以未斷我見之凡夫知見所說之二乘菩提解脫偏斜法道，焉可高抬爲「究竟解脫」？而且自稱「捷徑之道」？又妄言解脫之道即是成佛之道，完全否定般若實智、否定三乘菩提所依之如來藏心體，此理大大不通也！平實導師爲令修學二乘菩提欲證解脫果者，普得迴入二乘菩提正見、正道中，是故選錄四阿含諸經中，對於二乘解脫道法義有具足圓滿說明之經典，預定未來十年內將會加以詳細講解，令學佛人得以了知二乘解脫道之修證理路與行門，庶免被

總經銷： 聯合發行股份有限公司

231 新北市新店區寶橋路 235 巷 6 弄 6 號 4F

Tel.02－2917-8022（代表號） Fax.02－2915-6275（代表號）

零售：1.**全台連鎖經銷書局：**

三民書局、誠品書局、何嘉仁書店

敦煌書店、紀伊國屋、金石堂書局、建宏書局

諾貝爾圖書城、墊腳石圖書文化廣場

2.**台北市：**佛化人生 **大安區**羅斯福路 3 段 325 號 6 樓之 4　台電大樓對面

3.**新北市：**春大地書店 **蘆洲區**中正路 117 號

4.**桃園市：**御書堂 **龍潭區**中正路 123 號

5.**新竹市：**大學書局 **東區**建功路 10 號

6.**台中市：**瑞成書局 **東區**雙十路 1 段 4 之 33 號

佛教詠春書局 **南屯區**永春東路 884 號

文春書店 **霧峰區**中正路 1087 號

7.**彰化市：**心泉佛教文化中心 南瑤路 286 號

8.**高雄市：**政大書城 **前鎮區**中華五路 789 號 2 樓（高雄夢時代店）

明儀書局 **三民區**明福街 2 號

青年書局 **苓雅區**青年一路 141 號

9.**台東市：**東普佛教文物流通處 博愛路 282 號

10.**其餘鄉鎮市經銷書局：**請電詢總經銷**聯合**公司。

11.**大陸地區請洽：**

香港：樂文書店

銅鑼灣店 :香港銅鑼灣駱克道 506 號 2 樓

電話 : (852) 2881 1150 email: luckwinbs@gmail.com

廈門：廈門外圖臺灣書店有限公司

地址:廈門市思明區湖濱南路809 號 廈門外圖書城3 樓 郵編：361004

電話：0592-5061658（臺灣地區請撥打 86-592-5061658）

E-mail：JKB118＠188.COM

12.**美國：世界日報圖書部：**紐約圖書部　電話 7187468889#6262

洛杉磯圖書部　電話 3232616972#202

13.**國內外地區網路購書：**

正智出版社 書香園地　http://books.enlighten.org.tw/

（書籍簡介、經銷書局可直接聯結下列網路書局購書）

三民 網路書局　http://www.sanmin.com.tw

誠品 網路書局　http://www.eslitebooks.com

博客來 網路書局　http://www.books.com.tw

金石堂 網路書局　http://www.kingstone.com.tw

聯合 網路書局　http:// www.nh.com.tw

附註：1.請儘量向各經銷書局購買：郵政劃撥需要八天才能寄到（本公司在您劃撥後第四天才能接到劃撥單，次日寄出後第二天您才能收到書籍，此六天中可能會遇到週休二日，是故共需八天才能收到書籍）若想要早日收到書籍者，請劃撥完畢後，將劃撥收據貼在紙上，旁邊寫上您的姓名、住址、郵區、電話、買書詳細內容，直接傳眞到本公司 02-28344822，並來電 02-28316727、28327495 確認是否已收到您的傳眞，即可提前收到書籍。 2.因台灣每月皆有五十餘種宗教類書籍上架，書局書架空間有限，故唯有新書方有機會上架，通常每次只能有一本新書上架；本公司出版新書，大多上架不久便已售出，若書局未再叫貨補充者，書架上即無新書陳列，則請直接向書局櫃台訂購。 3.若書局不便代購時，可於晚上共修時間向正覺同修會各共修處請購（共修時間及地點，詳閱**共修現況表**。每年例行年假期間請勿前往請書，年假期間請見共修現況表）。 4.郵購：郵政劃撥帳號 19068241。 5.正覺同修會會員購書都以八折計價（戶籍台北市者爲一般會員，外縣市爲護持會員）都可獲得優待，欲一次購買全部書籍者，可以考慮入會，節省書費。入會費一千元（第一年初加入時才需要繳），年費二千元。**6.尚未出版之書籍，請勿預先郵寄書款與本公司，謝謝您！** 7.若欲一次購齊本公司書籍，或同時取得正覺同修會贈閱之全部書籍者，請於正覺同修會共修時間，親到各共修處請購及索取；**台北市讀者**請洽：103 台北市承德路三段 267 號 10 樓（捷運淡水線 圓山站旁）請書時間：週一至週五爲 18.00~21.00，第一、三、五週週六爲 10.00~21.00，雙週之週六爲 10.00~18.00 請購處專線電話：25957295-分機 14（於請書時間方有人接聽）。

敬告大陸讀者：

大陸讀者購書、索書捷徑（尚未在大陸出版的書籍，以下二個途徑都可以購得，電子書另包括結緣書籍）：

1.廈門外國圖書公司：廈門市思明區湖濱南路 809 號 廈門外圖書城 3F
郵編：361004 電話：0592-5061658 網址：http://www.xibc.com.cn/

2.電子書：正智出版社有限公司及正覺同修會在台灣印行的各種局版書、結緣書，已有『**正覺電子書**』陸續上線中，提供讀者於手機、平板電腦上購書、下載、閱讀正智出版社、正覺同修會及正覺教育基金會所出版之電子書，詳細訊息敬請參閱『正覺電子書』專頁：http://books.enlighten.org.tw/ebook

關於平實導師的書訊，請上網查閱：

成佛之道 http://www.a202.idv.tw

正智出版社 書香園地 http://books.enlighten.org.tw/

中國網採訪佛教正覺同修會、正覺教育基金會訊息：

http://foundation.enlighten.org.tw/newsflash/20150817_1

http://video.enlighten.org.tw/zh-CN/visit_category/visit10

★ 正智出版社有限公司售書之稅後盈餘，全部捐助財團法人正覺寺籌備處、佛教正覺同修會、正覺教育基金會，供作弘法及購建道場之用；懇請諸方大德支持，功德無量。

★ 聲 明 ★

本社於 2015/01/01 開始調整本目錄中部分書籍之售價，以因應各項成本的持續增加。

＊ 喇嘛教修外道雙身法、墮識陰境界，非佛教 ＊

＊ 弘揚如來藏他空見的覺囊派才是真正藏傳佛教 ＊

售後服務—換書啓事（免附回郵） 2017/12/05

《楞伽經詳解》第三輯初版免費調換新書啓事：茲因 平實導師弘法早期尚未回復往世全部證量，有些法義接受他人的說法，寫書當時並未察覺而有二處（同一種法義）跟著誤說，如今發現已將之修正。茲爲顧及讀者權益，已開始免費調換新書；敬請所有讀者將以前所購第三輯（不論第幾刷），攜回或寄回本公司免費換新；郵寄者之回郵由本公司負擔，不需寄來郵票。因此而造成讀者閱讀、以及換書的不便，在此向所有讀者致上萬分的歉意，祈請讀者大眾見諒！

《楞嚴經講記》第 14 輯初版首刷本免費調換新書啓事：本講記第 14 輯出版前因 平實導師諸事繁忙，未將之重新閱讀而只改正校對時發現的錯別字，故未能發覺十年前所說法義有部分錯誤，於第 15 輯付印前重閱時才發覺第 14 輯中有部分錯誤尚未改正。今已重新審閱修改並已重印完成，煩請所有讀者將以前所購第 14 輯初版首刷本，寄回本公司免費換新（初版二刷本無錯誤），本公司將於寄回新書時同時附上您寄書來換新時的郵資，並在此向所有讀者致上最誠懇的歉意。

《心經密意》初版書免費調換二版新書啓事：本書係演講錄音整理成書，講時因時間所限，省略部分段落未講。後於再版時補寫增加 13 頁，維持原價流通之。茲爲顧及初版讀者權益，自 2003/9/30 開始免費調換新書，原有初版一刷、二刷書籍，皆可寄來本公司換書。

《宗門法眼》已經增寫改版爲 464 頁新書，2008 年 6 月中旬出版。讀者原有初版之第一刷、第二刷書本，都可以寄回本公司免費調換改版新書。改版後之公案及錯悟事例維持不變，但將內容加以增說，較改版前更具有廣度與深度，將更能助益讀者參究實相。

換書者**免附回郵**，亦無截止期限；舊書請寄：111 台北郵政 73-151 號信箱 或 103 台北市承德路三段 267 號 10 樓 正智出版社有限公司。舊書若有塗鴨、殘缺、破損者，仍可換取新書；但缺頁之舊書至少應仍有五分之三頁數，方可換書。所有讀者不必顧念本公司是否有盈餘之問題，都請踴躍寄來換書；本公司成立之目的不是營利，只要能眞實利益學人，即已達到成立及運作之目的。若以郵寄方式換書者，免附回郵；並於寄回新書時，由本公司附上您寄來書籍時耗用的郵資。造成您不便之處，再次致上萬分的歉意。

正智出版社有限公司 啓

換書及道歉公告

《法華經講義》第十三輯初版免費調換新書啟事：本書因謄稿、印製等相關人員作業疏失，導致該書中的經文及內文用字將「**親近**」誤植成「清淨」。茲爲顧及讀者權益，自 2017/8/30 開始免費調換新書；敬請所有讀者將以前所購第十三輯初版首刷及二刷本，攜回或寄回本公司免費換新，或請自行更正其中的錯誤之處；郵寄者之回郵由本公司負擔，不需寄來郵票。同時對因此而造成讀者閱讀、以及換書的困擾及不便，在此向所有讀者致上最誠懇的歉意，祈請讀者大眾見諒！錯誤更正說明如下：

一、第 256 頁第 10 行~第 14 行：【就是先要具備「**法親近處**」、「**眾生親近處**」；法**親近**處就是在實相之法有所實證，如果在實相法上有所實證，他在二乘菩提中自然也能有所實證，以這個作爲第一個**親近**處——第一個基礎。然後還要有第二個基礎，就是瞭解應該如何善待眾生；對於眾生不要有排斥或者是貪取之心，平等觀待而攝受、親近一切有情。以這兩個**親近**處作爲基礎，來實行其他三個安樂行法。】。

二、第 268 頁第 13 行：【具足了那兩個「**親近處**」，使你能夠在末法時代，如實而圓滿的演述《法華經》時，那麼你作這個夢，它就是如理作意的，完全符合邏輯去完成這個過程，就表示你那個晚上，在那短短的一場夢中，已經度了不少眾生了。

《大法鼓經講義》第一輯初版免費調換新書啟事：本書因校對相關人員作業疏失錯失別字，導致該書中的內文 255 頁倒數 5 行有二字錯植而無發現，乃「『**智慧**』的滅除不容易」應更正爲「『**煩惱**』的滅除不容易」。茲爲顧及讀者權益，自 2023/2/15 開始免費調換新書，或請自行更正其中的錯誤之處；敬請所有讀者將以前所購第一輯初版首刷及二刷本，攜回或寄回本公司免費換新；郵寄者之回郵由本公司負擔，不需寄來郵票。同時對因此而造成讀者閱讀、以及換書的困擾及不便，在此向所有讀者致上最誠懇的歉意，祈請讀者大眾見諒！

正智出版社有限公司 敬啓

國家圖書館出版品預行編目(CIP)資料

法華經講義 / 平實導師述. -- 初版. -
- 臺北市 : 正智, 2015.05 面 ; 公分
ISBN 978-986-56553-0-3 (第一輯：平裝)
ISBN 978-986-56554-6-4 (第二輯：平裝)
ISBN 978-986-56555-6-3 (第三輯：平裝)
ISBN 978-986-56556-1-7 (第四輯：平裝)
ISBN 978-986-56556-9-3 (第五輯：平裝)
ISBN 978-986-56557-9-2 (第六輯：平裝)
ISBN 978-986-56558-2-2 (第七輯：平裝)
ISBN 978-986-56558-9-1 (第八輯：平裝)
ISBN 978-986-56559-8-3 (第九輯：平裝)
ISBN 978-986-93725-2-7 (第十輯：平裝)
ISBN 978-986-93725-4-1 (第十一輯：平裝)
ISBN 978-986-93725-6-5 (第十二輯：平裝)
ISBN 978-986-93725-7-2 (第十三輯：平裝)
ISBN 978-986-94970-3-9 (第十四輯：平裝)
ISBN 978-986-94970-7-7 (第十五輯：平裝)
ISBN 978-986-94970-9-1 (第十六輯：平裝)
ISBN 978-986-95830-1-5 (第十七輯：平裝)
ISBN 978-986-95830-4-6 (第十八輯：平裝)
ISBN 978-986-95830-9-1 (第十九輯：平裝)
ISBN 978-986-96548-1-4 (第二十輯：平裝)
ISBN 978-986-96548-5-2 (第二十一輯：平裝)
ISBN 978-986-97233-0-5 (第二十二輯：平裝)
ISBN 978-986-97233-2-9 (第二十三輯：平裝)
ISBN 978-986-97233-4-3 (第二十四輯：平裝)
ISBN 978-986-97233-6-7 (第二十五輯：平裝)
1. 法華部
221.5 104004638

法華經講義——第十八輯

著述者：平實導師
音文轉換：章乃鈞、高惠齡、劉惠莉、蔡正利、黃昇金
校對：高震國 陳介源 孫淑貞 傅素嫻 王美伶
出版者：正智出版社有限公司
電話：○二 28327495 28316727（白天）
傳眞：○二 28344822
111 台北郵政 73-151 號信箱
郵政劃撥帳號：一九○六八二四一
正覺講堂：總機○二 25957295（夜間）
總經銷：聯合發行股份有限公司
231 新北市新店區寶橋路 235 巷 6 弄 6 號 4 樓
電話：○二 29178022（代表號）
傳眞：○二 29156275
初版首刷：二○一八年三月三十一日 二千冊
初版四刷：二○二三年六月 二千冊
定價：三○○元